WAYNE GRUDEM e DENNIS RAINEY
(ORGANIZADORES)

Famílias fortes, igrejas fortes

os desafios do aconselhamento familiar

Tradução
LENA ARANHA

Vida
ACADÊMICA

Vida
Editora do grupo
ZONDERVAN
HARPERCOLLINS

Filiada à

CÂMARA BRASILEIRA DO LIVRO

ASSOCIAÇÃO BRASILEIRA
DE EDITORES CRISTÃOS

ASSOCIAÇÃO NACIONAL
DE LIVRARIAS

ASSOCIAÇÃO NACIONAL DE
LIVRARIAS EVANGÉLICAS

Título do original • Pastoral Leadership
for Manhood and Womanhood
edição publicada por
CROSSWAY BOOKS, A DIVISION OF GOOD NEWS PUBLISHERS
(Wheaton, Illinois, EUA)

▪

Editora Vida
Rua Júlio de Castilhos, 280 Belenzinho
cep 03059-000 São Paulo, SP
Tel.: 0 xx 11 2618 7000
Fax: 0 xx 11 2618 7050
www.editoravida.com.br
www.vidaacademica.net

▪

Todas as citações bíblicas foram extraídas da
Nova Versão Internacional (NVI),
©2001, publicada por Editora Vida,
salvo indicação em contrário.

▪

Coordenação editorial: Sônia Freire Lula Almeida
Edição: Jefferson Rodrigues e Lenita Ananias
Revisão: Liege M.S. Marucci
Capa: Marcelo Moscheta
Diagramação: Osmane Garcia Filho

Dados Internacionais de Catalogação na Publicação (CIP)
(Câmara Brasileira do Livro, SP, Brasil)

Grudem, W.
Famílias fortes, igrejas fortes : os desafios do aconselhamento familiar / W. Grudem & D. Rainey ; tradução Lena Aranha. — São Paulo : Editora Vida, 2005.

Título original: Pastoral Leadership for Manhood and Womanhood.

ISBN 85-7367-926-3 ISBN 978-85-7367-926-7

1. Aconselhamento conjugal - Congressos 2. Aconselhamento pastoral - Congressos 3. Liderança cristã 4. Solteiros - Aconselhamento pastoral - Congressos I. Rainey, D. II. Título.

05-5913 CDD-259.1

Índice para catálogo sistemático:

1. Cuidados pastorais com as famílias : Cristianismo 259.1
2. Famílias : Cuidados pastorais : Cristianismo 259.1

“Ao editar esta obra, os autores exercem importantíssimo papel profético e desafiador por confrontarem a liderança da igreja com a necessidade de trabalhar-se a espiritualidade na família, visando à reestruturação e ao fortalecimento da igreja. Certamente, ao lermos esta obra, encontramos antídotos bíblicos capazes de coibir ervas daninhas que a sociedade tem semeado em nossas igrejas.”

Fernando Fernandes, pastor, professor de Teologia Sistemática, Teologia do Culto e Eclesiologia no Seminário Teológico Batista de São Paulo e de Teologia Sistemática no Seminário Teológico Batista do Oeste Paulista (SP).

“Se amamos nossos filhos e, como pastores, amamos o rebanho que pastoreamos, é imprescindível tomarmos algumas atitudes com relação à crise que se apresenta em nossa sociedade no que diz respeito à família. Este livro propõe mudanças que, conforme a necessidade, podem ser feitas agora.”

Anésio Rodrigues, pastor da Comunidade Carisma em Osasco (SP).

“Um bom livro tem a capacidade de “abrir janelas” na cabeça do leitor. Esta é uma das virtudes da obra que você tem em mãos. Tenha a certeza de que, após esta leitura, algumas prioridades vão mudar em seu ministério. Assuntos, esquecidos por muitos, são expostos numa abordagem bíblica e objetiva.”

Silvio R. Ribeiro, bacharel em Teologia pelo Seminário Teológico Batista do Sul do Brasil (RJ). Pastor da Igreja Batista de Vila Alpina (SP).

“A igreja saudável é constituída de famílias fortes e alicerçadas na Palavra de Deus. Este livro é valioso exatamente porque trata, de forma equilibrada, de assuntos vitais para a estruturação do lar de acordo com os princípios eternos de Deus. Ler *Famílias fortes, igrejas fortes* certamente enriquecerá seu espírito e o auxiliará na tomada de decisões importantes para a vida em família.”

Paulo C. dos Santos, pastor da Comunidade Livre Adoração em São Paulo.

"*Famílias fortes, igrejas fortes* trata diretamente de questões familiares, chamando a atenção para a necessidade de uma liderança pastoral eficiente no acompanhamento da restauração de famílias. O livro apresenta situações e riscos a serem enfrentados com transparência e prudência pela comunidade."
Jonathan Heller, presbítero e coordenador do Ministério de casais da Igreja Presbiteriana do Brasil no bairro de Pinheiros em São Paulo (SP).

"A liderança evangélica de língua portuguesa está sendo presenteada com uma das melhores ferramentas na área de fortalecimento da família cristã e preservação de seus grandes valores bíblicos, cujo objetivo é contrapor-se a uma sociedade corrompida que, cada vez mais, influencia lares espiritualmente enfraquecidos."
Márcio Matta, pastor e palestrante na área de Liderança Cristã. Membro da Escola de Educação Teológica das Assembléias de Deus em Campinas (SP).

"Este livro não deve faltar na biblioteca do pastor, pois trata-se de uma obra que deve e pode ser usada nas áreas de discipulado, aconselhamento e até mesmo no preparo dos noivos para o casamento. Os princípios apresentados aqui também orientam na restauração de um casamento frágil ou até desfeito. Nunca li um livro que abordasse esses assuntos de maneira tão prática."
José João Orr, pastor, professor e mestre em Ministério pelo Prairie Graduate School (Canadá). Doutor em Divindade e em Ministérios pelo Master's Graduate School of Divinity (USA).

"Escrito por uma equipe de autores capacitados e com autoridade para discorrer sobre o tema, este livro defende a tese de que estruturar famílias é a melhor forma para divulgar o Reino de Deus no mundo de hoje. Seu conteúdo indica que um lar cristão sólido oferece não um discurso abstrato, mas a encarnação da mensagem do Evangelho em um contexto de desintegração social e familiar."
Valdeci da S. Santos, doutor em Estudos Interculturais pelo Reformed Theological Seminary (EUA).
Professor de Teologia Prática no Centro Presbiteriano de Pós-Graduação Andrew Jumper (SP).

Para Cindy, minha esposa, namorada e melhor amiga.
Você ainda faz meu coração bater mais rapidamente.

Sumário

III Os desafios atuais

Os colaboradores

Danny Akin, bacharel em Estudos Bíblicos pela Criswell College (1980), mestre em Divindade pelo Southwestern Baptist Theological Seminary (1983) e Ph.D. em Humanidades pela Universidade do Texas, em Arlington (EUA) (1989). Atualmente, exerce o cargo de vice-presidente da administração acadêmica e atua como deão da Escola de Teologia e professor de pregação cristã no Southern Baptist Theological Seminary. Danny é casado com Charlotte Tammy há 24 anos, com quem tem quatro filhos.

Timothy B. Bayly, presbítero e professor da Presbyterian Church in America, atua como pastor titular da Church of the Good Shepherd, em Bloomington, Indiana (EUA). É bacharel em História pela Universidade de Wisconsin (Madison) e mestre em Divindade pelo Gordon-Conwell Theological Seminary. Timothy é casado há 27 anos com Mary Lee (Taylor); o casal tem três filhas, dois filhos, um genro e um neto.

Bob Davies, assistente administrativo no departamento de Música e Adoração na University Presbyterian Church, Seattle, é bacharel pela Prairie Bible College, Three Hills, Alberta (EUA). Ele e a mulher, Pam, são casados desde 1985. De 1985 a 2001, Bob foi o diretor da sede norte-americana da Exodus International — um ministério cristão mundial que busca alcançar homens e mulheres que querem se libertar da homossexualidade.

Wayne Grudem, bacharel pela Universidade de Harvard, mestre em Divindade pelo Westminster Theological Seminary e Ph.D. em Novo Testamento pela Universidade de Cambridge. Atualmente é professor e pesquisador de Bíblia e Teologia no Phoenix Seminary. Dentre os vários livros que publicou, estão *Recovering Biblical Manhood and Womanhood* [Recuperando os parâmetros bíblicos para homens e mulheres] (co-editado com John Piper) e *Systematic Theology* [Teologia sistemática]. Ele e a esposa, Margaret, são casados há 33 anos e têm três filhos adultos.

R. Kent Hughes está no ministério pastoral há quarenta anos, dos quais 25 como pastor da College Church, em Wheaton (Illinois, EUA). Graduado pelo Talbot Seminary e pela Trinity Evangelical Divinity School, o dr. Hughes também é autor de 25 livros, dos quais se destaca o sucesso de vendas *Disciplines of a Godly Man* [Disciplinas de um homem piedoso]. Também é editor da série Preaching the Word [Pregando a Palavra], com cinqüenta volumes (ainda em produção), para a qual fez numerosas contribuições. Casados há quarenta anos, ele e a esposa, Bárbara, têm quatro filhos e 18 netos.

Bob Lepine é co-apresentador do programa de rádio FamilyLife Today, transmitido para todo o território dos Estados Unidos. Lepine dá palestras internacionais sobre assuntos relacionados ao casamento e à família. Ele e a esposa, Mary Ann, estão casados há 23 anos, têm cinco filhos e residem em Little Rock, Arkansas (EUA).

H. B. London Jr., doutor em Divindade pelo Nazarene Theological Seminary, da Universidade Point Loma Nazarene, no momento atua como vice-presidente do ministério para alcançar pessoas e dos ministérios pastorais da Focus on the Family. É casado com Beverley há 45 anos, com quem tem dois filhos e quatro netos.

C. J. Mahaney é pastor titular da Covenant Life Church, na região norte de Washington, capital dos EUA. É um dos pastores fundadores dessa igreja, onde serve desde 1977. Também lidera ministérios da Sovereign Grace, os quais estão envolvidos na tarefa de fundar e apoiar igrejas locais nos EUA, no México, no Canadá e no Reino Unido. Mahaney é editor-executivo da revista *Sovereign Grace*, da editora Sovereign Grace Media, e atua no conselho do CCEF (Christian Counseling and Educational Foundation) e no CBMW (Council on Biblical Manhood and Womanhood). Fez a edição e foi co-autor de quatro livros para a série Pursuit of Godliness [Busca da santidade], da Sovereign Grace Media: *Why Small Groups?* [Por que grupos pequenos?], *This Great Salvation* [Esta grande salvação], *How Can I Change?* [Como posso mudar?] e *Disciplined for Life* [Disciplinado para a vida]. C. J. e a esposa, Carolyn, estão casados há 27 anos e têm três filhas e um filho, além de um neto. Moram em Gaithersburg, Maryland (EUA).

Paige Patterson, presidente e renomado professor de Teologia do Southeastern Baptist Theological Seminary, em Wake Forest, Carolina do Norte (EUA). Anteriormente presidiu a The Criswell College e foi duas vezes eleito presidente da Southern Baptist Convention. Suas grandes paixões: missões, evangelização e promover o conhecimento na vida da igreja. É casado com Dorothy há quarenta anos e juntos criaram dois filhos.

David Powlison, bacharel em Relações Sociais por Harvard College, mestre em Divindade pelo Westminster Theological Seminary, mestre em Humanidades e Ph.D. pela Universidade da

Pensilvânia. É editor do Journal of Biblical Counseling, leciona e é conselheiro no CCEF (Christian Counseling and Educational Foundation), além de professor no Westminster Theological Seminary. É também o autor de *Power Encounters:* Reclaiming Spiritual Warfare [Encontros de poder: recuperando a guerra espiritual] e *Competent to Counsel?:* The History of a Conservative Protestant Anti-Psychiatry Movement [Competente para aconselhar?: a história de um movimento anti-psiquiátrico protestante conservador], tendo sido editor de Counsel the Word. Escreveu ainda numerosos artigos sobre aconselhamento e sobre a relação entre fé e psicologia. É casado com Nancy há 25 anos. O casal tem três filhos.

Dick Purnell, palestrante e escritor de renome internacional. É também diretor-executivo da Single Life Resources, uma divisão da Campus Crusade for Christ. É bacharel pela Wheaton College, mestre em Divindade pela Trinity International University e mestre em Educação (com especialização em aconselhamento) pela Universidade de Indiana (EUA). Está casado com Paula há vinte anos. O casal tem dois filhos.

Dennis Rainey é mestre em Estudos Teológicos pelo Dallas Theological Seminary e doutor em Divindade pela Trinity Evangelical Divinity School. É co-fundador e diretor-executivo da FamilyLife, uma divisão da Campus Cruzade for Christ. Além disso, Dennis apresenta o programa de rádio FamilyLife Today e participa como palestrante de conferências dos Promise Keepers. Também publicou vários livros e artigos que tratam do casamento e da vida familiar. É casado há trinta anos com Bárbara, com quem tem seis filhos.

Ken Sande é advogado e atuou como presidente dos Peacemaker® Ministries durante vinte anos. A formação em engenharia e em direito alimentou seu desejo de dedicar a vida à pacificação segundo a Bíblia. Ken e a esposa, Corlette, são casados há 17 anos e têm um casal de filhos.

Paul David Tripp é bacharel pela Universidade Internacional de Colúmbia, mestre em Divindade pelo Philadelphia Theological Seminary e doutor em Ministério pelo Westminster Theological Seminary. Atualmente é diretor do Changing Lives Ministries, do CCEF (Christian Counseling and Educational Foundation). Também leciona Teologia Prática (aconselhamento) no Westminster Theological Seminary e atua como conselheiro no CCEF. Ele e a esposa, Luella, estão casados há 31 anos e juntos educaram quatro filhos.

Edward T. Welch, bacharel pela Universidade de Delaware, mestre em Divindade pelo Biblical Theological Seminary, em Hatfield (Pensilvânia, EUA), e Ph.D. em Psicologia de Aconselhamento (Neuropsicologia) pela Universidade de Utah, é autor de vários livros, dentre os quais *When People Are Big and God Is Small* [Quando as pessoas são grandes e Deus é pequeno]. Hoje, o dr. Welch atua como diretor de aconselhamento e conselheiro do CCEF (Christian Counseling and Educational Foundation). Além disso, é professor de Teologia Prática no Westminster Theological Seminary e adjunto no Biblical Theological Seminary. Está casado com Sharon há 22 anos. O casal tem dois filhos.

Prefácio dos organizadores

Em março de 2000, centenas de líderes cristãos reuniam-se em Dallas, Texas (EUA), para a conferência cujo tema era "Como estruturar famílias sólidas em sua igreja". Esse encontro foi patrocinado em conjunto pela FamilyLife e pelo Council on Biblical Manhood and Womanhood.

Mais de cinqüenta seminários trataram de questões polêmicas acerca dos ensinamentos bíblicos com relação ao papel do homem e ao da mulher na família. Todos os palestrantes representavam a posição da "complementariedade" — ou seja, que o homem e a mulher foram criados por Deus para serem iguais em valor, mas distintos quanto ao papel de cada um. O presente volume é um dos quatro que compõem a série publicada pela Crossway Books, com a finalidade de pôr à disposição dos cristãos em geral o conteúdo da conferência.[1]

Quanto aos pastores, os seminários mais concorridos da conferência tratavam de muitas situações práticas e difíceis que eles enfrentam para ministrar a Palavra de Deus com fidelidade em questões relativas aos respectivos modelos bíblicos de homem e mulher. Este livro contém os materiais abordados nesses seminários, cujos tópicos são: a vida matrimonial do pastor; incentivo à paixão no casamento; atenção às pequenas coisas que edificam ou destroem o casamento; uso de grupos pequenos, cerimônia de casamento e até a disciplina da igreja para proteger o matrimônio; criação de um ministério que atraia os homens para a igreja; trabalho com adultos solteiros e com uma geração que sofre da ausência paterna; liderança masculina e bom senso feminino; e orientação pastoral em circunstâncias que envolvam violência doméstica, homossexualidade e outros tipos de problemas morais.

Todos esses são temas difíceis e delicados! No entanto, os autores apresentam décadas de conhecimento bíblico e experiência para fundamentar a abordagem de tais assuntos. O resultado é um livro repleto de sabedoria divina.

Publicamos esta obra na expectativa de que pastores e outras pessoas envolvidas no ministério cristão encontrem sabedoria e proveito nestes capítulos práticos e muito animadores. Em conjunto, eles mostram que a fidelidade às Escrituras com relação aos parâmetros de masculinidade e feminilidade estabelecidos por Deus resulta em um ministério que não foge dos problemas espinhosos enfrentados por homens e mulheres nos dias de hoje, mas, pelo contrário, encara-os e busca resolvê-los.

Foi um privilégio ter a assistência de outras pessoas, cujo trabalho dedicado constituiu contribuição significativa para este livro. Queremos agradecer a excelente colaboração de Sharon Sullivan e Tracey Miller, que nos secretariaram em alguns capítulos. Somos gratos a Travis Buchanan pela edição cuidadosa e pelo auxílio em outros numerosos aspectos a Steve Eriksson, pela ajuda com a revisão das provas; a Sovereign Grace Ministries, pela assistência administrativa extra neste projeto; e a Bruce Nygren, pela competência como editor, que contribuiu para a clareza e a precisão, a fim de possibilitar uma leitura agradável.

Wayne Grudem e Dennis Rainey

NOTA

1. Os outros três livros são *Building Strong Families*, organizado por Dennis Rainey, *Biblical Womanhood in the Home* [a ser publicado pela Editora Vida], organizado por Nancy Leigh DeMoss, e *Biblical Foundations for Manhood and Womanhood*, organizado por Wayne Grudem.

Prefácio à edição brasileira

A realidade da família reflete-se na igreja. Simplesmente porque a igreja é o conjunto de famílias que a compõem. Dessa maneira, uma igreja que procura fortalecer as famílias fortalece a si mesma.

Ao longo da história bíblica, Deus sempre procurou fortalecer a família, por intermédio de profetas, apóstolos e líderes. No Pentateuco, Deus cria leis de proteção visando à sua preservação e ao seu fortalecimento. Os profetas igualmente procuraram defender a família. Jesus ministrou às famílias durante todo o seu ministério. Em suas orientações às igrejas, os apóstolos manifestaram a preocupação de ensinar maridos, esposas, filhos, viúvas, avós e adultos solteiros a viverem uma vida cristã no lar de tal maneira que esse viver fosse um ornamento da doutrina.

A realidade de nosso país indica, cada vez mais, a necessidade de despertar as igrejas para um maior cuidado pelas famílias.

Segundo dados anunciados na imprensa brasileira, o índice de divórcios no Brasil aumenta de maneira assustadora, até no ambiente das igrejas evangélicas. Uma igreja que procura fortalecer as famílias estará atenta na assistência ministerial não só aos casais, mas também a todas as faixas etárias, propiciando continuamente meios para que o matrimônio se fundamente nos princípios bíblicos do casamento. Além disso, precisamos indicar diretrizes claras da Palavra de Deus sobre o divórcio. Esse tema está esquecido em nossos púlpitos e no ensino cristão. A omissão e o silêncio têm sido nocivos para as famílias cristãs. Como igreja de Jesus, não podemos nos omitir. Os profetas, Jesus e os apóstolos não se omitiram em relação ao divórcio. Por que tomaríamos esse caminho?

Não é preciso munir-se de dados estatísticos para observar, no atendimento a famílias brasileiras, que há um alto número de maridos e mulheres insatisfeitos no casamento. Uma tarefa importante da igreja é capacitar homens e mulheres para uma vida conjugal agradável. Se, por um lado, as mulheres esperam um marido mais romântico e que entenda a importância de liderá-las em amor como Cristo ama e dirige sua igreja, por outro, os maridos anseiam por uma mulher que entenda o princípio bíblico da submissão. Daí a necessidade de haver ministração bíblica contínua por uma liderança devidamente capacitada.

A realidade de nosso país mostra-nos a grande urgência de um ministério com homens. Estes têm estado apáticos e distantes do projeto de Deus para eles: a começar pela salvação, sua função e importância na família, sem esquecer o dever bíblico de amar a esposa e dedicar atenção aos filhos. As famílias clamam por uma participação afirmativa e cristã do homem. Quando, como igreja, nos empenharmos em um ministério voltado para os homens, avistaremos uma melhora sem igual na vida familiar e conjugal.

Há no Brasil, atualmente, mais de 35 milhões de adultos solteiros. Desses, 20 milhões são mulheres. Esses números indicam que não é possível continuar negligenciando o ministério com solteiros, divorciados e viúvos. É triste constatar que a maioria das igrejas evangélicas brasileiras não têm nenhuma proposta de trabalho para esse grupo da família de Deus. Não raro, quando lembradas, essas pessoas são tratadas de forma jocosa, estereotipada e inadequada. Precisamos retornar aos ensinamentos bíblicos sobre o celibato e a importância dos que não são casados para o reino de Deus. Os adultos solteiros reivindicam essa ação da igreja de Cristo em solo brasileiro.

Assunto de igual importância é a homossexualidade. Nessa questão, a liderança evangélica parece acuada e temerosa de se posicionar e ministrar sob a autoridade da Palavra de Deus àqueles que vivenciam a homossexualidade. Não apenas as famílias precisam aprofundar-se na questão, como também os pais cristãos precisam saber criar seus filhos.

Essa atitude caminha na contramão da estrada que muitos pais e parentes têm pavimentado, inconscientemente, a favor da homossexualidade na vida de meninos e meninas. Em contrapartida, a igreja que deseja fortalecer as famílias há de ir em busca do preparo adequado para trilhar esse caminho.

A violência familiar é outro aspecto do conjunto que preocupa. Não se pode pensar que esse lado sombrio da vida familiar não afeta as famílias de nossas igrejas. Fechar os olhos para essa realidade e deixar de socorrer as famílias nessa área é descumprir a ordem de Deus de ajudar as famílias a serem fortes. Se temos conhecimento de poucos casos de violência e abuso sexual nos lares cristãos é porque não tocamos no assunto. Fingimos que essa ferida não faz parte da realidade de muitas famílias que freqüentam nossos cultos.

Temas como esses e tantos outros fazem parte deste livro com que a Editora Vida presenteia a igreja evangélica brasileira. Sua leitura por parte de pastores, líderes e tantos que se interessam pelo tema há de ser ferramenta valiosa no fortalecimento das famílias que estão ao nosso redor e aguardam a ação da igreja de que fazem parte.

Minha oração é que o livro *Famílias fortes, igrejas fortes* seja um marco na trajetória da igreja evangélica brasileira no cuidado e ministério com as famílias.

PR. GILSON BIFANO
Fundador e diretor do Ministério OIKOS

Introdução

Mandamentos para a igreja no novo milênio

Dennis Rainey

A nação sofre hoje de uma doença da alma, pois nossas famílias estão debilitadas: fracas no conhecimento de Deus, fracas nas convicções sobre ele, fracas nas experiências com ele e fracas na compreensão do amar recíproco.

Não era isso o que Deus pretendia. Ele planejou a família como berço e morada do cristianismo. Esse é o lugar onde o conhecimento do Senhor, assim como o temor e o amor a ele, deve ser ensinado pelos pais aos filhos.

Juntamente com o profeta Jeremias, clamamos por nosso país: "Ó terra, terra, terra, ouça a palavra do Senhor!" (22.29). Para restaurar a alma da nação, é preciso fazer um trabalho nos lares e nas famílias. Na igreja, vamos tratar disso com a proclamação da verdade de Deus para as famílias.

Apresento os mandamentos a seguir com o espírito de servo — de alguém que deseja com ansiedade um ambiente mais saudável espiritualmente para ministrar às famílias. Meu objetivo não é tornar o fardo da responsabilidade dos pastores e de outros líderes da igreja ainda mais pesado do que já tem sido. Sinceramente, acho que esses desafios de transferir o ministério da igreja local para a família aumentarão consideravelmente a eficácia e trarão a tão necessária renovação espiritual.

QUATRO MANDAMENTOS PARA A IGREJA NO NOVO MILÊNIO

Primeiro mandamento: cuide de sua família.

Em nosso ministério na FamilyLife, com freqüência dedicamos algum tempo à tarefa de entrevistar pastores. Quando procuramos descobrir suas necessidades mais prementes relacionadas ao ministério com famílias, um assunto destacou-se sobre os demais: "meu casamento e minha família".

Agora estou convicto de que a razão principal de muitos pastores não pregarem mais a respeito dos laços do casamento, não pregarem de forma compassiva o que a Bíblia diz acerca do divórcio nem estimularem a oração com o cônjuge e os filhos e a criação de um altar de devoção familiar, deve-se ao fato de que seu casamento e sua família também têm carências. Desse modo, ou esses tópicos são evitados, ou são abordados de maneira superficial. Com isso, as famílias da igreja continuam a decair lentamente.

O salmo 101 apresenta algumas diretrizes àqueles que desejam ser líderes eficazes no ministério: "Em minha casa viverei de coração íntegro" (v. 2). Logo em seguida, esse mesmo salmo adverte: "Somente quem tem vida íntegra me servirá" (v. 6).

Em outras palavras, se quisermos mudanças na família daqueles que lideramos, teremos de dirigir e pastorear a nossa.

Segundo mandamento: faça da igreja um centro supridor para o casamento e a família.

Você fica perplexo com a declaração a seguir? Suprir maridos e mulheres no casamento e preparar os pais para orientarem os filhos espiritualmente não são apenas funções do ministério da igreja local, mas também representam a maior oportunidade para a igreja local divulgar o evangelho, construir maturidade espiritual e fazer com que o reino de Deus cresça nesta geração!

Ouso fazer essa reivindicação porque as necessidades da família tornam menos importantes todas as outras necessidades individuais da civilização ocidental. Que outro assunto no país causa tanta ansiedade e dor às pessoas desde a hora em que acordam e começam o dia? Temos uma geração que está atingindo a maturidade e clama: "Como lidar com o casamento e a família?". Essas pessoas provêm de lares desfeitos. Como o casamento dos pais não deu certo, elas são céticas e temerosas.

Adivinhe quem pode dar as respostas — a igreja local! Nosso Deus criou a família. Ministrar às famílias não é uma estratégia, um objetivo nem um programa. A tarefa de ministrar às famílias deve permear tudo o que a igreja faz, pois a formação da fé inicia no lar (v. Dt 6.1-9). Se ignorarmos essa realidade, o trabalho da igreja fica muito mais difícil.

Se eu fosse o Diabo, gostaria que todas as pessoas do país envolvidas com a igreja ficassem totalmente na defensiva, gastando horas semana após semana, para desvendar as confusões dos relacionamentos no casamento e na família. O que aconteceria se pudéssemos redirecionar 50% da energia desperdiçada dessas pessoas? Já imaginou quanto poderíamos realizar para o avanço do evangelho com toda essa energia renovada?

Como, então, ver mudanças acontecerem?

Precisamos dispor-nos a suprir os casamentos e as famílias para que tenham identidade cristã. A Bíblia diz em Efésios 4.11 que Cristo nos deu "pastores e mestres". Para quê? "com o fim de preparar os santos para a obra do ministério, para que o corpo de Cristo seja edificado" (v. 12). Onde começa a tarefa de servir? Na escola dominical? No sermão? Nas reuniões de oração de quarta-feira à noite? Não! Essa tarefa inicia no lar. Precisamos fazer ressurgir e pôr em prática um ditado da década de 1950: "A família que ora unida permanece unida".

A sociedade está pronta para que a igreja dê um passo adiante com iniciativas espirituais que tragam esperança.

Terceiro mandamento: faça da igreja a defensora do pacto matrimonial.

Como o casamento é um pacto para toda a vida entre um homem, uma mulher e o Deus todo-poderoso, não é de admirar que Deus tenha dito que odeia o divórcio (Ml 2.16). Uma razão para Deus tanto desprezar o fim do casamento é que ele deseja "uma descendência consagrada" (v. 15). Estamos bem conscientes da devastação pessoal, carregada pela vida toda, sofrida por muitos filhos do divórcio. O romancista Pat Conroy escreveu com profundidade que todo divórcio é a morte de uma pequena civilização. Deus abomina o divórcio. Esse não foi o modelo que ele planejou.

Em nossa sociedade minimizamos a promessa de casamento de forma que, no tocante à seriedade com que tratamos o assunto, ela fica apenas um ponto acima do financiamento para a compra de um carro. Nos Estados Unidos, por exemplo, na maioria dos estados é mais fácil abandonar um casamento do que conseguir um empréstimo para comprar um automóvel!

É tempo de a igreja se empenhar para ser a defensora, a protetora e a incentivadora do pacto do casamento. É tempo de a comunidade cristã recusar o divórcio fácil e abraçar a aliança do casamento para a vida toda. Este não é o momento para assuntos religiosos de praxe. É tempo de ação radical.

A defesa da aliança do casamento começa com o cuidado e o cultivo do próprio casamento do líder. Também os filhos, à medida que crescem e se casam, gravam na alma a santidade dos votos e da aliança do casamento.

Por fim, aqueles de nós que ocupam cargos de liderança na igreja precisam convocar os outros a cumprir igualmente seu pacto matrimonial. Abraham Lincoln disse: "Pecar pelo silêncio, quando protestar se faz necessário, torna os homens covardes". Que não tenhamos o peito vazio quando desafiarmos as pessoas a honrar seus votos matrimoniais ou protestarmos com vigor quando tentarem abandoná-los.

A sociedade está aflita e espera que a igreja lidere a proteção da instituição do casamento. Façamos isso.

Quarto mandamento: desafie os leigos a se tornarem mentores da família e do matrimônio.

Dietrich Bonhoeffer escreveu: "O homem justo é aquele que vive para a geração seguinte". Estamos perdendo a noção de geração — a saber, a responsabilidade de plantar as sementes da verdade e da santidade que frutificarão em nossos filhos e netos? É imperativo que os leigos, homens e mulheres, redescubram a idéia de Deus usá-los para alcançar a geração mais nova e levá-la à maturidade. Isso não acontecerá espontaneamente. É necessário recrutar esses mentores para tal idéia e missão.

Uma forma de estruturar um corpo de mentores é estabelecer a meta de três anos para recrutar cinco casais de mentores a cada cem membros da igreja local. Os mentores devem estar disponíveis primeiramente aos casais com até cinco anos de casamento. Estatisticamente, é nesse período que o índice de divórcios alcança seu ápice. Desses cinco casais para cada cem pessoas, eu designaria o primeiro para o grupo de noivos, e o segundo para o de recém-casados. Tentaria descobrir dois casais que já são mentores de pais, designando um deles para o grupo de crianças pequenas (da pré-escola à pré-adolescência) e o outro para o de adolescentes. Você também precisa de mentores para as crises — um casal cujo casamento foi resgatado do abismo pode ajudar, pelo incentivo, outros casais que estejam enfrentando dificuldades no casamento.

Se você designar esses casais de mentores e os apresentar à igreja num domingo comum, os membros da congregação reagirão com entusiasmo à iniciativa de mentoreamento. O problema não é encontrar as pessoas dispostas a ser mentores, mas desafiar as pessoas para esse ministério. Eu e você, como líderes da igreja local e do ministério paraeclesiástico, precisamos chamar os leigos e pedir que saiam das trincheiras para o campo de batalha, a fim de vencer a guerra em favor da família.

São esses meus mandamentos para a igreja do novo milênio. Os capítulos a seguir explicam pormenores de como eles podem ser postos em prática. A tarefa é considerável e talvez exija mais de uma geração para que se cumpra, se o Senhor tardar. No entanto, acredito que essa é a batalha que nossa geração tem de travar.

Insisto para que você esteja à frente dessa incumbência em sua congregação.

I

A vida pessoal do pastor

1

A vida conjugal do pastor

R. KENT HUGHES

Nasci em março de 1942, em Los Angeles (Califórnia, EUA) — no mesmo mês em que um submarino japonês bombardeou os campos de petróleo de Santa Bárbara. Isso aconteceu há duzentos anos. Pelo menos é o que sinto sempre que folheio um exemplar da revista Life de março de 1942 e observo o jeito que as pessoas se vestiam e a tecnologia militar de outra época. Tenho lembranças nítidas da década de 1940: a morte de meu pai, quando eu tinha 4 anos; a Parada das Rosas de 1948; a cruzada de Billy Graham de 1949, em que levantou uma tenda enorme na esquina das ruas Washington e Hill, em Los Angeles. As imagens do jovem e esguio evangelista iluminado pelos refletores e do caubói Stuart Hamblin, cantando "Apenas um caminhar mais próximo com o Senhor", estão para sempre fixadas em minha mente.

Na década de 1950, cursei o ensino médio, mas não me entreguei ao prazer como muitos de meus amigos queimados de sol, pois Cristo me encontrou em 1955, no início do ensino médio. Era jovem, mas sabia que aceitara Cristo; sabia que fora libertado. Um evento em 1956, digno das capas de revistas de grande circulação, moldou ainda mais minha vida: a morte de cinco missionários no Equador, vítimas dos índios aucas, bastante primitivos. A afirmação de Jim Elliot: "Não é tolo quem dá o que não pode reter para ganhar o que não pode perder", tornou-se o ideal de minha vida. Queria servir ao Senhor. Em 1958, aos 16 anos de idade, fiz minha primeira pregação. Foi sobre Jonas e a baleia — "Deus tem um plano do tamanho de uma baleia para sua vida" —, um sermão de perspicácia dúbia e qualidade questionável. No entanto, só o fato de tê-lo proferido estabeleceu minha identidade pastoral.

A famosa citação de Robin Williams sobre a década de 1960: "Se você se lembra da década de 1960, você não a viveu", capta com inteligência o espírito da década para muitos de nós, cujas barbas estão grisalhas. Assentimos sorrindo. No entanto, eu vivi e *lembro-me* claramente dessa década, pois estava envolvido com o ministério de jovens, não com drogas. Também recordo com alegria aqueles anos, em que conheci minha adorável esposa, Bárbara, e me casei em 1962. Passamos a década seguinte usando sandálias e calças boca-de-sino no ministério de jovens. Nossos quatro filhos nasceram nos primeiros sete anos de casamento. De fato, contribuímos para o crescimento da igreja!

A década de 1970 foi dedicada a plantar igrejas. A grande emoção de minha vida era levantar uma igreja nova. Esse também foi um dos períodos mais difíceis de minha vida. Bárbara e eu registramos esse período em nosso livro *Liberating Ministry from the Success Syndrome* [Libertando o ministério da síndrome do sucesso]. Estive envolvido nesse novo trabalho durante seis anos, até quando, em 1979, nos mudamos para Chicago. Nosso ministério de 23 anos na College Church, em Wheaton, foi um período de grandes mudanças. Eu também mudei. Meu cabelo abaixo da orelha tomou o mesmo rumo que as calças boca-de-sino da década de 1970, além de ter ficado grisalho. Preciso dos óculos para ver as horas no relógio. E, quando me inclino para dar o laço nos sapatos, aproveito para olhar ao redor em busca de outras coisas para fazer, já que estou lá embaixo mesmo!

Bárbara e eu estamos casados há mais de quarenta maravilhosos anos, dos quais 38 dedicados ao ministério. Fiz de tudo e já passei por tudo — escola fundamental e secundária, universidade, assistência pastoral, pastorado titular e terceira idade. Tivemos nosso quinhão de problemas e alegrias no ministério. Já vi de tudo — os altos e baixos: as decepções, os triunfos. E nisso tudo a alegria do Senhor é minha fortaleza (cf. Ne 8.10).

O ministério foi uma jornada turbulenta e fabulosa. Sou um homem feliz no casamento. Meus quatro filhos, já adultos, amam o Senhor, e meus 18 netos estão nesse processo. Tenho uma esposa adorável a quem amo de todo o coração. Meus filhos me amam, e eu também os amo. A conclusão é que nosso casamento e nossa família cresceram em meio ao ministério.

DESAFIOS PARA O MATRIMÔNIO NO MINISTÉRIO

Todavia, há desafios relativos ao matrimônio centrados nos pastores. O ministério é desgastante. *Consome tempo*. Estou sempre ocupado com reuniões da equipe; respondendo a mensagens; em reuniões de oração e de negócios; com os compromissos agendados e a preparação do sermão, além de cerimônias de casamento e cultos de funerais. A vida de pastor é bastante sobrecarregada. Isso pode ser difícil para o casamento. O ministério não só consome tempo, mas também consome as energias do ministro, pois exige demais de nós. Quer a igreja seja grande, quer seja pequena, o pastor também tem de aprender a usar a mão esquerda da mesma forma que um bom jogador de basquete. Jamais se forma uma equipe que sabe driblar e arremessar apenas com a mão direita. Assim é no ministério; não se pode dizer: "só gosto de pregar" ou "meu dom é o da administração". É preciso fazer de tudo — e bem. O pastor tem de ser um homem da Renascença. Isso pode ser muito bom, pois permite que ele se aperfeiçoe. O aspecto negativo, entretanto, é que isso exige demais do ministro.

O ministério pode transformar-se numa amante. O pastor pode acabar casando com a igreja. Com esse relacionamento conjugal, você pode passar a ser um homem muito desagradável — um homem preocupado que se senta à mesa com os filhos, mas cuja mente está voltada para outras coisas. Acredite-me, o ministério pode ser sedutor, principalmente se seu valor pessoal está no que você faz.

No início, quando estava no ministério e no seminário, minha esposa percebeu que eu estava ficando uma pessoa tão preocupada que andava quase sempre distraído, com a mente voltada para outras coisas enquanto meus filhos queriam minha atenção. Sendo boa observadora, confrontou-me: "Não me importo que você não esteja muito em casa. Posso lidar bem com isso. Mas quando está aqui, gostaria que estivesse aqui de fato". Deu a entender que eu necessitava de alguma ajuda profissional. Senti-me insultado e fiquei com raiva. Depois que me acalmei, percebi que ela estava certa. Na segunda sessão de aconselhamento, o conselheiro, também ministro, observou que eu estava tentando afirmar meu valor pessoal com o meu desempenho pastoral. Assegurou-me que, com essa mentalidade, eu jamais encontraria satisfação, independentemente do que realizasse. Conforme ele me explicou, a resposta era afirmar meu valor à parte do ministério. Foi o melhor conselho que já recebi. Hoje me defino pelo meu relacionamento com Deus e com as pessoas mais íntimas e mais queridas, *não* pelo ministério. Às vezes meu ministério está em alta, outras, em baixa. Mas meu valor individual não está ligado às minhas vicissitudes profissionais. E o mais importante: não sou marido nem avô desatento.

O ministério pode ser ou não legitimado em sua vida. Será legitimado se sua vida corresponde a seus ensinamentos. John Piper gosta de dizer que, toda semana, ele "salva" tanto a si mesmo quanto sua congregação com seu sermão. Como assim? Observe as palavras de Paulo a Timóteo: "Atente bem para a sua própria vida e para a doutrina, perseverando nesses deveres, pois, agindo assim, você salvará tanto a si mesmo quanto aos que o ouvem" (1Tm 4.16). Quando o estilo de vida do pregador e seus ensinamentos estão em consonância, o ministério é certamente legitimado. Entretanto, se você não está à altura do que proclama, pode vir a ser igual ao funcionário da ferrovia que, depois de anunciar anos a fio: "Todos a bordo para Albany. Todos a bordo para Chicago. Todos a bordo para St. Louis", começa a imaginar se visitou de fato todos esses lugares. O ministério tem enorme potencial para a dissonância, a dissensão e a hipocrisia, e para transformá-lo num fanfarrão eclesiástico, se você não se apropria das verdades que prega. E isso pode dar margem à destruição do casamento do ministro.

O ministério pastoral pode ser uma ocupação solitária. Você pode ser uma alma sociável, mas é provável que pouquíssimas pessoas na congregação compreendem sua vida. Isso resulta em sensação de abandono. Você carrega a responsabilidade e o fardo, mas o mesmo não acontece com a congregação. Você fica vulnerável. Minha esposa, bastante extrovertida, reconhece que, agora que nossos filhos cresceram, sente-se sozinha algumas vezes quando chega à igreja e tem de procurar alguém com quem se sentar. É possível ter a sensação de isolamento e alienação em um ministério atarefado que acaba obscurecendo-lhe os relacionamentos mais íntimos.

As dificuldades financeiras no ministério são endêmicas. A edição de *Your Church*, de março/abril de 2000, informa que menos da metade (39%) das igrejas pesquisadas realiza uma revisão salarial anual para seus pastores. As estatísticas indicam que, embora 70% dos pastores considerem bom o salário que recebem, 30% acham que não estão sendo bem remunerados. Desses 30%, 6% acham que recebem muito pouco. Em média, as igrejas com orçamento superior a quinhentos mil dólares por ano pagam a seus pastores titulares mais que o dobro da remuneração total que os pastores de igrejas com orçamento inferior a cem mil dólares recebem. Existe uma enorme disparidade na renda ministerial. O artigo prossegue dizendo que os que optaram por não contribuir para a previdência social economizam menos para a aposentadoria do que os que pagam essa contribuição.[1] No início do ministério, eu dizia que, se não desse para ver o asfalto através do assoalho, o carro não era meu! Aqueles primeiros anos foram muito difíceis. As finanças quase sempre causam estresse profundo ao casamento dos ministros.

Ao lado disso, o ministério pode ser extenuante, e a exaustão normalmente causa depressão. Uma frase reveladora de Paulo apresenta a exaustão como o cerne da depressão ministerial: "Pois, quando chegamos à Macedônia, não tivemos nenhum descanso, mas fomos atribulados de toda forma: conflitos externos, temores internos" (2Co 7.5). O contexto da admoestação de Paulo era a exaustão induzida pela urgência. A mesma síndrome já afligira o esgotado Elias, depois da vitória sobre os profetas de Baal (cf. 1Rs 19.4-8). O esgotamento resultante das pressões e das urgências ministeriais pode deixar qualquer um deprimido. Às vezes, isso ocorre até com aqueles que demonstram temperamento otimista. Não obstante o desfecho da história de Paulo e da de Elias, a depressão nas atividades profissionais que lidam intensamente com pessoas é endêmica. E as conseqüências podem ser muitíssimo danosas ao casamento dos que exercem o ministério.

Juntamente com as pressões sobre o pastor, também cresceram os desafios centrados na esposa do pastor em conseqüência dos valores intrusivos de nossa cultura popular. Ultimamente, muitas mulheres de pastor vêem o ministério do marido como algo separado da vida em família: "esse é o trabalho dele. Eu tenho meus próprios interesses e objetivos". Outras não percebem o ministério como "chamado", mas meramente como uma profissão comum, como a de advogado ou professor, e por isso argumentam: "ele tem a profissão dele, e eu, a minha. Ambas são igualmente importantes". Além disso, é claro, existe atualmente a obrigação exigida pela sociedade de que a mulher, em primeiro lugar, busque sua melhor e mais completa realização pessoal. Isso dificilmente é um fundamento sólido para o casamento dos que exercem o ministério.

Sem dúvida, há igrejas que devoram seus ministros, verdadeiras "orcas eclesiásticas". Se o pastor mostra-se inexperiente ou ingênuo, ele pode ser comido vivo e, ao mesmo tempo, assistir à deglutição de seu relacionamento mais precioso. De acordo com uma pesquisa realizada pelo Hartford Seminary Foundation no início da década de

1990, um em cada cinco pastores é divorciado, o que corresponde aproximadamente a 24% da população geral. O índice de divórcio nas igrejas liberais não era muito mais alto que nas conservadoras.

FORTALECENDO O CASAMENTO DOS QUE EXERCEM O MINISTÉRIO

Gosto de citar estes versos de Shakespeare tanto para minha esposa, Bárbara, quanto para outras pessoas, quando falo dela:

> *Pelo que posso ajuizar, vejo que ela é muito sábia. Formosa ela é, se olhos fiéis possuo; fiel ela é, como o confirma agora. Sendo assim, pois, fiel, sábia e formosa, na alma constante hei de trazê-la sempre.*
> O mercador de Veneza, II.VI

Isso reflete não apenas o que sinto em relação a Bárbara, mas em relação à rocha sobre a qual edificamos nossa vida matrimonial. Quando Adão viu Eva pela primeira vez, exclamou com arrebatador enlevo:

> "Esta, sim, é osso dos meus ossos
> e carne da minha carne!
> Ela será chamada mulher,
> porque do homem foi tirada". (Gn 2.23)

A exclamação alegre de Adão ecoa até os dias de hoje, pois proclama a alegria e a intimidade do casamento. Em Gênesis, o brado de Adão diminui, e a voz de Moisés conclui: "Por essa razão, o homem deixará pai e mãe e se unirá à sua mulher, e eles se tornarão uma só carne" (v. 24). As palavras de Moisés foram uma revelação divina, e Jesus as citaria como a genuína Palavra de Deus (cf. Mt 19.5). Essas palavras, a Palavra de Deus, tornaram-se a fonte profunda dos ensinamentos bíblicos sobre os laços matrimoniais. A seguir, o fundamento teológico para trazer a esposa constantemente na alma.

Corações casados

Trazer minha esposa constantemente em minha alma é outra forma de dizer que ela está em meu coração, e eu no dela — sempre. E aqui devo sugerir algumas formas de fortalecer os laços de unidade.

Para começar, devemos ter, cada um, o *coração carinhoso,* que valorize publicamente um ao outro cada vez mais com o passar dos anos, como fez Winston Churchill com sua Clementine. Numa ocasião memorável, Churchill foi a um banquete formal em Londres, ocasião em que foi proposta uma questão aos dignitários: "Se você não fosse quem é, quem gostaria de ser?". Naturalmente, todos estavam curiosos para saber o que Churchill, sentado ao lado de sua amada Clemmie, diria. Afinal, não se esperaria que ele respondesse Julio César ou Napoleão. Quando finalmente chegou a vez do ex-primeiro-ministro britânico, o homem idoso, o último a responder à pergunta, levantou-se e disse: "Se pudesse ser quem não sou, gostaria de ser" — e aqui ele fez uma pausa para segurar a mão da esposa — "o segundo marido da sra. Churchill".[2]

Uma prazerosa conseqüência natural é o *coração leal* de cada um dos cônjuges, corações que se estimam mutuamente. Pode-se observar isso na beleza silenciosa da troca de olhares entre o casal ou do toque suave quando os dois se encontram casualmente por onde passam. Ouvimos essa característica no tom respeitoso da voz de um para com o outro — palavras afetuosas. Os corações leais sempre falam bem um do outro. Há momentos em que minha mulher me demonstra lealdade com palavras francas, verdadeiras e necessárias, palavras que jamais falaria com outras pessoas. Como marido dela e pastor de um rebanho, sei que estou seguro em suas palavras, e ela, nas minhas.

O casamento saudável de um ministro exige que ele e a esposa tenham *coração intercessor* um pelo outro. A necessidade de intercessão mútua intensifica-se por causa da rotina do ministério e pelo fato de sermos figuras públicas que ministram a santa Palavra de Deus, aconselham e dirigem a igreja. Essa realidade gera tensões específicas e aumentam nossa vulnerabilidade. Um necessita da oração do outro. É muito animador para a esposa do ministro saber que ele ora por ela sobre detalhes delicados. Há pouca coisa mais edificante do que saber que seu cônjuge, que o(a) ama como ninguém mais, ora por você e por ele mesmo. Esse tipo de oração fortalece o casamento do ministro contra investidas imprevistas.

O ministério é a profissão de servir. Servimos Deus e o seu povo. Mas é também um chamado para cuidar um do outro com nobre *coração servil*. Nesse requisito, o dr. Robertson McQuilkin, ex-presidente da Columbia International University, deixou o exemplo para todos nós. O dr. McQuilkin é pregador, líder, teólogo e escritor talentoso, contudo o título que o define como líder e marido é o de servo. No auge da influência e do poder, ele renunciou à presidência da universidade, função que lhe fora dada por Deus, para cuidar da esposa, Muriel, acometida pelo mal de Alzheimer. Eis o que ele disse na carta de renúncia:

> Talvez ficasse mais fácil compreender se lhes contasse o que eu disse no momento em que anunciei minha renúncia na capela. Essa decisão fora tomada, de certa forma, 42 anos atrás, quando prometi cuidar de Muriel "na doença e na saúde [...] até que a morte nos separe". Portanto, conforme disse aos alunos e ao corpo docente, como homem de palavra, a integridade tem algo que ver com isso, mas a justiça igualmente tem. Todos estes anos, ela cuidou de mim de forma sacrificial e plena. Se tiver de cuidar dela nos próximos quarenta anos, ainda lhe seria devedor. O dever, entretanto, pode ser austero e resignado. Mas há mais que dizer: eu amo Muriel. Ela é uma alegria para mim — sua pueril dependência e confiança em mim, o amor terno, os ocasionais laivos daquela sagacidade que eu tanto apreciava, o espírito alegre e a grande capacidade de recuperar-se em face da frustração contínua e angustiante. Eu não *tenho de* cuidar dela, eu *quero*! É uma grande honra cuidar de uma pessoa tão maravilhosa.[3]

Esse cuidado, esse sacrifício e essa dedicação devem estar no centro do casamento de um ministro do evangelho, para que nossa vida não seja apenas apoio recíproco, mas também seja testemunho da realidade de Cristo para a igreja e o mundo.

Todo casal precisa comunicar-se, mas esse diálogo é particularmente essencial no casamento do pastor. O pastor e sua esposa precisam ambos ter *coração comunicativo*. Eugene Peterson, escritor e pastor experiente, escreveu de forma incisiva: Há homens que se isolam atrás do jornal no café da manhã,

> em vez de escutar a voz daquela com quem dividiu a cama, serviu-lhe o café e fritou os ovos. Mesmo que essa voz viva prometa muito mais amor e esperança, profundidade emocional e aventura intelectual que as informações que ele pode extrair do *New York Times*, *Wall Street Journal* e *Christian Science Monitor* juntos.[4]

Sem dúvida, tanto os homens quanto as mulheres necessitam de tranqüilidade (principalmente os que exercem o ministério), mas se esse isolamento passa a ser considerado a atitude correta, o casamento empobrece. Você gosta de ler o jornal? Com certeza. Mas também é preciso a alma de cada um estar em sintonia recíproca e com o que está ocorrendo nesse momento na família, no ministério, na Palavra. Na verdade, esse intercâmbio de alma que Bárbara e eu cultivamos em nossos quarenta anos de casamento e ministério é mais profundo e mais empolgante que qualquer outra coisa em nossa vida.

Aprendam a escutar um ao outro. Conversem, conversem de verdade — a respeito de tudo. Comuniquem mais do que apenas fatos. Usem metáforas, comparações e frases para contar um ao outro o que se passa no íntimo de vocês. Você vai descobrir que as melhores horas do dia são aquelas em que você conversa com aquela que constantemente está em sua alma.

Corações românticos têm efeito de bem-aventurança sobre todos. Foi o que eu e minha esposa constatamos quando dávamos uma volta de roda-gigante no píer da marinha em Chicago, numa noite de verão, com alguns amigos que nos visitavam — o bispo Wallace Benn, da Igreja da Inglaterra, a esposa, Lindsay, e os dois filhos adolescentes. O bispo Wallace, sem que Lindsay percebesse, comprou uma rosa florescente de um ambulante. De joelhos e com um discurso sublime, ofereceu a flor à mulher, que corou ao ouvir nossos aplausos e os risos das pessoas que passavam por lá.

Foi um "barato"! Mas também uma dádiva. O coração romântico de Wallace aumentou meu amor por minha esposa e ensinou aos filhos com um método que vai além das palavras. Quando um homem trata a esposa com carinho, edifica todos.

O romance tem seus gestos espetaculares e suas intimidades veladas. Mas são as mínimas coisas que o engrandecem ou o diminuem.

> *Não é o amor que meus dias magoa,*
> *Mas o que vem nas coisinhas à-toa.*
> (Edna St. Vincent Millay)

Jamais devemos permitir que o ritmo febril do ministério centrado nas outras pessoas afaste-nos, o pouco que seja, daquelas outras pessoas mais importantes. À medida que os anos passam, o afeto, os bilhetes de amor, as expressões carinhosas, os elogios em particular e em público ("Eu gostaria de ser o segundo marido de Bárbara"), as flores e a poesia devem fluir para aquela que você traz constantemente na alma.

Vocês dois!

Um olhar retrospectivo de quatro décadas comprova que o provérbio "o tempo voa" é um fato doloroso. Um dia sou jovem e estou abraçando minha jovem e deslumbrante noiva. Um piscar de olhos e estou segurando nossa primeira filha, Holly, como uma estrela caída do céu. Outro piscar e tenho nos braços com muita ternura outra estrela nova, Brian, o primeiro filho de Holly. Outra piscada, quem sabe, poderá ser o primeiro filho dele! Mais uma, Bárbara e eu estaremos com Jesus. Não há outro tempo senão o agora: não há outro tempo para estar casado e sentir o carinho da mulher de sua juventude. Sendo assim, tenho alguns conselhos para fortalecer o período entre os piscares de olhos dos casais cujo marido é ministro do evangelho.

Tirem um dia de folga. Quando Bárbara e eu viajamos pelo país para participar de congressos de pastores, ficamos surpresos com o número de ministros e respectivas esposas que não tiram regularmente um dia de folga. O argumento: "Estamos tão ocupados" não tem muito sentido para nós. Já servimos em igrejas de todos os tamanhos (com ou sem equipe de apoio) e já escrevemos mais de trinta livros enquanto desempenhávamos essa função. Sempre estivemos muito ocupados, mas também sempre conseguimos tirar um dia de descanso.

Comecei a perceber que aqueles que ficam sem um dia de repouso não estão levando o trabalho tão a sério, conforme alguns podem imaginar. Pelo contrário, estão levando a si mesmos muito a sério. Tenho de reconhecer que trabalho sempre existe, e há muito o que fazer o tempo todo. É verdade também que, em geral, o desempenhamos melhor do que os outros. Sabemos, contudo, que o trabalho em excesso quase sempre está enraizado no ego, seja por insegurança, seja por necessidade de sentir-se necessário, seja por egolatria discreta — "Deus não vai operar se eu não estiver lá".

Acredite-me: a responsabilidade moral de vocês diante de Deus e um do outro é tirar um dia de folga. Digo mais: faz parte da responsabilidade moral de vocês dois esquecer o trabalho, isto é, descartar mentalmente as preocupações ministeriais para não permitir que as preocupações profissionais dominem seu tempo de folga.

O dia de descanso tem de ser inviolável. E as emergências? É evidente que se deve deixar tudo e encarar as emergências como graças. Mas o dia de descanso precisa ser bem protegido. Pode ser que esse dia seja o mais conveniente para alguém que necessite de um conselho seu, mas a conveniência dele não é o principal. As pessoas acabarão arranjando outro momento para se encontrar com você, se isso for de fato importante para elas. Procure não marcar nenhuma consulta médica em seu dia de folga. Do mesmo jeito que encontra brechas para atender pessoas no horário sobrecarregado, encontre-as para encaixar sua consulta médica. É claro que a programação de seu dia de folga é diferente nas diferentes etapas de sua vida. Mas planeje-o semanalmente.

Namorem. Alguns anos atrás, no meio-oeste dos Estados Unidos, um fazendeiro e a esposa estavam deitados na cama durante uma tempestade, quando repentinamente um tornado arrancou o telhado da casa e sugou a cama com o casal. A mulher começou a gritar, e o fazendeiro lembrou-a de que não era o momento para isso. Ela respondeu que estava tão feliz que não podia conter-se — era a primeira vez em vinte anos que estavam juntos! Achamos graça dessa história porque o lado humorístico das coisas em geral é o reverso trágico da moeda. Não podemos permitir que as permanentes exigências sociais do ministério e as constantes noites no trabalho nos roubem o prazer da vida a dois que tanto valorizávamos no início do romance. Os casais sábios namoram. Bárbara e eu temos momentos de romantismo indo a restaurantes especiais de Chicago, ao cinema, à ópera ou fazendo uma simples caminhada pelas ruas e alamedas. O que pode ser melhor que um passeio com o amor de sua vida?

Em 1986, a revista Psychology Today fez uma pesquisa com trezentos casais para saber o que os mantinha juntos. Um dos mais importantes fatores de estabilidade da união do casal era o tempo que passavam juntos.[5] Tenha esse fator como uma de suas prioridades. Sua agenda revela o que é importante para você, por isso, sintonize sua agenda com a de sua mulher. Programem uma vez por semana momentos só para os dois — essas ocasiões não ocorrem espontaneamente. Sejam criativos. Surpreendam um ao outro. Sejam extravagantes de vez em quando.

Tirem férias. Certa vez emprestamos nossa cabana de férias para um casal cujo casamento eu celebrara vinte anos antes. Descobrimos depois que aquele tinha sido o primeiro fim de semana deles a sós desde que os filhos nasceram! Nem as obrigações, nem a falta de dinheiro podem servir de desculpa para isso. O que falta é visão familiar e criatividade e, francamente, bom senso. Os pastores e ministros em geral precisam tirar algum tempo para si com sua respectiva esposa. Isso restaura a alma e ajuda a explorar o relacionamento amoroso que Deus lhes deu.

Um dos melhores achados fortuitos que Bárbara e eu fizemos em meio ao estresse triplo — seminário, ministério e quatro crianças com menos de 10 anos — ocorreu graças à sábia insistência dela quando tomamos um empréstimo de cinqüenta dólares e passamos a noite e a manhã em Laguna Beach. As nuvens que nos pesavam no coração e na mente dissiparam-se. Depois disso, retornamos à rotina com perspectivas renovadas. Hoje, embora estejamos grisalhos, tanto este pregador quanto sua esposa ainda entendemos (e praticamos!) essa sabedoria bem trilhada.

Vão para a cama juntos! Muitos casais jamais vão para a cama juntos — isto é, não se deitam no mesmo horário —, pois um gosta de dormir cedo, e o outro, tarde. Isso é um grande erro, pois sem dúvida diminui a troca de confidências, as orações e a intimidade antes de dormir.

As Escrituras consideram o leito conjugal o lugar da privacidade e da intimidade divinamente determinadas, o local onde a mulher é um jardim fechado, uma fonte refrescante e um pomar de frutos seletos (cf. Ct 4.13-16). Os deleites sensuais do jardim são mutuamente gratificantes e santificadores. O casal dedicado ao ministério ama Cristo e respeita e valoriza o leito por toda a vida. "'Por essa razão, o homem deixará pai e mãe e se unirá à sua mulher, e os dois se tornarão uma só carne.' Este é um mistério profundo; refiro-me, porém, a Cristo e à igreja" (Ef 5.31,32).

Sua família

Alguns anos atrás, quando me preparava para uma entrevista à Christianity Today sobre as famílias de pastores, levamos nossos quatro filhos para jantar. Na época, tinham entre 20 e 25 anos. Perguntamos-lhes o que achavam de terem sido criados como filhos de pastor. Queríamos realmente saber, pois assim responderíamos aos entrevistadores com confiança e integridade.

Felizmente, todos foram claros e seguros na resposta. Adoraram ter sido criados na casa pastoral e ter a igreja como centro da vida deles. O único aspecto negativo foi verbalizado por um deles: achava que a igreja exigira muito de mim. Na verdade, não fora a igreja, mas eu mesmo, conforme lhe expliquei. Ele compreendeu.

Houve momentos em que passei dos limites na dedicação ao ministério. Quanto a esse aspecto, devo dar o crédito a minha querida, firme e sábia esposa, que não me deixou sucumbir às tarefas ministeriais. Foi isso que, no final das contas, garantiu a convicção de meus filhos e suas lembranças da casa pastoral.

A propósito, há algo a dizer sobre a sabedoria (de Bárbara) em criar uma família na casa pastoral. Tinha origem em suas atitudes e em seu ponto de vista acerca do ministério. Bárbara sempre empregou expressões alegres para referir-se a nosso ministério. Por exemplo, quando as crianças eram pequenas, ela dizia: "Não somos felizardos de o papai não ser motorista de caminhão, como o sr. Pope? O sr. Pope tem de passar a noite fazendo entregas, mas o papai está sempre aqui para o jantar". O mais importante é que isso aconteceu enquanto eu estava no seminário e no ministério —um período muito atarefado de nossa vida. Resumindo: mamãe tinha atitudes positivas, logo, os filhos também tinham!

A sabedoria de Bárbara ainda me surpreende. Ela demonstrava discernimento ao dizer: "Papai está no trabalho", o que era melhor do que informar: "Papai está na igreja". Por que fazia isso? A primeira criaria ressentimento em relação à igreja, enquanto a segunda me equiparava a todos os outros pais que precisavam "trabalhar". Muito sutil! Muito sábio!

Da mesma forma, jamais falamos mal da igreja nem de seus membros. Isso foi muito importante, pois, quando nossos filhos tinham entre 4 e 10 anos, passamos por grandes conflitos e sofrimentos, aos quais, porém, nos resignamos. Apesar disso, até hoje nossos filhos já adultos têm somente boas lembranças daqueles anos.

A outra categoria de sabedoria refere-se ao tempo — priorizar horários flexíveis para melhor investir em nossos filhos. Os pastores trabalham muito. Eu dedicava regularmente cerca de cinqüenta horas por semana ao trabalho, mais o domingo quase todo, a partir das quatro da manhã. No entanto, como não tinha de marcar cartão de ponto nem viajar a trabalho, podíamos investir nosso tempo estrategicamente. Às vezes acordávamos mais cedo e preparávamos o café da manhã no parque, antes de as crianças irem para a escola. Também reuníamos nossos filhos depois da escola, pegávamos as mochilas e saíamos para uma trilha nas colinas antes do jantar. Outras vezes, telefonava para a escola e pedia permissão para levar pelo menos um deles para almoçar. Poucos pais podem fazer isso. Ah, como meus filhos se sentiam especiais! Nesses anos todos, raramente deixei de comparecer aos eventos esportivos depois da aula nem a nenhuma apresentação musical dos alunos, tampouco às peças em que meus filhos atuariam. E mais: meu gabinete estava sempre aberto e bem provido de guloseimas. Meus filhos e os amiguinhos sabiam que podiam entrar ali a qualquer momento. Algumas vezes, os colegas vinham sem eles! O melhor de tudo era que eu sempre estava em casa para o jantar — um acontecimento ao qual Bárbara sempre se dedicou com esmero para torná-lo especial.

Verdade seja dita, o ministério apresenta desafios. Olhando para trás e vendo esses quarenta anos —, da década de 1960 até a de 1990, e agora já no novo milênio —, sinto-me muitíssimo grato por ter seguido o chamado de Deus.

NOTAS

1. John C. La Rue, "Seven Findings About Pastor Pay", *Your Church,* março/abril 2001, p. 88.
2. James Humes, *Churchill, Speaker of the Century*, Briarcliff Manor, NY: Stein and Day, Scarborough House, 1980, p. 291.
3. Da carta de renúncia à presidência da Columbia Bible College do dr. Robertson McQuilkin, de março de 1990.
4. Eugene H. Peterson, *Working the Angles*, Grand Rapids: Eerdmans, 1989, p. 62.
5. Jeanette Lauer e Robert Lauer, "Marriages Made to Last", *Psychology Today*, junho de 1985, p. 26.

2

A responsabilidade do pastor pela paixão no casamento

DENNIS RAINEY

Durante séculos, os marinheiros evitaram uma região do oceano logo acima do equador. Nessa área, os ventos permanecem suaves vários dias, semanas e até meses. As tempestades passam longe das fronteiras desse espaço de calmaria, e os navios que ali transitam às vezes ficam semanas parados, com as velas frouxas.

Essa condição do mar é chamada de calmaria equatorial. A expressão define muito bem vários casais casados que vemos sentados nos bancos de nossas igrejas. As velas do relacionamento que antes eram cheias da brisa, com a força do vento para impulsionar o barco com rapidez através dos mares conjugais, agora pairam flácidas.

Minha recomendação a todo pastor e outros líderes da igreja local é: faça o que puder para acionar os ventos da paixão no casamento. Sem essas correntes, os casais ficam estagnados e tornam-se incapazes de viver o amor de Cristo um pelo outro.

O ensaio intitulado *The Wall* [*A muralha*] é pungente na descrição da conseqüência das calmarias matrimoniais. Não foi isto o que Deus planejou para o casamento:

> A foto do casamento lá na mesa zomba dos dois, desse casal cuja mente não mais toca uma à outra. Ambos vivem separados por uma barricada tão grande que nem o ataque das palavras, nem o de artilharias de toque poderiam destruir.
>
> Em algum ponto entre o primeiro dente do filho mais velho e a formatura da filha mais jovem, eles se perderam. Ao longo dos anos, cada um foi desembaraçando lentamente aquela bola confusa de barbante chamada ego. À medida que puxavam os nós teimosos, afastavam-se mutuamente da busca do outro. Às vezes, ela chorava à noite e implorava sussurrante à escuridão que lhe dissesse quem era. Ele, deitado ao lado, roncava como um urso hibernando, ignorando o inverno dela.
>
> Certa vez [...] ele quis falar-lhe do medo da possibilidade de estar morrendo. No entanto, com o temor de mostrar a alma despida, discorreu, em vez disso, sobre [...] a beleza [dela]. Ela fez um curso de arte moderna para tentar encontrar-se nas cores esparramadas sobre a tela, ao mesmo tempo que reclamava com as outras mulheres de homens insensíveis. Ele se revestiu de uma tumba chamada "escritório", enrolou a mente numa mortalha de papel coberto de números e enterrou-se nos clientes.
>
> Aos poucos, a muralha entre eles cresceu e solidificou-se pela argamassa da indiferença. Certo dia, procurando tocar-se, descobriram uma barreira impossível de penetrar e, ao retrair-se da frieza da pedra, cada qual se afastou do estranho a seu lado.
>
> O amor não morre num momento de batalha irada, nem quando os corpos ardentes perdem o calor. Ao contrário, o amor, ofegante e exausto, expira aos pés da muralha que não consegue escalar.[1]

Bárbara e eu estamos casados há quase trinta anos. Enfrentamos muitas mudanças, doenças graves das crianças, risco de vida (de Bárbara em quatro ocasiões distintas), novos trabalhos, igrejas mornas, a morte de meu pai, cirurgia dos filhos, salários baixos, asma e uma série de outras provações. Garanto que já estivemos presos nas calmarias equatoriais sem nenhuma perspectiva de brisa para inflar-nos as velas. É por isso que esse assunto, o romantismo, é tão importante para mim. Sei quanto é terrível sentir-se morto nas águas do casamento. O tédio na vida matrimonial é um assunto que os líderes da igreja ignoraram por muito tempo. Além de todas as outras coisas excelentes que ensinamos às pessoas sobre o casamento, precisamos incentivá-las a fazer do romance uma prioridade. Talvez tenhamos de tirar a poeira daquele breve livro entre Eclesiastes e Isaías e pregar alguns sermões acerca de como Deus enxerga o romance, a ternura e a paixão no casamento.

A IMPORTÂNCIA DO ROMANTISMO NO CASAMENTO

Deus fez-nos para ter laços emocionais uns com os outros, mas é curioso notar que algo que sabemos ser importante pode tornar-se difícil de compreender.

Salomão escreve sobre o amor: "... Suas brasas são fogo ardente..." (Ct 8.6). O amor é chama. É intenso, agradável. O Cântico dos Cânticos tem o brilho do amor e da paixão conjugais, e sua mensagem é tão divinamente inspirada quanto a de João 3.16.

Não acredito que a perda da paixão entre cristãos seja *a* causa do divórcio, mas acho que, se marido e mulher não viverem entre si o "fogo ardente" — segundo a mensagem do Cântico dos Cânticos, essa paixão intensa e ardente que Deus planejou para nós e recomendou que vivêssemos —, começarão a sentir falta dele e, por fim, o buscarão em outros lugares ou preencherão o vazio com substitutos prejudiciais, como a pornografia, o excesso de comida, o álcool, o desejo incontrolável por coisas materiais e outros vícios.

Oswald Chambers, falando de romantismo e paixão, disse: "A natureza humana saudável exige empolgação. Se não obtém essa emoção palpitante da forma correta, vai procurá-la do jeito errado. Deus nunca criou nenhum estóico sem sangue nas veias. Ele criou santos apaixonados".

Gosto disso. Deus não cria estóicos sem sangue nas veias. As pessoas de nossa congregação não são insensíveis e indiferentes. Precisamos aceitar com alegria a paixão de todos nós e estimular sua expressão correta no matrimônio.

Bárbara e eu estivemos no Talbot Seminary alguns anos atrás para falar a um grupo de esposas do seminário. Depois de nossa apresentação, uma delas veio até mim e disse:

— Sr. Rainey, preciso falar com o senhor.

— Tudo bem — respondi. Tinha idade para ser minha filha e era tão graciosa quanto ela.

— Meu marido e eu estávamos voltando para casa depois da reunião do grupo de jovens — começou. — Na verdade, ele é pastor desse grupo. Estava escuro no carro e decidi perguntar-lhe: "Querido, o que o faria sentir-se como um homem de Deus?".

Fez uma pausa e ficou silenciosa por alguns instantes, como se estivesse criando coragem para continuar. Eu não tinha a menor idéia de que rumo essa conversa tomaria, por isso apenas sorri e fiz um ar de aprovação.

— Sr. Rainey, sabe o que ele disse?

— Não, não sei.

— Meu marido disse que o que o faria sentir-se como um homem de Deus seria voltar para casa e, assim que abrisse a porta, encontrar-me sem roupas.

Sorriu nervosa e perguntou: — O senhor acha que ele realmente quis dizer isso?

— Experimente — respondi. Ela deu uma risadinha e foi embora.

Se os homens fossem sinceros, todos diriam que desejam uma esposa que use o potencial sexual dela com ousadia para afirmá-los como ser humano de um jeito que nenhuma das outras seis bilhões de almas do planeta Terra poderia afirmar. O romance estimula tamanha paixão.

Certa vez ajudei na apresentação de uma série de palestras para os homens de nossa igreja. As reuniões ocorriam às seis da manhã nos dias de semana. Fiquei muito satisfeito com a reunião inicial ao descobrir que havia quinhentos homens presentes. Muitos dos temas giravam em torno do romantismo no casamento e de como um homem pode continuar sua busca para dar segurança ao coração da esposa. À medida que as palestras prosseguiam, para minha grande surpresa, o público crescia cada vez mais, até chegar a seiscentos participantes. Surpreendente! Se você tivesse me dito que terminaríamos com mais homens do que no início, eu não teria acreditado. Acho que isso mostra que as pessoas estão sedentas por encontrar um caminho que traga significado a seu casamento e reacenda as chamas do romantismo e da paixão.

A IMPORTÂNCIA DA PAIXÃO

Infelizmente, nas congregações de hoje há muitas pessoas que fazem concessões morais envolvendo adultérios ou "casos" mentais — ligações emocionais ilícitas iniciadas a distância num bate-papo na internet, pela pornografia ou assistindo a *shows* ou filmes devassos. Nós, pastores, que instruímos o rebanho, temos de nos perguntar: "Por que os cristãos estão sendo tragados para o centro do redemoinho do mal?".

A resposta a essa pergunta não esgota a questão, mas creio que a carência de paixão no casamento cria um ambiente em que os cônjuges são facilmente tentados pelos desejos normais que acabam sendo poluídos pelo pecado. Vou dar o meu exemplo. Bárbara Rainey é a grande razão pela qual, nas minhas viagens de negócios, posso retornar exausto ao quarto de hotel, pegar o controle remoto, começar a zapear e, ao deparar com um programa impróprio, simplesmente mudar de canal ou desligar a televisão. Já passamos por muitas experiências em nosso casamento — picos, vales e planícies. Eu amo essa mulher! Nosso romance hoje é muito melhor do que quando éramos recém-casados. Por que eu trocaria um relacionamento real com uma pessoa real, com paixão e apoio reais, por alguns minutos de falsa intimidade trazidos até mim por uma tela de televisão inerte?

É uma mentira monumental, mas muitos homens acreditam que podem encontrar intimidade satisfatória olhando fotos na internet. Como todo pecado, isso pode satisfazer por um breve momento, mas não é real. E, em vez de vida, traz o vazio corrosivo e, por fim, a morte. Precisamos orar e ensinar a verdade sobre a intimidade, pois as pessoas hoje estão sedentas por ela, embora busquem saciar-se em locais errados. Todo homem — e toda mulher — quer um relacionamento real com uma pessoa real.

O que deveríamos dizer às pessoas que não têm intimidade no casamento? Bem, como se pode acender o fogo na chuva? É necessário muito esforço criativo e persistência canina. Enquanto o bom fogo estiver aceso, é muito mais fácil mantê-lo ardendo e adicionar mais lenha para torná-lo mais quente.

Sei tudo sobre isso. Minha vida com Bárbara, seis filhos e dois netos é mais plena do que nunca. Contudo, acredito que é possível criar em nossa vida — independentemente das exigências do trabalho, da casa, das crianças, da igreja, do trabalho voluntário etc. — um casamento mais apaixonado.

A melhor maneira de começar a compreender o romance no matrimônio está em Cântico dos Cânticos. Haja vista as múltiplas perversões sexuais em nossa sociedade e a perícia dos publicitários para vender qualquer coisa, de sapatos a ameixas, apelando ao desejo sexual, creio que é hora de ouvir Deus sobre algo que ele criou. Howard Hendricks, um de meus professores do seminário, disse certa vez o seguinte sobre o sexo: "Não devemos ter vergonha de discutir aquilo que Deus não teve vergonha de criar".

RAPOSAS NA VINHA

O Cântico dos Cânticos diz muito acerca de como "despertar" o romance. Quero selecionar aqui um problema relativo à paixão que preocupava Salomão e sua noiva. Temos de ficar atentos a esse mesmo aviso hoje: "Apanhem para nós as raposas, as raposinhas que estragam as vinhas, pois as nossas vinhas estão floridas" (Ct 2.15).

O que tem que ver caçar raposas com um livro sobre paixão romântica no casamento?

Na época de Salomão, as vinhas eram protegidas por cercas de pedra. Eram construções altas o bastante para evitar que as raposas, os predadores que mais ameaçavam as vinhas, saltassem sobre elas. No entanto, muitas vezes as raposas esgueiravam-se através de buracos na cerca. A criatura astuciosa chegava à vinha na época da florada. As raposinhas amam os botões, pois são muito saborosos. Mas a perda dos botões significa que não haverá flores, nem uvas na vinha, nem vinho na mesa.

É nesse contexto que encontramos Salomão e sua amada sulamita conversando sobre o amor e a paixão deles. Estão comparando a interrupção do romance, antes mesmo de sua concretização, às raposas que comem as flores da vinha.

Temos de falar dessa poderosa ilustração a nossas ovelhas. *Todo casal precisa apanhar as raposinhas que perambulam para interromper o romance antes mesmo que se concretize.* Apresento a seguir as cinco raposinhas que, em minha opinião, mais causam danos ao romance nas vinhas dos casamentos contemporâneos.

Raposa 1: apatia

O casamento roubou a paixão de muitos relacionamentos! Ah, odeio dizer isso, mas é verdade. Se permitirmos que a rotina pouco estimulante da vida diária defina nosso estilo de vida, mergulharemos num tédio sufocante. Duas pessoas podem estar casadas há algum tempo e já enclausuradas numa cômoda, mas previsível, rotina. Talvez não notem, mas as lâmpadas aos poucos vão perdendo o brilho. A emoção já abandonou a casa. A vida é preenchida com tarefas úteis e interesses agradáveis, mas as raposas estão mastigando os brotos românticos da paixão.

Tanto o marido quanto a mulher acham que o namoro já acabou há muito tempo. O marido é como um caçador que, sentado em seu recanto, admira os troféus empalhados pendurados na parede. Já não sai mais para caçar. Ficou preguiçoso. Acha que o prêmio já foi conquistado... para sempre. *Ledo engano*. Na relação conjugal, a caça jamais acaba para o homem.

Nunca me esquecerei do dia em que percebi que ainda precisava competir para conquistar a afeição de Bárbara. Não competia com outros homens, mas com uma multidão de boas coisas, como os filhos, passatempos e interesses, o trabalho na igreja, os amigos — a lista é interminável nesta sociedade complexa. Imagine se eu tivesse ficado ocioso e não tivesse me empenhado mais — isso mesmo — para me ligar à alma dela? E se outro homem aparecesse e correspondesse a algo que eu não estivesse provendo e descobrisse algo que a ligasse emocionalmente a ele? Essa atitude dela seria um pecado, mas eu ainda teria de enfrentar o desafio de perseverar nesse belo relacionamento que Deus me deu muitos anos atrás.

Quando percebi isso, não torci as mãos, exteriorizando minha insegurança. Mas descobri que não devia jamais parar de cortejar minha esposa, jamais devia parar de competir por sua afeição, jamais devia parar de buscar seu relacionamento comigo.

Diante disso, um conselho de Deus sobre nosso relacionamento de amor com ele aplica-se com muita propriedade aqui! Se você não está mais apaixonado por Deus, "pratique as obras que praticava no princípio" (Ap 2.5). Se deixou que a paixão por seu cônjuge esfriasse, pratique as coisas que praticava no princípio.

Raposa 2: filhos

Essa raposinha é previsível. Quanto mais os filhos crescem, mais obstáculos interpõem ao romance. Os adolescentes perambulam pela casa até altas horas da noite, e lhes parece impossível sequer imaginar que os pais tenham interesse em intimidade sexual. Quando os filhos são pequenos, ao menos podemos pô-los na cama e fechar a porta. Mas quando essas raposinhas chegam à adolescência, a história muda. Entusiasmadas, esquecem-se de bater na porta e invadem o quarto. Isso não contribui muito para a espontaneidade na vida amorosa. O matrimônio tem de ser estruturado de modo a sobreviver aos filhos. Caso contrário, quando estes, como num piscar de olhos, já saíram de casa, marido e mulher acordam e encontram, cada um, diante de si um paredão com um estranho a seu lado. Infelizmente, muitos jamais conseguem descobrir como escalar essa muralha.

Raposa 3: amante

Você achou que este era um livro cristão? E é.

Não estou falando de casos amorosos, embora isso também possa acontecer, claro. Estou falando da idéia de amante — qualquer coisa, mesmo boa, que entre na vida de um integrante do casal e o desvie, seduza e destrua. Essa é a sedutora ardilosa de que fala o livro de Provérbios (capítulos 5 e 7), que fascina com palavras doces e olhos tentadores. É preciso saber como e quando as amantes surgem. Em geral, isso ocorre quando a vida está desequilibrada em relação ao trabalho, aos filhos, ao serviço comunitário, aos esportes, ao trabalho na igreja — a lista parece interminável.

Ironicamente, a amante que atrai os que dedicam tempo "integral" ao serviço cristão chama-se "ministério". Podemos dar o coração, a alma e a mente ao ministério e voltar para casa exauridos, quase com morte cerebral. Que marido ou mulher que recebe esse tratamento repetidamente não chegaria à seguinte conclusão: *não sou tão importante para ele (ou para ela)*. O problema vem em seguida. Deixe-me dizer algo incisivo: *não há melhor forma para o Diabo arruinar um ministério, desacreditar Jesus Cristo e ferir a igreja do que um pastor ou líder cristão com o casamento destroçado.*

Jamais me esquecerei de meu flerte com a amante ministério. A FamilyLife crescia 40% ao ano. Tivemos seis filhos em dez anos. Eles tinham suas necessidades; Bárbara, as suas; e eu, as minhas. Nós dois estávamos exaustos no fim do dia. Se não tivéssemos saído da calmaria equatorial do casamento e não nos tivéssemos concentrado um no outro para criar novamente vínculos emocionais, românticos e apaixonados, não tenho certeza de que estaria escrevendo este capítulo. Os momentos em que quebrávamos a rotina eram como um oásis no deserto para nós, pois podíamos sorver da fonte um do outro.

A amante ministério muitas vezes também prepara a apresentação da amante do sexo oposto. Todo adultério começa com uma ligação emocional. Uma faísca entre duas pessoas acende-se, e surge na alma aquele novo brilho por outra pessoa. Para as pessoas que passam muito tempo envolvidas com a igreja ou com outro ministério — adivinhe —, isso quase sempre ocorre nesse ambiente.

Alerte os líderes e os membros de sua igreja para isso. Tenha cuidado você mesmo. Não deixe que a raposa amante destrua a vinha.

Raposa 4: conflitos não resolvidos

Uma das coisas que fazemos em nossa palestra para casais no FamilyLife Weekend to Remember é explicar, com base em Efésios 6, que a batalha do cristão não é contra os "seres humanos, mas contra os poderes e autoridades, contra os dominadores deste mundo de trevas". Pedimos que marido e mulher se virem, encarem um o outro e digam: "Meu companheiro não é meu inimigo".

Satanás esgueira-se na vinha com a aparência de uma raposinha, mas ele, na verdade, é um leão que ruge. Quer convencer todo marido e toda mulher de que seu cônjuge é o inimigo. Quando os cônjuges se sentem incompreendidos, sem valor, desprezados ou maltratados, os próximos estágios da espiral do conflito são o espírito amargurado, o ressentimento, a ira e o isolamento — daí para pior.

Os casais devem aprender a lidar com o conflito. Esse aprendizado é possível e, no contexto da vida cristã, é incrivelmente auxiliado pela graça, pela misericórdia e pelo perdão. Gosto muito do que Ruth Bell Graham diz: "O matrimônio é a união de duas pessoas que exercitam o perdão". Romantismo e ressentimento não encontram espaço no mesmo coração. O conflito pode e deve ser resolvido.

Raposa 5: diferenças

"Homens e mulheres são diferentes". Isso não é uma afirmação profunda, mas nos dias de hoje parece. Nosso admirável Criador nos fez assim. Logo, isso é bom. Entretanto, as diferenças ignoradas ou malcompreendidas causam o caos na vinha.

Não vou desenvolver essa idéia aqui, pois muitos já escreveram bastante sobre o assunto. Vou apenas dizer que, ao ensinar, orar e aconselhar, você não deve perder de vista esta verdade acerca das pessoas: homens e mulheres são diferentes. Pensam, falam, ouvem, sentem, agem e reagem de forma significativamente distinta. As expectativas de homens e mulheres em relação ao casamento são diversas. A forma que desejam receber e dar afeto também é distinta. O modelo que cada um tem de companheiro amoroso é diferente.

A palavra-chave é *diferente.*

DAR PRIORIDADE AO ROMANCE

Em relação à paixão no casamento, o que eu posso incentivar os pastores e líderes a ressaltar na esfera de influência deles? O romance necessita de foco e planejamento.

Há um bom tempo, Bárbara e eu demos uma escapada com um grupo de casais para um retiro. Conversamos sobre a necessidade de tempo e atenção que os casais de hoje têm, e que isso é importante principalmente para as mulheres. Acho que um dos motivos por que o romance fica desprotegido nos casamentos é que só se vai para a cama depois de um dia de trabalho árduo e do noticiário de fim de noite. Nessa hora do dia, nosso tanque emocional está *totalmente vazio.*

Sabendo que isso é fato na vida de muitos casais, no sábado à tarde desse retiro, incentivamos todos a apagar as luzes bem cedo aquela noite. Depois pedimos que os casais criassem uma atmosfera para o momento em que estivessem sozinhos: comprar velas, sais de banho e loções para o corpo.

Apenas para garantir que estavam entendendo a mensagem, dissemos que tomassem um banho bem demorado, com sais, e usassem a loção para esfregar as costas um do outro. Das oito da noite em diante, o objetivo principal seria um paparicar o outro.

Você precisava ter visto os olhares que recebi quando esbocei essa sugestão — um misto de surpresa, confusão e medo. Mas, sobretudo, vi expectativa e prazer autocomplacente.

Essa situação causou um pouco de humor. Foi divertido observar naquela tarde, na cidadezinha próxima, um grupo de executivos na casa dos 40 anos, altamente qualificados e poderosos, limpando o estoque de velas, sais de banho e loções da farmácia local!

Mais tarde, por volta das 19h30, depois de um delicioso jantar, um dos rapazes à mesa espreguiçou-se e disse: "Caramba, como estou cansado!". Deu uma piscadinha e saiu. Isso funcionou como sinal de largada para os demais. Em poucos minutos, o restaurante estava vazio.

Nunca me esqueço da cena da manhã seguinte. Os outros homens — havia quatro — vieram para o café da manhã, um ao lado do outro, peito cheio, andar lépido e fagueiro, gingando e tocando-se no cotovelo. As mulheres vieram em seguida, formando uma segunda fileira, com risadinhas e rubores. Adiantei-me e cumprimentei um dos rapazes — tinha as mãos incrivelmente macias!

Tudo de que esses casais precisavam para acender algumas faíscas era um pouco de estímulo para separar algum tempo e concentrar-se um no outro.

Agora tenho uma pergunta para você: quando foi a última vez que alguém lhe disse para ir cedo para a cama? Ou quando foi a última vez que você disse às pessoas sobre as quais tem influência que deveriam ir para a cama cedo?

O romantismo vai fortalecer — até salvar — muitos casamentos de sua igreja. E não se esqueça de pregar esse sermão para você mesmo! Eis algumas idéias simples para ajudá-lo a manter a chama do amor acesa em seu lar:

- Passem um fim de semana sozinhos duas ou três vezes ao ano.
- Tenham um encontro romântico à noite pelo menos a cada duas semanas.
- Caso fiquem em casa, ponham as crianças para dormir cedo e jantem no quarto.

- Cada um escreva uma lista do que lhe transmite romantismo e depois troquem as listas. Comecem a trabalhar nessa lista hoje.
- Passeiem a pé juntos e conversem sobre algo que não sejam os problemas; compartilhem o que Deus está ensinando a cada um de vocês.
- Escrevam uma carta de amor um para o outro.
- Selecionem os três momentos mais românticos do casamento. Conversem sobre o que fez com que esses momentos fossem tão românticos. Como você pode fazer essas mesmas coisas agora?
- Leiam todo ano um bom livro sobre casamento e discutam que partes do conteúdo podem ajudá-los a melhorar a relação de vocês.
- Orem juntos todas as noites.
- Surpreendam um ao outro com presentinhos que digam: "Eu amo você de verdade".

NOTA

1. Fonte desconhecida. É pena não poder determinar quem escreveu essas palavras instigadoras.

II

As oportunidades atuais

3

Pequenas coisas que edificam ou destroem o casamento

DANNY AKIN

John Gray tornou-se um nome familiar e um milionário da noite para o dia com o *best-seller Homens são de Marte, mulheres são de Vênus.*[1] Também escreveu *Mars and Venus in the Bedroom:* A Guide to Lasting Romance and Passion [Marte e Vênus no quarto: um guia para o romance e a paixão duradouros]; Marte e Vênus juntos para sempre: novas formas de relacionamento para um amor duradouro; *Marte e Vênus* apaixonados: histórias comoventes e inspiradoras de relacionamentos que dão certo; e *What Your Mother Couldn't Tell You and Your Father Didn't Know* [O que sua mãe não podia lhe dizer e seu pai não sabia].[2]

Esses livros batem numa tecla que ressoa em cada um de nós. Homens e mulheres de fato são diferentes. *Pensamos*, *percebemos* e *sentimos* de forma distinta. Somos diferentes, fomos *projetados* de formas diferentes. Foi assim que Deus nos fez, e essa era a intenção dele. Ele nos fez homem e mulher e declarou que isso era muito bom (Gn 1.27). Entretanto, o título de John Gray não reflete exatamente como as coisas de fato são. Os homens não são de Marte e as mulheres não são de Vênus. Os homens são da Terra, e as mulheres são da Terra, e ambos têm de lidar com isso se quiserem fazer que o casamento, o sexo e romantismo funcionem. Veja bem, as dificuldades que a maioria dos casamentos enfrentam não são devidas às coisas grandes, mas às pequenas. Essas coisinhas em geral têm origem nas diferenças entre homens e mulheres. Transpiramos essas coisinhas.

Dorthy Rosby, num artigo intitulado "It´s Living Together That Makes Marriage Difficult" [Viver juntos é o que torna o casamento difícil], conta-nos a história de uma mulher que atirou no marido porque ele comeu o chocolate dela. Rosby afirma: "É possível que eu tenha lido esse incidente com uma barra de chocolate na mão. Naquele momento, posso até ter pensado que ele merecia o que recebeu. Mas agora, quando penso no assunto, até eu, chocólatra declarada, acho que atirar foi demais". Ela acrescenta:

> São as pequenas coisas que na verdade destroem os casamentos. Margarina, chocolate, meias de *nylon* penduradas no porta-toalha, cabelo na pia. Certa vez ouvi a história de um casal que brigou por mais de quatro horas por uma tira de elástico... Ele estava com a tira, mas ela a queria [...]. São as pequenas coisas que acontecem quando vivemos juntos [...]. Parte do problema é que Deus fez os opostos para se atraírem: perdulários casam-se com poupadores; organizados fazem par com desorganizados; madrugadores convivem com notívagos. Idiossincrasias opostas vivem juntas nos casais, vêm juntas como ondas de calor ou de frio.[3]

Dorthy Rosby está certa. São as coisinhas pequenas, que Salomão define como as "raposinhas" (Ct 2.15), que podem entrar sorrateiramente em nosso relacionamento e causar sério dano. De forma despercebida e silenciosa, mas eficaz, elas destroem o tecido tênue, as videiras e uvas tenras de nosso relacionamento, cuja saúde é essencial para um casamento feliz e gratificante. Nesse versículo a noiva diz:

Apanhem para nós as raposas, as raposinhas que estragam as vinhas, pois as nossas vinhas estão floridas.

Há dois tipos particulares de raposinhas especialmente perigosas, e sobre as quais quero preveni-lo. Chamo o primeiro tipo de "raposas do perigo" e o outro de "raposas da diferença".

ATENÇÃO AOS PERIGOS NO CASAMENTO

No versículo 15, o verbo "apanhar" está no imperativo, é uma ordem. Deus utilizou uma palavra forte para referir-se a esse perigo em nosso relacionamento. As raposinhas são invasoras indesejáveis que invadem sorrateiramente o casamento e podem destruir a pureza de nosso amor e a preciosidade de nosso relacionamento. Um casamento saudável e feliz tem de ser protegido. Temos de estar a postos e apanhar tudo o que possa ferir a delicada e vulnerável união que estabelecemos. Uma questão apresenta-se naturalmente: qual a aparência dessas raposas? Deixe-me observar rapidamente sete delas, que podemos chamar de sinais de aviso de um casamento em perigo.

Aviso nº 1: O casamento enfrenta problemas quando os papéis de marido e mulher se invertem ou são desrespeitados.

(A raposa da inversão de papéis)

Deus fez o homem para ser homem, marido e pai. Um homem jamais deve pedir desculpas por ser homem, um ser humano do sexo masculino. Deus fez a mulher para ser mulher, esposa e mãe. Nenhuma mulher deve pedir desculpas por ser mulher, um ser humano do sexo feminino. Pense: ninguém desempenha o papel de um homem tão bem quanto um homem, e ninguém desempenha o papel de uma mulher tão bem quanto uma mulher. Entretanto, em nossa cultura, há uma grande confusão quando tratamos dos papéis de cada sexo, e os homens principalmente estão sofrendo uma "crise de identidade". Nos dias atuais, os homens lutam contra a própria masculinidade. Acredito que o *South China Post* (25 de abril de 2000) acertou ao dizer: "O que um homem genuíno precisa é de outro homem com quem possa conversar sobre sua masculinidade, a fim de reforçá-la e de ter ajuda para ser um marido melhor [...] Sem esse amigo, os homens correm o risco de retroceder ao relacionamento mãe—filho com a esposa". O dr. Peter Karl afirma: "Os homens estão desamparados e inseguros; e cada vez mais regressam ao tipo clássico do menino crescido que espera receber os cuidados maternos [...]; os homens têm poucos modelos positivos a partir dos quais possa exercer seu papel. Em geral, não têm sequer um bom relacionamento com o pai, muito menos com qualquer outro homem".

Um homem sábio que se prepara para o casamento busca orientação num homem mais velho, mais sábio, que seja marido e pai bem-sucedido. Uma mulher sábia procurará outra mulher para orientar-se quanto ao casamento. Permitir que um casal maduro, bem-sucedido no casamento, sirva de modelo faz que o casal aconselhado vá longe na captura da raposinha da inversão de papéis.

Aviso nº 2: O casamento enfrenta problemas quando o amor sensual do início não se desenvolve em intimidade verdadeira.

(A raposa da estagnação da intimidade)

Charlotte e eu nos casamos quando eu tinha 21 anos de idade, e ela, 19. Para ser bem sincero, vou contar por que me casei com ela. Charlotte era bonita e cheirava bem, e era gostoso tocar, abraçar e beijá-la. Descobri que também era uma excelente cozinheira e dona de casa. Tinha personalidade agradável e me pareceu que cuidaria bem de mim por muito tempo. Bem, alguns de vocês podem estar pensando: "Ora, você com certeza é alguém que só pensa em si mesmo. Não consigo acreditar que era nisso que pensava quando se casou". Bem, antes que vocês me considerem indigno, deixeme fazer uma pergunta: por que vocês se casaram com seus respectivos cônjuges?

Deixe-me falar com os homens por um minuto. Quando procuravam uma esposa, vocês pensaram: "Vou me casar com uma mulher feia. Quero uma de disposição sempre nebulosa, em quem eu vislumbre tempestades no horizonte. Quero alguém que não me agrade abraçar nem beijar. Alguém que não saiba cozinhar nem cuidar da casa e não demonstre potencial nenhum para mudança. Enfim, estou procurando alguém que me fará infeliz para o resto da vida"? Duvido que qualquer homem elegesse esse critério. Sejamos francos! Vocês se casaram, ou estão pensando no casamento, exatamente pelas mesmas razões que eu.

Qual é o problema, então? Estou dizendo que não amava Charlotte quando me casei com ela? De forma alguma! Eu a amava — tanto quanto um rapaz de 21 anos pode amar. Mas agora sou um homem com mais de quarenta anos (Charlotte diz que eu ainda sou muito menino na maneira de agir) e devo dizer que o que sinto por Charlotte, e conheço muito bem esse sentimento, é tão profundo e precioso que seria quase impróprio usar a palavra *amor* outra vez. Eu a amava aos 21 anos; agora, no entanto, eu a amo íntima e apaixonadamente. O amor emocional foi o início, mas o amor da alma é que nos manteve caminhando. Não podemos continuar no relacionamento da mesma forma que iniciamos. A relação tem de crescer desde o primeiro dia. Caso contrário, a raposa da estagnação entrará de modo sorrateiro e fará seu trabalho destrutivo.

Aviso nº 3: O casamento enfrenta problemas quando não se alimenta de comunicação regular e genuína.

(A raposa do silêncio/ muro de pedra)

Para um casamento ser saudável e vibrante, cinco áreas exigem atenção constante: 1) *comunicação*; 2) *finanças*; 3) *sexo*; 4) *filhos* e 5) *relacionamento com os familiares do cônjuge*. Se algum dos quatro últimos itens enfrentar problemas, pode anotar: a comunicação foi interrompida. Caminhar juntos por uma vida toda exige que conversemos de modo regular. Temos de nos relacionar verbalmente, desde as conversas sérias até os bate-papos informais, se quisermos nos dar bem no casamento. Algum sábio já disse com muita propriedade: "A corte começa quando o homem sussurra pequenas coisas doces e termina quando não diz nada que seja agradável".

Aviso nº 4: O casamento enfrenta problemas quando forças ou pessoas de fora do casamento invadem o tempo importantíssimo de que os dois necessitam para ficar a sós e edificar e manter um relacionamento saudável.

(A raposa do tempo mal empregado)

Amor é uma bela palavra. Às vezes, deveria ser grafada: t-e-m-p-o. O casamento enfrenta momentos difíceis quando nosso melhor tempo é dedicado a atividades que prometem pouco retorno para nosso investimento. Não sou caçador. Jamais tentei atirar no Bambi, no esquilo Rocky nem no Pernalonga. Mas tenho muitos amigos que se deliciam com essas tolices. Para ser franco, acho que o elevador deles não chega na cobertura, se compreendem o que quero dizer. Vamos pensar nisso um pouco. Temos um indivíduo diante de duas opções. Primeira: subir numa árvore às quatro da manhã, numa plataforma chamada "posto do cervo", e congelar o traseiro enquanto espera para atirar no Bambi. Segunda: pode ficar em casa, numa cama quentinha e aconchegante, abraçando a mulher. Não é difícil responder, certo? Não quero ser injusto. Na verdade, não tenho nada contra caça, pescaria nem outras boas atividades a que muitos homens e mulheres se dedicam. Sou contra, sim, a dedicação do melhor tempo a atividades que não são importantes.

Há uma raposa nova nas matas que anda causando um dano muito grave nesse aspecto. Ela se chama internet. O *USA Today* (6 de julho de 1999) noticiou: "Marido e mulher acessam a infidelidade *on-line*", e acrescentou: "A internet está se tornando um solo fértil para o adultério, dizem os especialistas que pesquisam o padrão de relacionamentos extraconjugais. Até mães que ficam em casa, que não têm possibilidade de encontrar potenciais parceiros no trabalho, podem ser seduzidas". "Prevejo que um dos papéis da internet no futuro será o de fonte de casos", diz Peggy Vaughan, autora de *Monogamy Myth* [Mito da monogamia]. "Mães que não trabalham fora, quando estão nas salas de bate-papo, falam sobre todas as questões pessoais que escondem dos maridos", acrescenta Vaugham. A intensidade dos relacionamentos *on-line* das mulheres pode "galgar os degraus da imaginação com uma rapidez tamanha a ponto de as levar a crer que encontraram a alma gêmea. Isso é tão previsível, que parece até um roteiro de cinema". Vaugham diz que conhece mulheres "que abandonaram o casamento antes mesmo de conhecer" pessoalmente o novo parceiro.

Shirley Glass pesquisa os "afetos extraconjugais" desde 1975. Adverte que os relacionamentos pela internet ultrapassam o mundo eletrônico. De acordo com Glass, essas relações podem chegar a um grau de intensidade que pode ameaçar o casamento, mesmo quando não há sexo. As ligações na *web* implicam três elementos do caso extraconjugal emocional: *segredo, intimidade* e *química sexual.* Glass previne: "Discuta suas amizades *on-line* com seu cônjuge e deixe-o ler seus *e-mails* se ele estiver interessado. Crie uma caixa postal eletrônica em conjunto com ele para que seu amigo/a da internet não forme idéias equivocadas. Não troque fantasias sexuais *on-line*".

Tome cuidado com quem e onde você gasta seu tempo. Isso é um bom indicador de onde está seu coração.

Aviso nº 5: O casamento enfrenta problemas quando as necessidades pessoais e reais estão sendo supridas cada vez mais fora da relação conjugal.

(A raposa da interferência externa)

Tanto o homem quanto a mulher têm necessidades básicas inerentes à estrutura de seu ser. O homem, por exemplo, necessita que a esposa o admire e o realize sexualmente. A mulher necessita que o marido lhe dê afeto e diga coisas íntimas. Quando não recebemos isso de nosso cônjuge, podemos ser tentados a procurar em outra pessoa. Isso é o que abre a porta para um caso amoroso. Este chega aos poucos e devagar, quase despercebido. É uma das raposas mais mortíferas que pilham nossa vinha. Se seu cônjuge não está suprindo suas necessidades, fale com Jesus. Como cristão, afirme como Filipenses 4.13: "Tudo posso naquele que me fortalece".

Aviso nº 6: O casamento enfrenta problemas quando os votos do matrimônio são considerados condicionais, quando ele não é mais visto como uma aliança sagrada diante de Deus e começa-se a considerar o divórcio uma solução possível para uma situação infeliz.

(A raposa da fadiga)
Quando morávamos na Carolina do Norte, Paul, meu filho do meio, chegou certo dia da escola e fez-me uma pergunta surpreendente:

— Papai, você acha que você e a mamãe vão se divorciar algum dia?

Perguntei-lhe por que essa pergunta. Ele me respondeu que um de seus amigos, sempre alegre e bem falante, naquele dia chegara à escola triste e calado. Disse-me que vira lágrimas nos olhos do colega e que, depois de um tempo, o conselheiro da escola veio chamá-lo, e ele voltou para casa. Paul disse que descobriu na hora do almoço, em conversa com outro amigo, que o pai do menino abandonara a casa na noite anterior; a mãe dissera-lhe que estavam se divorciando e o pai não voltaria mais para casa. A tristeza desse garoto era tanta que ele mal conseguia escondê-la. A idéia de que o pai e a mãe pudessem vir a separar-se começou a assolar-lhe a mente, por isso decidira voltar para casa e perguntar-me diretamente se de alguma forma havia a possibilidade de acontecer o mesmo na vida dele. Apressei-me a informá-lo de que não, sua mãe e seu pai jamais se divorciariam, pois quando nos casamos estávamos bem convictos da promessa: "Até que a morte nos separe".

Esse incidente só reforçou a idéia de quanto é importante que pai e mãe permaneçam juntos, fazendo o melhor para o sucesso do casamento. Assim que se começa a cogitar a idéia de que a relação pode ser condicional, que depende da felicidade de cada um e pode-se lançar mão da porta de escape do divórcio a qualquer momento, o casamento passa a navegar em águas muito perigosas. O ser humano tende a buscar a saída mais fácil, e o divórcio é a saída mais fácil das crises matrimoniais. É preferível ao árduo e necessário trabalho de manter um casamento saudável.

Aviso nº 7: O casamento enfrenta problemas quando o homem e a mulher deixam de compreender, valorizar e desfrutar a grande e significativa diferença entre um e outro.

(A raposa do desentendimento)
Essa raposa leva-nos à segunda grande categoria de raposas: "as raposas da diferença". Homem e mulher são de fato diferentes, e são diferentes em aspectos significativos. Vamos salientar seis.

COMUNICAÇÃO

Ouvir é uma tarefa difícil para o homem. Contudo, isso faz a mulher feliz. Em geral os homens ficam intimidados, pois não são tão bons nessa arte quanto as mulheres. As mulheres no entanto, consideram o diálogo importante para o coração e a alma. Os homens têm a tendência de relatar fatos. As mulheres estão muito mais interessadas em compartilhar sentimentos. Os homens sentem-se compelidos a oferecer soluções. As mulheres querem afirmação e compromisso. As mulheres são muito sutis e veladas na conversa, e os homens, infelizmente, não reagem bem a insinuações. O tom da voz da mulher, a maneira de olhar e a linguagem corporal específica podem falar mais alto do que as palavras. O homem que não percebe esses sinais não-verbais é reprovado na comunicação e será fonte de frustração para a mulher. Não temos bem certeza de por que isso ocorre, embora alguns insinuem que se deva ao encolhimento do cérebro. Marriage Partnership noticiou na edição da primavera de 1999: "O cérebro humano diminui à medida que envelhecemos. O cérebro da mulher diminui 2,5% a cada dez anos, enquanto o do homem diminui 5% no mesmo período". Particularmente, não fico impressionado com esse dado e, por isso, acho que os homens simplesmente seguem adiante!

ROMANCE

Romance para os homens é uma palavra de quatro letras: s-e-x-o. Para as mulheres, romance significa muitas coisas. É muito difícil para os homens compreender, mas para as mulheres o romance pode ou não incluir sexo. Na verdade, as mulheres acham românticas as coisas mais curiosas. Por exemplo, uma mulher acha romântico que um homem ore com ela, ajude-a a lavar a louça, limpe a garagem ou prepare um banho quente de espumas e acenda velas. Tudo isso soa estranho aos ouvidos masculinos, mas falam fundo ao coração das mulheres. O fato é simples. Homens e mulheres se relacionam de maneiras diferentes no que se refere ao romance. Para os homens ele é altamente visual — é o que eles vêem. Para as mulheres, o romance é extremamente relacional e pessoal — é o que elas sentem. O homem, na verdade, é uma criatura centrada na visão, é movido pelo que vê. A mulher, por sua vez, é uma criatura centrada na audição e no coração, é movida pelo que ouve e sente. Essa questão é tão crucial que vale a pena discorrer sobre ela um pouco mais. Como os homens definem o romance? Uma lista de quinze perguntas extraídas do excelente livro de Gary Chapman, *Toward a Growing Marriage* [Para um casamento cada vez melhor],[4] não exaure todas as possibilidades, mas é útil, uma vez que as mulheres tentam compreender a visão do homem a esse respeito. Um homem típico diria à mulher de sua vida:

1. Fique atraente na hora de dormir. Nada no cabelo nem melecas no rosto. Evite usar a "camisola da vovó" ou pijama.
2. Não se envergonhe de dizer que gosta de estar comigo.

3. Vista-se de forma mais atraente quando estou em casa (nada de roupas de "ficar em casa", chinelos etc.).
4. Faça coisas para chamar minha atenção: lembre-se de que um homem é facilmente estimulado pelo que vê.
5. Fale mais abertamente sobre sexo.
6. Não me faça sentir culpado à noite por minhas incoerências durante o dia (não lhe dar afeto suficiente etc.).
7. Seja mais consciente de minhas necessidades e desejos como homem.
8. Demonstre mais desejo e compreenda que os carinhos e preliminares são tão importantes para mim quanto são para você.
9. Não se permita continuar chateada por acontecimentos cotidianos que deram errado.
10. Não tente falsificar seu prazer. Seja autêntica em suas manifestações.
11. Não tente punir-me negando sexo ou dando-o de má vontade.
12. Trate-me como seu amante.
13. Ouça minhas sugestões sobre o que pode melhorar nossa relação sexual.
14. Desculpe-me por estar aquém do que você esperava.
15. Diga-me o que preciso fazer para ser o parceiro sexual que você deseja.

Em contrapartida, que sugestões as mulheres fizeram aos maridos para eles tornarem o romance e o relacionamento sexual mais significativos? Novamente, a lista serve apenas para ajudar a ter uma idéia.

1. Demonstre mais afeição. Seja mais atencioso durante o dia; chegue do trabalho, beije-me o pescoço e pergunte sobre meu dia (mas fique por perto para ouvir a resposta!).
2. Seja mais solidário quando estou doente.
3. Aceite-me como sou. Aceite-me mesmo quando vê o que existe de pior em mim.

4. Diga que me ama em outros momentos, não só quando estamos na cama; ligue-me de vez em quando só para dizer: "Eu te amo!". Não tenha vergonha de me dizer: "Eu te amo" na frente dos outros.
5. Enquanto estou tomando banho, ache alguma música suave no rádio ou diminua as luzes e acenda uma vela.
6. Honre a Cristo como o cabeça de nosso lar.
7. Converse comigo depois de nossa relação sexual; faça-me carinho depois da relação e abrace-me.
8. Seja doce e carinhoso (pelo menos uma hora) antes de iniciarmos a relação sexual.
9. Demonstre interesse pelo que tenho a dizer de manhã.
10. Ajude-me a lavar os pratos e arrumar a cozinha.
11. Dê-me atenção romântica (ficar de mãos dadas, beijar) mesmo nas atividades relativamente não-românticas (ver televisão, andar de carro, passear pelo *shopping center* etc.).
12. Ajude-me a sentir que sou sexual e romanticamente atraente, elogiando-me com mais freqüência.
13. Ore comigo acerca dos problemas e vitórias que está tendo; deixe-me expressar minhas necessidades para você.
14. Não trate a relação sexual como uma atividade ritualista; torne cada vez uma nova experiência.
15. Pense em algo agradável para me dizer e diga isso na frente dos outros de vez em quando.

NECESSIDADES

No que se refere às necessidades, as mulheres precisam sentir-se valorizadas. Os homens necessitam sentir-se bem-sucedidos. Na verdade, se falarmos com um homem sobre sentir-se valorizado, ele talvez não compreenda aonde queremos chegar. No entanto, se falarmos com ele sobre a necessidade de sentir-se bem-sucedido, ele compreenderá imediatamente o que queremos dizer. As mulheres precisam ser ouvidas.

A comunicação é inestimável para falar ao coração da mulher. Os homens, entretanto, precisam ser elogiados. Quando uma mulher elogia seu marido, ela toca em uma das necessidades mais básicas do coração masculino: a necessidade de ser admirado. A avaliação da mulher determina a altitude que a alma dele alcança.

VALOR PESSOAL

As mulheres valorizam os momentos relacionais e temem ser negligenciadas. Os homens valorizam as conquistas profissionais e temem o insucesso. As mulheres são criaturas relacionais. Bárbara A. Chester afirma sabiamente que as mulheres adoram "fazer reminiscências". Os homens não compreendem o que isso significa. Entretanto, eles em geral estimam seu valor pessoal pela atividade que desempenham para ganhar a vida. Além disso, falhar nas tarefas profissionais pode ser arrasador para o valor pessoal de um homem. Sobre isso posso acrescentar que, quando um homem perde o emprego, esse momento é particularmente crucial para a mulher dar um passo e afirmá-lo como indivíduo, fazendo o marido saber que ela ainda o valoriza acima de todos os outros homens. Vemos essa verdade reiteradamente em Cântico dos Cânticos, quando a sulamita elogia Salomão de todas as formas possíveis e imagináveis. Uma boa esposa não esquece quanto isso é importante para o frágil ego masculino. Os homens, por sua vez, precisam compreender que os relacionamentos da vida são absolutamente cruciais para uma mulher. Quando um homem a negligencia, fere-a no espírito e no coração de tal forma que ela dificilmente se recupera.

TEMPO

Os homens não pensam muito no tempo. As mulheres, entretanto, valorizam tanto a quantidade como a qualidade do tempo.

Nós, norte-americanos, filhos da prosperidade econômica, submetemo-nos voluntariamente a uma grande mentira. Dissemos a nós mesmos que, se não déssemos a nossos filhos a quantidade de tempo suficiente por causa da sobrecarga de tarefas do cotidiano, compensaríamos essa falta de tempo com a qualidade. Entretanto, sabemos agora que, para os filhos e a esposa, tempo de qualidade é quantidade de tempo. Tanto a esposa quanto os filhos querem você no momento em que o querem. Se você não estiver ali, eles não o têm. Os homens, nesse aspecto, tendem a seguir a corrente. Temos de ser sinceros: a maioria de nós não é muito criativa. Isso é uma tragédia. Não é possível descrever em palavras como a mulher fica emocionada quando o homem demonstra sua admiração por ela com idéias específicas e criativas.

Quantas vezes o homem propõe inesperadamente a idéia de um encontro romântico à noite? Ele percebe que faz algum tempo não leva a mulher para passear e, então, se aproxima dela e diz: "Querida, que tal um encontro sexta à noite?". Obviamente, ela desmaia, e ele é obrigado a ligar para o resgate para reanimá-la! Todavia, assim que recobrar a consciência, ela aceitará o convite com entusiasmo e rapidez. Em seguida, verbaliza a pergunta que tinha na alma desde que ouviu o convite do marido: "O que vamos fazer?". Mas, vergonhosamente, saem da boca do homem algumas das palavras mais tolas já proferidas: "Ah, para mim tanto faz". Quando um homem profere essas palavras, praticamente esmaga o coração da mulher e destrói qualquer boa possibilidade que pode resultar de um encontro romântico na semana seguinte. O homem sábio não só convida a esposa para sair, mas também é criativo e específico no planejamento de todo o evento. (Até mesmo, providenciando alguém para tomar conta das crianças!) A conclusão é: diga-me onde você gasta seu tempo e lhe direi o que você ama. Reba McIntyre, cantora *country*, escreveu há alguns anos a canção The Greatest Man I Never Knew, que bem poderia ser o tema de uma criança, ao refletir sobre a questão do tempo e em como essa problemática se relaciona com a figura paterna.

CUIDADOS PATERNOS E MATERNOS

Deus planejou a mãe para alimentar o filho e prover-lhe o apoio emocional necessário para seu desenvolvimento saudável. Os pais provêm força e sensação de estima e segurança para o filho. É surpreendente como basta a presença do homem na casa para causar um tremendo impacto na vida de uma criança. É por isso que a morte de um pai é danosa. Contudo, a perda do pai pelo divórcio é tremendamente trágica. Uma de minhas teólogas favoritas é Erma Bombeck. Em *Family* — the Ties That Bind… and Gag! [Família — os laços que unem... e amordaçam!], ela ilustra muito bem a importância que a presença de um pai pode ter na vida da criança.

> Certa manhã, meu pai não se levantou e nem foi para o trabalho como sempre. Foi para o hospital e morreu no dia seguinte. Jamais havia pensado muito nele antes. Era apenas alguém que saía de casa de manhã e, quando voltava, parecia feliz de ver todos ali à noite. Abria o pote de picles, algo que ninguém mais podia fazer. Era o único que não tinha medo de ir ao porão sozinho. Cortava-se fazendo a barba, mas ninguém lhe dava beijo na ferida nem ficava agitado com isso. Quando chovia, a gente sabia que ele pegava o carro e o trazia até a porta. Quando alguém estava doente, ele ia buscar remédio. Também tirava muitas fotos... mas nunca aparecia nelas.
>
> Toda vez que eu brincava de casinha, a mãe tinha muito o que fazer. Eu nunca sabia o que fazer com o boneco que era o pai, por isso, a sua fala era: "Estou indo para o trabalho agora", e o jogava debaixo da cama. O funeral foi em nossa sala de estar, e muitas pessoas vieram e trouxeram todo tipo de comida e de bolos gostosos. Jamais tivéramos tantos visitantes. Fui para meu quarto e procurei o boneco papai debaixo da cama. Quando achei, tirei-lhe o pó e o pus sobre a cama. Ele nunca fazia nada. Eu não sabia que sua partida doeria tanto.

É verdade, os pais são importantes para o bem-estar dos filhos, mas as mães também. Vivemos numa época em que a maternidade não é tão benquista como antigamente. É triste que muitas mulheres tenham sacrificado equivocadamente o dom da maternidade e a alegria de dar à luz por uma carreira e outros engodos que, a longo prazo, jamais trarão a alegria e as bênçãos que ter filhos traz. Muitos anos atrás encontrei um artigo que capta muitíssimo bem a grandeza e a importância da maternidade. Acho que as mulheres que lerem estas palavras provavelmente vão precisar de um lenço no fim da história.

Isso vai mudar sua vida

O tempo está se esgotando para minha amiga.

Enquanto estamos sentadas à mesa do almoço, minha amiga menciona casualmente que ela e o marido estão pensando em "iniciar uma família". O que ela quer dizer é que seu relógio biológico começou a contagem regressiva, e ela está sendo forçada a considerar a perspectiva da maternidade.

— Estamos fazendo uma pesquisa —, diz em tom meio brincalhão. — Você acha que devo ter um bebê?

— Isso vai mudar sua vida —, respondo com cuidado, tentando manter o tom de voz neutro.

— Eu sei —, diz ela. — Nada mais de férias não planejadas...

Mas não foi isso o que eu quis dizer na verdade e tento procurar as palavras para lhe responder. Quero que ela saiba o que jamais aprenderá em aulas sobre parto: que as feridas físicas do parto cicatrizam, mas tornar-se mãe deixará uma ferida emocional tão exposta que ela ficará vulnerável para sempre. Penso na possibilidade de avisá-la que jamais lerá um jornal novamente sem se perguntar: "E se fosse meu filho?". Que todo desastre de avião e todo incêndio irão assombrá-la. Que sempre que vir fotos de crianças famintas, ela imaginará se há algo pior do que ver o próprio filho morrer.

Observo as unhas pintadas, o *tailleur* alinhado, e penso que, independentemente de sua sofisticação, tornar-se mãe vai rebaixá-la ao estágio primitivo de proteger a cria. Aquele chamado urgente: "Mãe!" a fará deixar cair seu melhor vaso de cristal sem nenhum momento sequer de hesitação. Acho que devo avisá-la de que, por mais anos que tenha investido na carreira, sua vida profissional será descarrilhada pela maternidade. Ah, ela pode providenciar para que alguém tome conta do filho, mas haverá o dia em que, enquanto estiver se dirigindo a uma reunião importante de negócios, pensará no cheiro doce de seu bebê. Terá de usar cada gota de disciplina para manter a casa funcionando, só para garantir que o filho esteja bem. Quero que minha amiga saiba que as decisões do dia-a-dia jamais serão rotineiras. Que, para um garoto de 5 anos, a vontade de ir ao banheiro masculino num restaurante passará a ser um grande dilema. Que os problemas referentes à independência e à identidade sexual serão contrabalançados pela possibilidade de um molestador de crianças estar à espreita nesse banheiro masculino. Entretanto, por mais incisiva que seja no escritório, ela sempre terá de considerar sua posição de mãe.

Ao observar minha atraente amiga, quero advertir-lhe de que acabará perdendo os quilos que ganhou na gravidez, mas jamais se sentirá a mesma. Que sua vida agora, algo que lhe é tão caro, terá menos valor para ela quando tiver um filho. Que desistirá de si mesma num instante para salvar o filho, mas também terá esperança de viver muitos anos — não para realizar os próprios sonhos, mas para ver o filho realizar os dele.

O relacionamento de minha amiga com o marido se modificará, mas não da forma que ela acha. Gostaria que ela entendesse que amará muito mais um homem que é sempre cuidadoso ao passar creme no bebê e que jamais hesita em brincar com o filho. Acho que ela deve saber que se apaixonará pelo marido de novo, mas por motivos que agora não acharia nada românticos. Quero descrever para minha amiga a alegria de ver o filho aprender a chutar uma bola a gol. Quero apresentar-lhe a risada gostosa de um bebê que toca pela primeira vez o pêlo macio de um cachorro. Quero que ela experimente a alegria que, de tão autêntica, chega a doer.

O olhar inquiridor de minha amiga faz-me perceber que meus olhos estão banhados em lágrimas.

— Você jamais se arrependerá disso — disse-lhe finalmente. Depois, apertando a mão dela, orei por ela e por mim e por todas as mulheres que encontram nesse caminho o mais sagrado de todos os chamados.[5]

Muitos anos atrás, eu estava participando de uma conferência da FamilyLife, no sul da Flórida (EUA). Eu discorrera sobre o fato de uma mãe se comportar como uma ursa, protegendo o filhote, sempre que os filhos estão com problemas. Depois da palestra um homem veio até mim e disse: "O que você disse hoje é absolutamente verdade. Vou contar-lhe o que aconteceu aqui recentemente". Relatou a história de uma família que estava no quintal de casa, na região pantanosa de Everglades. Enquanto todos estavam brincando e fazendo outras coisas, um jacaré saiu de um arbusto, agarrou o filho pequeno deles e começou a correr de volta para o arbusto, em direção à água. O pai e a mãe viram o que acontecia. O pai, um homem típico, procurou rapidamente algo que servisse de arma para atacar o jacaré. A mãe, entretanto, não procurou nada. Correu imediatamente a toda velocidade, pulou sobre o animal e começou a morder e chutá-lo e a bater nele e gritar. Por fim, machucado e exaurido, o jacaré deixou a criança pequena e retornou depressa para a segurança da água. A mãe ficou de pé e, ao perceber o que acabara de fazer, desmaiou ali mesmo no quintal! Por que fez aquilo? Porque, por ser mulher, ela reagiu com o coração, e não com a razão, como o marido fizera. Na verdade, sempre que uma criança está correndo perigo e os pais percebem isso, quase sempre é a mãe quem reage mais rápido. Por quê? Ela ama mais o filho? Acho que não. Os homens tomam a decisão racional e depois a transferem para o coração. Isso leva um pouco mais de tempo. As mulheres, por sua vez, começam com o coração e depois transferem para o racional. Isso não demora nada.

CONCLUSÃO

Para caçar as raposinhas, precisamos reconhecer que essa é uma briga que tem de ocorrer diariamente. As vitórias de ontem não serão suficientes para as batalhas de amanhã. Na verdade, é absolutamente essencial crescer um pouco a cada dia em nosso relacionamento um com o outro. Harry Chapin, alguns anos atrás, escreveu uma canção intitulada We Grew Up a Little Bit. Ele era um cantor de baladas. Não tinha muitas respostas, mas certamente sabia formular as perguntas corretas. A letra dessa canção desafia nosso coração e nosso comprometimento mútuo de crescer, pelo menos um pouco a cada dia, nesse relacionamento maravilhoso que chamamos matrimônio.

É verdade, homens e mulheres são da Terra, e temos de lidar com isso. Se, no entanto, com a graça de Deus, pudermos crescer um pouco a cada dia, poderemos ir além do "lidar com isso" e chegar ao "deleitar-se com isso". Afinal, esse sempre foi o plano de Deus.

NOTAS

1. Rio de Janeiro: Rocco, 2001.
2. New York: HarperCollins, 1997; Rio de Janeiro, Rocco, 1997; Rio de Janeiro, Rocco, 1999; New York: HarperCollins, 1994.
3. *First for Women*, 23 de fevereiro de 1998, p. 114.
4. Chicago: Moody Press, 1996.
5. Dale Hanson BOURKE, apud *Everyday Miracles*, Nashville: Broadman & Holman, 1999, p. 5-8.

4

Pequenos grupos: a estratégia essencial para estruturar casamentos mais sólidos

Bob Lepine

Mike e Mary Murray tinham toda a vida planejada. Só não planejaram os desvios.

Mike e Mary são como muitos casais que conhecemos. Moram em uma casa financiada pelo governo, em Vermont. Os adolescentes apaixonados casaram-se assim que Mary se formou no ensino médio. Mike abandonara a escola por alguns anos e já conseguira algum sucesso financeiro em início de carreira. Os recém-casados compraram uma casa e dois carros, tiveram um casal de filhos... e até tinham um cachorro. O sonho americano concretizara-se para Mary, exceto pela ausência da cerca de madeira branca fora da casa.

Eles também tiveram o que todos os casais começam a experimentar no casamento, a não ser que trabalhem para que isso não aconteça. O relacionamento de Mike e Mary começou a deslizar em direção ao isolamento. Por causa das decepções constantes, de expectativas não supridas e de mágoas, eles começaram a levantar um muro entre eles para se protegerem de futuras mágoas e decepções. Estavam seguindo o que passou a ser o caminho matrimonial tradicional no século XX. Mike ficou cada vez mais envolvido com a profissão, enquanto Mary voltou a atenção e a afeição para os filhos. Não demorou muito para que os Murrays convivessem de forma amigável, mas vivessem emocionalmente isolados um do outro. Isso levou Mike aonde jamais esperou encontrar-se. Ele conheceu uma jovem no trabalho e logo tornaram-se amigos, e essa amizade tinha o combustível para a reação química que, por fim, o levou ao adultério.

Mary Murray, por causa da solidão e do isolamento cada vez maiores no casamento, não podia deixar de pensar que havia outra mulher. Confrontou Mike em dado momento, e ele confessou parcialmente. Disse a Mary que se envolvera emocionalmente com uma mulher no trabalho, mas mentiu sobre o fato de que estavam tendo intimidade sexual. Enquanto Mary imaginava como ambos poderiam consertar o matrimônio, Mike não tinha certeza de ainda querer continuar casado. Ele estava dividido entre a mulher e a amante.

Foi assim que Mike e Mary Murray chegaram ao gabinete do pastor. Mike crescera na igreja e professara sua fé bastante jovem. Por sua vez, Mary tivera muito pouco envolvimento com a igreja. Como o casamento estava em crise, Mike telefonou para a igreja que freqüentava quando criança e solicitou uma reunião com o pastor. Pela graça de Deus, o pastor que eles requisitaram acreditava na autoridade da Bíblia e na santidade do matrimônio. Pediu que entrassem no gabinete, passou um tempinho com eles e sabiamente logo entrou no assunto. Começou perguntando a Mike sobre seu relacionamento com Cristo. Naquele momento da vida, Mike não tinha de ser convencido de que precisava do Salvador. Ele expressou seu arrependimento e sua necessidade de Cristo.

O pastor, em seguida, virou-se para Mary e começou a perguntar-lhe sobre sua necessidade de ter um relacionamento com Cristo. Mary mal podia acreditar naquilo. Ela não fizera nada errado. Mike era o pecador. No entanto, à medida que o pastor gentilmente lhe falava do evangelho, ia percebendo a necessidade de um Salvador e entregou a vida a Cristo.

Certo dia, quando Mike retornava do trabalho, foi confrontado com uma notícia surpreendentes: a mulher com quem estava tendo um caso disse-lhe que estava esperando um filho. Agora ele estava enfrentando o fruto amargo do que então lhe parecera um doce pecado. Mike tinha uma arma de fogo no porta-malas do carro e pensou seriamente em resolver o dilema dando cabo da vida.

Por fim, Mike preferiu confessar o adultério à esposa. Disse que mentira sobre o relacionamento com a jovem colega de trabalho. Confessou a infidelidade e contou-lhe sobre o bebê. Em seguida, voltaram a procurar o pastor para discutir que rumo tomar agora que a verdade toda fora revelada.

Esse foi o início do processo de reconstrução para Mike e Mary. O pastor contou-lhes que vira um anúncio de jornal — o lugar menos provável para essa descoberta — sobre um pequeno grupo de estudo bíblico que se formava na região em que moravam e cujo foco era a edificação de casamentos mais sólidos. O casal concordou em complementar o aconselhamento pastoral fazendo parte do grupo.

Desse modo, Mike e Mary Murray encontraram-se certa noite numa sala de estar desconhecida. Hoje, quando se lembram daquela experiência, dizem que a interação com outros casais em torno da Palavra de Deus foi o ponto decisivo para o casamento deles. O matrimônio deles se transformou, pela graça de Deus e pelo ministério do Espírito Santo, por meio da interação com o pequeno grupo sobre o que a Bíblia ensina a respeito do casamento. Mike terminou o caso com a outra mulher (que mais tarde lhe disse que abortara), e os Murrays começaram a difícil tarefa de reconstruir a esperança e a confiança em seu casamento.

Dennis Rainey disse: "Se hoje em nossa cultura o divórcio fosse uma doença física, declararíamos estado de emergência nacional". O problema fica ainda mais óbvio quando observamos o estado do casamento não apenas em nossa sociedade, mas em nossas igrejas também.

Um estudo realizado pelo Barna Research Group diz o seguinte sobre a sociedade norte-americana: 24% dos homens e das mulheres já estiveram envolvidos com algum tipo de divórcio.[1] Barna descobriu que, dentre os que se denominam evangélicos, o número de divórcios aumenta: 27% das pessoas desse grupo se divorciaram. Dentre os que se autodenominam fundamentalistas, o número sobe para 30%. Bem, pode ser que muitos dos que chegaram à igreja nessa condição chegaram para se curar após um divórcio, mas isso não pode ser a única explicação para esse alto índice de divórcios. Em alguns casos, precisamos considerar se as igrejas estão contribuindo significativamente para o problema, não para a solução.

No final do século XX, a FamilyLife pesquisou mais de doze mil indivíduos e mais de cem igrejas evangélicas, pedindo-lhes que graduassem a saúde de seu casamento. Dos que responderam, 60% consideravam que seu casamento estava enfrentando algum tipo de perigo, e 18% relataram que o perigo era bem grave. Volte seu pensamento para o domingo que passou. Se havia cem casais em sua igreja no último domingo, isso significaria que dezoito deles foram para casa pensando: "Não sei o que fazer para que meu matrimônio funcione, como também não sei por quanto tempo mais conseguirei mantê-lo". Na igreja, eles sorriam e pareciam felizes. Agiam de forma muito cordial um para com o outro, conversavam e riam educadamente e pareciam dar-se bem. No entanto, quando voltaram para o carro, após o culto, e as portas se fecharam, aquele isolamento insidioso surgiu novamente, o silêncio retornou e, sem que ninguém desse conta, uma família honrada da igreja estava voltando para a dor e a agonia do lar.

Há um problema matrimonial em nossas igrejas hoje. A questão é: por que os cristãos falham na tentativa de permanecer no primeiro relacionamento que Deus lhes deu aqui na Terra? Acho que a frustração pode ter origem em quatro fontes, que ajudam a explicar o motivo por que tantos cristãos hoje se acham incompetentes para fazer que o matrimônio funcione para a glória de Deus.

A primeira causa do problema é o *egoísmo incontrolável.* Isso é apenas um jeito novo de dizer que estamos lidando com o problema do pecado. Avalie os problemas em todos os casamentos conflituosos e descobrirá um denominador comum: duas pessoas caídas que tentam viver juntas. Agora, ponha essas duas pessoas caídas numa cultura em que o egoísmo não só é endêmico, mas também estimulado e festejado, e terá a fórmula para a desarmonia matrimonial. Nos dias de hoje, não desestimulamos o egoísmo, nós o promovemos. A felicidade e a realização pessoal são consideradas concessões divinas ou garantias constitucionais, e nossa natureza pecaminosa não pode resistir a essa idéia. A Madison Avenue conhece isso muito bem. É por isso que as propagandas são elaboradas em torno do que você merece — quer seja um "dia para você", quer seja fazer as coisas "à sua maneira". Os publicitários sabem que podem apelar para nossa natureza básica, isto é, a natureza pecaminosa do homem, e desse modo ficamos à mercê deles.

Há pouco tempo, eu soube de um marido e uma esposa que estavam tendo dificuldades no casamento — o segundo dele e o primeiro dela. O marido cometera adultério havia pouco tempo com uma colega de trabalho. Ao confessar o caso amoroso, mencionou que a esposa havia engordado desde que se casaram e, por isso, não se sentia mais sexualmente atraído por ela. Os amigos que me contaram sobre esse casal perguntaram:

— O que devemos dizer ao marido? Como devemos lidar com o fato de que a mulher dele engordou? Devemos incentivá-la a emagrecer um pouco para que ele se sinta atraído por ela novamente?

Disse a meus amigos que, nesse caso, a questão verdadeira não dizia respeito ao peso, mas sim ao egoísmo do marido, um homem agindo como adolescente mimado e que precisa crescer. Eu disse:

— Digam-lhe que deve procurar a esposa e conversar com ela sobre o problema de peso, se quiser desempenhar perfeitamente sua responsabilidade de amá-la, honrá-la, protegê-la e cuidar dela.

Egoísmo. Estou convencido de que é isso o que está na raiz da maioria dos problemas matrimoniais que os casais enfrentam hoje.

Há uma segunda razão importante para os casamentos estarem se deteriorando atualmente. Ela pode ser encontrada *no lar em que fomos criados*. Deixe-me ser muito claro. Não estou insinuando que a culpa do lamentável estado dos casamentos na igreja seja de nossos pais. Estou querendo dizer que estamos repetindo no casamento alguns hábitos e padrões ruins que nossos pais exemplificaram: padrões sutis que observamos no casamento deles e que silenciosamente se tornaram parte da maneira de nos relacionarmos em nosso casamento. Apesar de termos a mente renovada pela Palavra de Deus, esses hábitos e padrões inevitavelmente vêm à tona sem percebermos.

Há uma terceira razão significativa que contribui para os problemas epidêmicos no casamento. Hoje vivemos numa cultura que não honra o casamento como uma relação permanente, em que se trocaram promessas de aliança. Uma pesquisa recente relatou que bem mais da metade das pessoas que assistem a uma cerimônia de casamento num sábado qualquer não acredita que os votos que estão escutando serão honrados. Ao que parece, testemunhamos rotineiramente duas pessoas fazendo um juramento diante de Deus, em relação à aliança que estabelecem um com o outro, rimos, choramos e pensamos: *esse casal não cumprirá o juramento.*

E não são apenas as testemunhas. Muitas pessoas que trocam esses votos pensam a mesma coisa. Paul Overstreet é um caso exemplar. Paul é cantor e compositor, alguém que já ganhou o prêmio de melhor compositor do ano pela Country Music Association. Ele compôs o grande sucesso de Randy Travis, Forever and Ever, Amen, e muitas outras canções. Muitas de suas músicas celebram o compromisso do casamento. No entanto, quando Paul pediu a mão de sua esposa, Julie, disse-lhe:

— Podemos tentar; se não der certo, nós nos divorciamos. — Foi seu pedido de casamento na vida real. Ele ficou surpreso quando Julie respondeu:

— Não, Paul. Se eu me casar será para a vida toda. Mais tarde, disse: — Jamais havia pensado nisso.

Você já imaginou quantas pessoas em nossa cultura pensam que o casamento para a vida toda é apenas uma fantasia romântica? O casamento dos pais dessas pessoas não durou, e agora elas observam o casamento dos amigos desintegrar. Portanto, quando estão no altar, muitas pensam: *pode até não funcionar, mas vamos tentar.*

O quarto motivo a trabalhar contra os casamentos é que *ninguém nos ensinou nem deu exemplo das práticas básicas de relacionamento.* Temos uma geração de jovens hoje que não conhece o básico. Eles não sabem se comunicar com eficiência um com o outro. Não sabem resolver conflitos. Antes de alugar um fraque ou comprar um vestido de casamento, a maioria deles já teve uma série de relacionamentos que terminaram. Portanto, quando tiverem de enfrentar os períodos difíceis do casamento — como inevitavelmente enfrentarão —, esses casais não terão nenhuma estratégia nem plano para fazer que o casamento funcione. Tudo o que sabem fazer é passar para o relacionamento seguinte.

Jamais esquecerei o que ouvi de uma jovem de 22 anos de idade que acompanha o programa de rádio FamilyLife Today. Ela me contou que estava casada havia mais de um ano. Explicou-me que escutou o programa pela primeira vez quando procurava alguma coisa no rádio que lhe interessasse.

— Sua conversa intrigou-me — disse. — Naquele momento estávamos enfrentando muitos problemas em nosso casamento e brigávamos muito. Já estava pensando em divórcio. — disse de um jeito tão informal que parecia algo muito trivial, como se fosse algo do tipo: "Estou pensando em pedir uma *pizza* quando chegar em casa".

Prosseguiu: — No rádio, estavam falando sobre resolução de conflitos, e pensei comigo: "Talvez possamos fazer isso". Jamais lhe ocorrera a idéia de que houvesse algumas práticas relacionais que ela e o marido poderiam usar para transpor os conflitos. Ninguém nunca lhe falou de como tratar de um conflito, como confrontar amorosamente a outra pessoa, como pedir perdão quando se procede mal com alguém, ou como manifestar perdão quando alguém lhe pede. Ela não dispunha de modelos para isso, e ninguém jamais lhe ensinara. Por isso, aos 22 anos, ela estava prestes a terminar seu primeiro casamento e passar para um novo relacionamento.

Da mesma forma que os sanitaristas tentam descobrir as causas de uma epidemia, acredito que encontramos nas quatro razões mencionadas a causa da epidemia de divórcio na sociedade atual.

Para descobrir a cura, temos de tratar a raiz do problema desses sintomas: a ausência de práticas relacionais básicas e de modelos que demonstrem a que se deve assemelhar um casamento saudável, assim como o egoísmo existente em nós e uma sociedade que não honra nem apóia a permanência no casamento.

O que, então, a igreja tem de fazer hoje? A maioria dos pastores que conheço jamais teve a oportunidade de traçar um plano de jogo ofensivo para tratar das questões aqui esboçadas, a fim de fortalecer os casamentos em nossas igrejas. Pelo contrário, os pastores em geral buscam jogar na defensiva desde o início, ao trabalhar duro para ajudar aqueles casais cujos casamentos já estão em crise. A solução para a epidemia é espiritual, e a igreja, no final das contas, tem a cura. Dennis Rainey sugeriu que as igrejas locais têm de se tornar *centros de provisão para o casamento e a família* em suas comunidades. Em vez de apenas tratar das necessidades dos casamentos e das famílias que enfrentam problemas, as igrejas precisam tornar-se proativas, prevendo os problemas antes que eles surjam.

Para os pastores, isso não é tão fácil quanto parece. Um pastor que conheço disse-me: "Não gosto de pregar sobre casamento; se o fizer, sei o que acontecerá na segunda de manhã. O telefone tocará e eu terei várias horas marcadas para aconselhamento nas três semanas seguintes. Isso não acontece quando prego sobre escatologia". No entanto, isso faz que saibamos que temos câncer, mas argumentemos: "Esperarei até que os sintomas ocorram antes de tratar o problema".

Isso nos leva aos pequenos grupos. Se eu tivesse uma vacina que imunizasse muitos casais de sua igreja contra sérios perigos matrimoniais, você estaria interessado nela? Bem, deixe-me dizer o que o dr. Gary Rosberg afirmou após 25 mil horas de terapia de casal e familiar: "Minha experiência diz que a melhor previsão para a harmonia matrimonial a longo prazo é o envolvimento do casal em um pequeno grupo com outros casais, no qual estudam o que a Bíblia diz sobre o casamento". Ele não está falando de algum tipo de terapia de grupo acompanhada por alguns versículos bíblicos. Ele está falando de casais comuns que se reúnem para descobrir como fazer o casamento funcionar. Alguns desses casais diriam que sua satisfação é relativamente alta; outros, que o casamento está enfrentando problemas. Mas, ao se reunir para estudar as Sagradas Escrituras, aqueles grupos fornecerão o ambiente para o sucesso duradouro daqueles casamentos.

Por que o dr. Rosberg fez essa afirmação? Porque ele sabe que tanto a mudança de vida quanto a santificação são resultantes do ensino fiel da Palavra de Deus no contexto da comunidade real. Jesus, em João 17.17, deixou claro que o Espírito de Deus usa a Palavra de Deus para transformar vidas. "Santifica-os na verdade"; orou Jesus, "A tua palavra é a verdade." O processo de santificação acontece à medida que se prega, estuda e memoriza a Palavra de Deus e meditamos sobre ela, como também à medida que a aplicamos a nossa vida. E isso ocorre no contexto da comunidade.

C. J. Mahaney, pastor da igreja Convenant Life, em Gaithersburg, Maryland (EUA), é um forte defensor da importância dos pequenos grupos na vida da igreja. Ele diz: "Uma igreja que segue o modelo bíblico não apenas terá pequenos grupos, nem fará uma mera oferta de pequenos grupos, mas também se *estruturará em torno* dos pequenos grupos. Isso é o que será o cerne da igreja". Pequenos grupos são a chave para as comunidades efetivas na igreja. No entanto, para que a comunidade seja autêntica e efetiva, precisamos estreitar os focos dos grupos para que examinem o que a Bíblia ensina sobre as questões-chave da vida. Um pequeno grupo precisa tratar menos do aumento do *conhecimento* bíblico e, em lugar disso, mostrar às pessoas a *aplicação* mais efetiva da Bíblia. Um pequeno grupo deve tratar de como as ovelhas podem aprender a graciosamente cuidar umas das outras conforme a Palavra de Deus.

Qual a importância da comunidade para o processo de mudança de vida? Faça a si mesmo essa pergunta: o que aconteceria com a maioria dos novos convertidos se, quando alguém se torna um cristão, nós apenas enviássemos pelo correio uma Bíblia e algumas diretrizes de estudo e disséssemos: "Leia isso e tudo em sua vida será consertado"? Embora a mudança de vida seja efetuada pelo Espírito de Deus que torna viva a Palavra de Deus, essa mudança acontece de forma mais freqüente, eficaz e rápida no âmbito da comunidade.

Quatro coisas precisam acontecer se um pequeno grupo tiver de ser eficaz na mudança de vida. Primeiro, as pessoas precisam estudar e interagir regularmente em torno da Palavra de Deus. Quando a Bíblia não está no centro de um pequeno grupo, as pessoas podem deleitar-se nessa experiência e estruturar amizades, mas a mudança de vida não acontecerá. A necessidade de casais estruturarem relacionamentos saudáveis com outros casais é verdadeira, e os pequenos grupos ajudarão nisso. Contudo, nosso objetivo aqui é fortalecer os casamentos, e para que isso aconteça precisamos concentrar-nos no poder da Palavra de Deus.

Em segundo lugar, os casais de um grupo pequeno devem ser desafiados a mover-se do conhecimento para a aplicação. Dennis Rainey fala sobre isso em seu livro *One Home at a Time* [Um lar de cada vez]. A transformação de vida ocorre quando as pessoas conhecem, depois aplicam e, em seguida, experimentam, adotam e proclamam a verdade de Deus acerca do casamento (veja o diagrama a seguir).

Na maioria das vezes, quando um pastor prega a mensagem dominical, ele espera que seus ouvintes tenham melhor compreensão da verdade de Deus. Ele espera que, se for persuasivo o bastante, essas pessoas não só terão melhor compreensão da Palavra de Deus, mas também a abraçarão graças à convicção pessoal.

O que acontece com a pessoa no banco da igreja quando lhe ensinamos que a Palavra de Deus se opõe aos fatos de sua vida? É nesse momento que sua convicção é testada. É quando ela decide se o que aprendeu da Palavra de Deus é algo que adotará graças à convicção pessoal ou se é apenas um assunto sobre o qual o pregador fez um bom sermão. Para que o conhecimento se torne convicção, ele precisa caminhar no processo da aplicação pessoal. Queremos que as pessoas conheçam a Palavra de Deus para que a pratiquem em suas experiências pessoais. Quando vivemos o que conhecemos, esse conhecimento estabelece-se como convicção.

Um fato precisa ocorrer para que um grupo pequeno seja eficaz na mudança de vida e sejam estimuladas a sinceridade e a transparência. Com o passar dos anos, fico cada vez mais surpreso com as inúmeras manifestações de franqueza e transparência que ocorrem numa reunião típica dos Alcoólatras Anônimos (AA), manifestações mais numerosas do que as que observamos em qualquer tipo de reunião na igreja. Fico imaginando se não deveríamos dar um novo nome ao ministério de pequenos grupos em nossas igrejas: Pecadores Anônimos. Todos nós temos necessidade crítica de ser verdadeiros e sinceros uns com os outros na igreja. No entanto, o local mais provável de acontecer isso — e talvez o mais apropriado — é no ambiente de pequeno grupo.

Se marido e esposa, que se reúnem com outros casais, puderem conversar honestamente sobre um conflito recente e ainda não resolvido, duas coisas podem acontecer. Primeiro, podem perceber que não estão sozinhos e que o conflito é parte natural do casamento. Em segundo lugar, podem encontrar ajuda e esperança nas Sagradas Escrituras e na vida das pessoas do grupo que já experimentaram o mesmo tipo de dificuldade. O casal pode corrigir o prumo que o manterá fora do fosso matrimonial (e longe da sala de aconselhamento).

Isso se amarra à última coisa que precisa fazer parte de um pequeno grupo: assumir responsabilidade. Há poder na pressão positiva de pares iguais. A Bíblia desafia-nos a encorajar uns aos outros a amar e a fazer boas ações (Hb 10.24). Edificar um ao outro. Admoestar um ao outro. Falar entre si com salmos, hinos e cânticos espirituais. Isso faz parte do ato de dar satisfações um ao outro por nossa vida, para que assim todos possamos nos manter na direção e no caminho corretos no casamento.

Em meados da década de 1980, quando a FamilyLife começou a desenvolver guias de estudos bíblicos sobre o casamento direcionados para a utilização em pequenos grupos, utilizamos aqueles quatro objetivos para nos certificar de que a experiência de pequeno grupo envolveria mais do que apenas conhecimento. O que planejamos foi o HomeBuilders Couples Study, uma série de estudos para casais dirigida aos pequenos grupos. Em cada um desses estudos, há uma oportunidade para interagir com os outros em torno da Palavra de Deus, para aplicá-la em um contexto comunitário, no qual as pessoas prestam contas ao resto do grupo. Cada seção de cada um desses estudos inclui a tarefa "marque um encontro romântico", que deve ocorrer entre as reuniões, para que o casal possa continuar a interagir em um ambiente mais privativo. Depois, assim que a reunião seguinte inicia, os casais começam contando uns aos outros o que aconteceu durante o "encontro romântico" que tiveram.

Minha convicção é a de que os pequenos grupos suprem as igrejas com a melhor estratégia para ajudar a estruturar casamentos mais sólidos, e essa estruturação de casamentos mais sólidos é a linha de frente da batalha cristã contra a carne (v. Gl 5.16-26). O processo de santificação na vida de um cristão ocorre mais regularmente nas provas difíceis do lar. D. L. Moody disse: "Se quisesse descobrir se um homem é cristão, não perguntaria a seu ministro, mas à sua esposa. Se um homem não trata a esposa corretamente, não o escutarei falar sobre cristianismo. Qual é o sentido de falar sobre a salvação na próxima vida, se ele não foi salvo nesta vida?". O momento da verdade para nossos casamentos acontece no lar. Quando o marido e a esposa aprendem a amar bem um ao outro, eles podem amar bem qualquer outra pessoa.

Mas os casais não se cansam de conversar o tempo todo sobre o casamento? Eles não gostariam de estudar outras coisas? Eles estudarão.

No entanto, os líderes da igreja têm de ser sábios para garantir que os casais retornem regularmente a algo que fortalecerá e renovará o casamento. Como os casamentos atravessam fases e períodos de transição a cada dois anos, precisamos alinhá-los regularmente.

Vou sugerir alguns passos de como a igreja pode começar a lançar o ministério de pequenos grupos com foco no casamento. Primeiro, você deve compreender que o casamento e a família são a questão preeminente da vida na agenda de Deus; e deve ensinar essa verdade à congregação. Ajude a congregação a compreender que o casamento foi instituído por Deus — a primeira instituição que ele criou e o meio pelo qual escolheu revelar o mistério do relacionamento de Cristo com a igreja. À parte do caminhar individual e pessoal com Cristo, o outro relacionamento mais importante que precisamos focalizar em nossas igrejas é o matrimonial. Se você acreditar nisso, tem de tornar a edificação de casamentos sólidos sua ênfase principal. Prepare-se — se você estiver comprometido a fazer com que isso se torne uma prioridade para sua igreja, talvez precise estar disposto a eliminar alguns programas existentes.

Em seguida, reúna um grupo de colegas selecionados. Procure na lista de endereços da igreja e calcule quantos casais daqueles que a freqüentam poderiam ser recrutados como facilitadores nos pequenos grupos. Convide esses casais para vir à sua casa ou à igreja para um jantar improvisado e diga-lhes que gostaria que fizessem parte da equipe de liderança para ajudar a estabelecer uma rede de pequenos grupos na igreja. Conte-lhes de sua paixão pelo cultivo de casamentos sólidos na igreja. Ajude-os a compreender que isso é uma prioridade, não apenas outro programa que você está tentando lançar. Esteja pronto para objeções como: "somos muito ocupados"; ou "já tentamos isso em outra igreja e não funcionou". Depois, convide esses casais para fazer parte do grupo de líderes que o ajudará a desenvolver e lançar a estratégia.

Alguns pastores nunca chegam a esse ponto, pois quando pegam a lista de endereços da igreja, pensam: *não tenho muitos casais que seriam qualificados o suficiente para servir de líderes, e os casais qualificados já estão ocupados com outras tarefas ministeriais.* Antes de desistir da idéia, lembre-se dos homens que Jesus escolheu como apóstolos. Você não precisa de doutores nem teólogos treinados para prosseguir, apenas de alguns pescadores e agentes fiscais. Essas pessoas não precisam ter um casamento perfeito. Se você tiver indivíduos dispostos, poderá encontrar um programa de estudos que tornará mais fácil para alguém ser o facilitador de um pequeno grupo. Escolha pessoas com a disposição de servir e convide-as para ajudar a planejar a estratégia. Peça-lhes que comecem a pensar em quatro ou cinco casais da igreja que poderiam ser convidados para participar do pequeno grupo e peça que eles comecem a orar por esses casais.

A seguir, comece uma série de sermões sobre o casamento — dois, três, talvez quatro domingos em que você ensinará o que a Bíblia diz com relação ao casamento, mas em que o ponto direcionado para a aplicação seja o seguinte: na conclusão da série de sermões, você explicará à congregação que nas duas semanas seguintes você formará alguns pequenos grupos para casais e gostaria que todos estivessem envolvidos. Explique que o compromisso é para um número fixo de sessões (seis a oito sessões funcionarão melhor) e que todos estudarão o mesmo material. Apresente os casais com os quais está trabalhando. Solicite que as pessoas se inscrevam nesse dia. Depois, peça ao grupo de líderes que comece a telefonar para aqueles que se inscreveram (como também para os que não o fizeram) a fim de convidá-los a se unir ao grupo. Esses telefonemas podem permitir que as pessoas, contatadas pelos líderes, saibam que eles oraram por elas e que esperam que se juntem ao grupo. Esse tipo de convite pessoal é a chave para o lançamento eficaz da estratégia.

Com as pessoas certas trabalhando para formar os grupos e com esse tipo de estratégia de convite pessoal, você pode ter um número significativo de membros da igreja envolvido em um pequeno grupo desde o começo. Alguns desistirão durante o estudo, e outros faltarão em algumas das reuniões. Depois que os grupos completarem o primeiro estudo, o líder pode perguntar a todos se gostariam de continuar a se reunir e fazer o segundo estudo.

Nesse ponto, alguns grupos podem implodir. A maioria continuará. Eis o que você fará a seguir: certifique-se de que, nas aulas para novos membros de sua igreja, você enfatizará seu comprometimento com o ministério de grupos pequenos. Explique que as prioridades-chave para todos da igreja são a participação no culto de adoração no domingo de manhã e no pequeno grupo. Permita que os novos membros em potencial saibam que ao final das aulas você os vinculará com os pequenos grupos existentes. Em vez de apresentar a participação dos novos membros em pequenos grupos como uma opção, faça que esses membros apresentem a razão pela qual não podem participar de um grupo. Ao longo do tempo, você estruturará uma igreja em que todos farão parte de um pequeno grupo.

O desafio nesse momento é manter as coisas organizadas para que as pessoas não tenham muitas prioridades conflitantes. Isso não significa que você não possa oferecer oportunidades ministeriais adicionais. Significa apenas que você, ao enfatizar o envolvimento com a vida da igreja, deve mostrar que as prioridades, a participação no culto de adoração e nos pequenos grupos, não são negociáveis. Pelo menos uma vez por ano o foco dos pequenos grupos tem de ser os relacionamentos matrimoniais e familiares. Quando os casais, em um contexto de pequeno grupo, se encontram para estudar o que a Palavra de Deus ensina sobre os relacionamentos matrimoniais e familiares, Deus pode usar essas reuniões para prevenir alguns problemas matrimoniais e familiares antes que ocorram. Os casais podem começar a diagnosticar e a solucionar os próprios problemas sem ter de buscar ajuda com a equipe pastoral.

Mike e Mary Murray — o casal que mencionei no começo deste capítulo — são o testemunho vivo do poder de um pequeno grupo para ajudar a dar uma guinada no casamento e a preservar essa herança. Hoje os Murrays têm três filhos — duas meninas e um menino. Enquanto observam os filhos crescerem, não podem deixar de pensar que um desses preciosos não teria nascido se não fosse pelas reuniões de um pequeno grupo em que aprenderam a aplicar a Palavra de Deus a seu casamento. Os Murrays estavam a caminho de entrar nas estatísticas. Na verdade, Mike diz:

— Ou eu teria cometido suicídio ou teríamos nos separado. Era para isso que caminhávamos.

No entanto, eles, como família, estão juntos. Mike passa seu tempo, aliás, quase todo o tempo, ajudando as igrejas na área de Vermont a começar os pequenos grupos. Eles já lideraram muitos grupos em sua casa, já contaram sua história e já encorajaram outros casais a procurar a esperança e ajuda na Palavra de Deus. Você sabe por quê? Porque Mike é como o sujeito que descobriu o remédio que curaria sua doença e, realmente, não pode deixar de compartilhar com os outros: "Isto cura. Curou-me e pode curar você também".

NOTA

1. Você provavelmente já viu ou escutou as estatísticas de que metade dos matrimônios acaba em divórcio. Isso é um pouco enganoso, pois de cada dois casamentos celebrados neste ano, em Dallas, haverá um divórcio. No entanto, isso não quer dizer que metade dos casamentos acaba em divórcio, pois determinado número de pessoas se divorcia várias vezes. De acordo com a revista Time (25 de setembro de 2000, p. 77), "mais de 40% dos primeiros casamentos" terminam em divórcio.

5

Cultivar uma igreja voltada para o homem

H. B. London Jr.

Carrego na Bíblia uma foto de meu bisavô, a quem nunca conheci, e de minha bisavó, a quem conheci apenas de passagem, pois morreu aos 97 anos. Acho que ela não me conheceu. Mas em dois de seus livros, o dr. James Dobson (meu primo em primeiro grau) conta a história de meu bisavô, que certo dia procurou minha bisavó e lhe disse:

— Deus me pôs no coração que devemos dedicar uma hora por dia para orar por nossa família.

Assim eles, separaram o período entre as 12 e as 13 horas, todos os dias, para orar especificamente pelos filhos e netos. Certo dia, meu bisavô disse:

— O Senhor me deu outra sugestão: em nossas orações devemos clamar para que haja quatro gerações dedicadas ao Senhor.

Portanto, eles começaram a orar por aqueles de sua geração, a geração dos filhos e a dos filhos dos filhos. No entanto, eles também começaram a orar pelas gerações que jamais veriam ou conheceriam. O dr. Dobson conta que naquelas gerações — as quatro gerações — todos os filhos ou foram pastores ou se casaram com um.

Eu sou o troféu da graça maravilhosa, um milagre do favor e misericórdia de Deus. James Dobson aceitou Cristo no início da vida. Ele costumava usar um chapéu branco e, na maior parte de sua trajetória, foi uma pessoa pura e inocente. Eu, porém, esperneei e gritei a vida toda. Tanto no início do ministério como hoje tenho a tendência de espernear e gritar.

Em meio a tudo isso, porém, o Senhor tocou minha vida. Quando Beverley e eu iniciamos nosso ministério, eu já tinha saído da universidade, e ela não queria retornar à cidadezinha onde nascera, na região central da Califórnia. Por isso, nós nos casamos. Mais tarde, o Senhor apossou-se de nossa vida e nos endireitou. Assim, logo depois, retornamos ao seminário. Três anos e meio mais tarde, enchemos o tanque de nosso Chevrolet 56 com combustível até a tampa e fomos para nossa primeira igreja no sul da Califórnia, na contramão da história, onde os membros não eram muito escolarizados. Se tivessem sido mais espertos, não teriam permitido que eu fosse, pois era a pessoa mais improvável para ocupar aquela posição.

Percebi, porém, naqueles primeiros dias de ministério que mulheres de personalidade forte dominavam a igreja. Não tratarei aqui da questão referente às mulheres de personalidade forte, mas apenas quero dizer que os homens da igreja abdicaram de seus papéis. Eles desistiram de qualquer possibilidade de liderança a ponto de não mais crescer. Eram meros espectadores e acompanhavam os movimentos. Era uma igreja muito radical. Tão radical que nem mesmo me pagavam no domingo. Eu tinha de ir até a casa da tesoureira às segundas-feiras para pegar o cheque que, como era de esperar, não era de valor muito alto. Por sua vez, a tesoureira era muito imponente, media 1,87 m e pesava cerca de 130 kg, e quando vinha até a porta, garanto-lhe que eu dizia "obrigado" muitas vezes.

Ficamos na igreja por cerca de três anos e meio e depois nos mudamos para Bloomington, Califórnia, próximo de Fontana, que ficava próxima de Colton, que ficava próxima de San Bernardino, que ficava próxima de Riverside, que ficava próxima de... onde quer que seja. O moinho Kaiser Steel ainda estava em funcionamento ali, e tinha muita força. Os trabalhadores revesavam-se em três turnos nesse moinho, e minha igreja era formada por eles. Toda semana, os trabalhadores do turno da noite ou não compareciam, ou as mulheres os obrigavam a ir à igreja antes de dormir. Nessa igreja descobri que esses, que trabalhavam no turno da noite e estavam envolvidos com o sindicato, geralmente diziam à esposa:

— Você cuida dos assuntos da igreja, e eu trago o dinheiro para casa.

Essa era a maneira pela qual as coisas aconteciam ali. Portanto, havia todos os tipos de problemas com as crianças, com a identidade, com a tentativa de fazer os homens assumirem a responsabilidade nos conselhos, que ensinassem ou fizessem qualquer outra coisa.

Depois disso, em 1968, fui chamado para uma igreja em Salém, Oregon, onde fiquei por vinte anos. Quando fui para lá era um pastor ainda bem jovem, mas percebi rapidamente que a situação ali era bastante interessante. No conselho de nossa igreja, 19 membros eram homens e havia apenas uma mulher, diretora da sociedade missionária. Os homens usavam terno e gravata na reunião de conselho — tão conservadores quanto se possa imaginar. E nessa situação percebi também que havia um tipo de dogmatismo. Não existia muito liberalismo nem muito pensamento criativo. As coisas funcionaram bem de acordo com as regras e, por isso, muitos desses homens governavam seus lares com mão de ferro. Não havia muitas demonstrações de amor. Nem muitas expressões de amor. Em algum ponto ao longo do caminho, alguém lhes dissera que um homem forte não chora e que um homem forte não abraça nem se justifica. E essa também era a maneira de tratarem o pastor. Eles não abraçavam nem amavam. Apenas se sentavam ali, de terno e gravata. Eu era tão jovem que poderia ter cometido muitos erros; se não servisse para estar ali, já poderia começar a vender sapatos.

O esporte era algo importante em nossa vida e certo dia, enquanto jogava beisebol informalmente com alguns colegas, perguntei se dois ou três deles gostariam de sair e tomar um refrigerante depois do jogo. Eles ficaram chocados com um pastor que, todo empoeirado e com a canela esfolada, fosse separar um tempo para tomar um refrigerante com eles. E fomos. Essa foi uma experiência surpreendente. Não conversaremos sobre mim, mas sobre eles. Fiz que discutissem sobre sua vida e família, e duas horas depois esses colegas ainda estavam bastante entusiasmados. Acho que não tinham a oportunidade de ter pessoas dispostas a parar e escutá-los para saber onde estavam caminhando. Naquela noite, ao voltar para casa todo empoeirado e arranhado, ocorreu-me que ali havia uma oportunidade, em 1968, de pavimentar o caminho não apenas para minha denominação, mas para a comunidade — a oportunidade de os homens serem honrados, valorizados e encorajados a ocupar o lugar de liderança destinado a eles na igreja local. Bem, você pode dizer:

— Você quer dizer que, para descobrir isso, não foi a um desses encontros dos Promise Keepers, nem Bill McCartney o agarrou pelo pescoço e lhe disse para modelar esse tipo de comunidade, nem foi a Willow Creek para comprar um caderno de plástico ou participar de um seminário entediante?

Não. Descobri isso em uma lanchonete, com os joelhos empoeirados e arranhados. Descobri que o melhor plano para edificar a igreja, e edificá-la conforme 2Timóteo 2.2, é investir o tempo em homens agradáveis, maleáveis, disponíveis e passíveis de ser ensinados e treinados, que por sua vez ensinarão outros. De 1968 a 1991, quando eu estabeleci programas e mudei paradigmas, isso aconteceu tendo sempre em mente os homens da igreja.

Eis o que aconteceu. Em 90% das vezes que tive a possibilidade de liderar um homem e ajudá-lo a ver quanto era valioso e talentoso, levando-o a dobrar os joelhos diante de Jesus para proclamá-lo como Senhor, a família toda o seguiu. Na verdade, isso acontecia mais de 90% das vezes. Bem, por favor, não pense que estou sendo machista e estranho, pois lhe garanto que não sou. Mas deixe-me contar o que acontece. Normalmente, quando as esposas vêm à igreja, e os maridos ficam em casa, há o início de uma neurose. "Pobre de mim, pobres de nós, não sei como conseguiremos isso. Não sei como a vida poderia ser diferente." Os filhos, quando chegam à idade de 12, 13 anos, começam a questionar:

— Bem, papai não vai à igreja, por que eu devo ir? Se ele pode pegar uma cerveja e sentar-se para assistir ao futebol aos domingos, por que não posso sentar-me com um refrigerante e assistir ao jogo com ele? É melhor ficar com meu pai do que em alguma aula chata da escola dominical.

A disfunção tem início no momento em que a mãe, de repente, começa a pensar que, ao tomar a liderança, todos obviamente a seguirão. E eles assim o farão por algum tempo, pois o pai os quer fora de casa para que possa, pelo menos por um curto período, ter a televisão apenas para ele. Isso funcionará por certo tempo, mas finalmente a divisão acontecerá, pois o homem, subitamente, percebe que jamais alcançará a esposa no que diz respeito ao conhecimento e compreensão bíblica; assim, ele fica constrangido em falar sobre esse assunto, pois não sabe o que está dizendo. Muitas vezes, a esposa dirá que os comentários do marido não fazem sentido:

— Por que você disse isso?

As estatísticas mostram que, a cada dez igrejas protestantes, o homem ocupa o cargo de pastor titular em nove delas. Entretanto, uma nova pesquisa nacional, feita pelo Barna Research, indica forte influência das mulheres, as quais carregam no ombro a maior parte da responsabilidade para a saúde e vitalidade da fé cristã nos Estados Unidos.

Você compreendeu isso? Sem as mulheres, o número de fiéis no cristianismo seria aproximadamente 60% menor.

Os dados da pesquisa demonstram que praticamente metade das mulheres dos Estados Unidos possui uma fé que elas classificam como "nascer de novo", enquanto o número de homens é de apenas um terço. Em outras palavras, há entre 11 milhões e 12 milhões *mais* mulheres que nasceram de novo do que homens nesse país. O cristianismo é ainda a fé escolhida pelos norte-americanos, mas particularmente entre as mulheres. Quando pediram que identificassem as afiliações religiosas, nove entre dez mulheres dessa nação disseram que se consideravam cristãs.

Eis algumas estatísticas mais interessantes: uma das características femininas que vieram à tona com essa pesquisa é a grande profundidade espiritual. Aproximadamente, oito entre dez mulheres afirmaram que o termo *espiritual* as descreve de forma bastante acurada. Apenas 60% dos homens disseram o mesmo. Quase sete entre dez mulheres que responderam à pesquisa classificaram-se com a frase *profundamente espiritual*; entre os homens, apenas 50% se classificaram assim.

Talvez um indicador maior do censo de foco espiritual das mulheres seja que 41% delas disseram que estabeleceram objetivos espirituais específicos, os quais esperam alcançar em um ou dois anos. Apenas 29% dos homens identificaram esses objetivos espirituais. Também é mais provável que as mulheres admitam um compromisso de fé significativo. Três quartos das mulheres disseram que a fé religiosa é muito importante em sua vida. Em comparação, apenas três entre cinco homens indicam o compromisso religioso como um aspecto fundamental em sua vida.

Bem, se esse é o caso, estamos começando com grande desvantagem. Quanto ao estabelecimento de uma igreja voltada para o homem, deixe-me apresentar minha experiência pessoal. Naquela noite, enquanto estava ali sentado, percebi que havia acertado o alvo de algo bastante único. Portanto, parti dessa experiência para a concepção de que, se por meio do Espírito Santo eu pudesse ganhar o homem para Jesus Cristo e para a igreja, ganharia também a família. Assim, comecei a trabalhar com esse pressuposto. Nas semanas seguintes, eu já passava de três a quatro horas diárias com os homens. Café da manhã ou almoço no gramado da casa deles, no escritório, na loja e até na fazenda. Muitas vezes, caminhei atrás de uma carroça apanhando as cebolas que caíam, apenas para me identificar com o fazendeiro que fora ferido por um pastor havia muito tempo e não tinha o menor interesse na igreja. Quando demonstrei interesse genuíno, ele começou a perceber que nem todos os pastores eram broncos.

Investi vinte horas semanais no ministério com homens. Não em eventos dos Promise Keepers nem em reuniões durante o café da manhã, mas em vidas individuais. Isso é tão simples que tenho certeza de que as pessoas não acharão que sou tão esperto, mas algumas vezes a simplicidade é sinal de inteligência. E, na verdade, fundamentei meu relacionamento com eles em três aspectos.

(1) No tempo que passava com eles, tentava estabelecer a profundidade de sua bagagem espiritual. Não era do tipo: "se você morresse agora, iria para o céu?". Tampouco os agarrava pelo colarinho e lhes dizia que queimariam no inferno caso não mudassem o rumo de sua vida. Era uma conversa geral em que, ao final, lançava do nada uma pequena pergunta: "Você foi à escola dominical quando criança?". Aquela frase transmitia muito mais em cinco minutos do que qualquer tipo de interação teológica profunda. "Você foi à escola dominical quando criança?" E as respostas que obtinha eram do tipo: "ah, meus pais não iam muito à igreja"; ou "Você deve estar brincando? Meus pais me forçavam a ir à igreja todos os domingos. Eles iam para a igreja, comportavam-se como santos, depois voltavam para casa e se espancavam mutuamente". Dentre as questões para dar prosseguimento, incluíam-se as seguintes: "Seus pais iam à igreja com você? Algum pastor o influenciou? Havia um pastor para os jovens de quem você gostava? Ficou desapontado com a igreja? Aconteceu alguma coisa que o levou a dar as costas à igreja? Há alguma razão pela qual você não gosta de freqüentá-la hoje?".

Veja bem, as coisas são assim com os homens. Muitos deles jamais são ouvidos. A televisão sempre está ligada em casa. A mesa do jantar centra-se nas crianças. Em relação às áreas de profundo interesse, os homens ou explodem ou retêm sua opinião. Parecem nunca ter uma oportunidade de falar. Toda a filosofia em meu ministério para homens consistia em proporcionar oportunidade para que estivessem no centro da cena. "Você é a pessoa mais importante em minha vida neste momento." Assim, descobria a bagagem espiritual deles e edificava sobre ela.

(2) Estabelecíamos os interesses que tínhamos em comum. Isso significava que eu conseguia fazer com que o indivíduo falasse de si mesmo. O que o empolgava? Do que ele gostava? Carros? Luta livre? Caça? Pesca? Esse não era o momento em que eu o deixava contar uma história para que depois eu pudesse sobrepujá-la com outra que eu mesmo contava. Os homens jamais têm oportunidade de vencer, pois alguém sempre tem uma história maior, ou um evento mais importante, ou o que quer que seja. Portanto, se falavam sobre uma grande conquista esportiva do filho, não lhe dizia que meu filho tivera duas delas. A conversa era totalmente voltada para eles. Eu os mirava nos olhos e fazia perguntas específicas. Quando apenas respondiam secamente, com duas ou três palavras, eu dizia:

— O que você quis dizer com isso? — E procurava fazer com que conversassem.

(3) Estabelecíamos o fundamento para a continuidade do relacionamento. Aqui está a chave. Se você estabelecer um relacionamento com um homem e depois desapontá-lo, pode dizer adeus para esse relacionamento. Se você prometer algo a um homem e não cumprir a palavra como pastor ou líder cristão, pode muito bem dizer: "adeus". Se um homem que confia e acredita em você demonstrar-lhe vulnerabilidade, mas depois for traído, isso é o mesmo que ser cortado de um time sem explicação ou sair para caçar com um grupo de amigos e ser eliminado na última hora da caça às codornas. Esse é um tipo de constrangimento que um homem não é capaz de superar.

Deixe-me exemplificar isso. No Oregon, tínhamos um senador muito bem cotado, chamado Mark Hatfield, que escreveu *Between a Rock and a Hard Place* [Entre o rochedo e um local rígido]. Ele era um batista conservador e, quando ia à igreja, ficava no saguão, e as pessoas o fustigavam, pois achavam que ele era ou muito liberal, ou não era liberal o suficiente, ou não concordavam com a decisão dele ao votar em determinado assunto. Assim, esse senador e seu assistente começaram a freqüentar minha igreja; sentavam-se na galeria quando ninguém estava ali. Chegavam um pouco mais cedo e saíam também um pouco mais cedo. Certo dia, recebi uma carta do senador pedindo que fosse seu convidado em um café da manhã de oração nacional. Eu tinha pouco mais de 20 anos de idade, era um pastor ainda bastante verde e fiquei surpreendido com isso. Fui. Lembro-me de ter caminhado nesse mundo bastante formal de ternos risca de giz. Como vinha do Oregon, trajava um casaco esporte de cor viva, calças e sapatos que pareciam botinas, e meu cabelo estava realmente comprido. Entrei nesse mundo, e o senador olhou-me nos olhos, apertou minha mão e disse:

— Estou muito feliz de vê-lo aqui. Deixe-me apresentá-lo às outras pessoas.

Fomos para o andar de baixo, onde um trenzinho nos pegaria no prédio do Senado e nos levaria ao Capitólio. Apresentou-me a todos os guardas e senadores que por ali passavam.

Ele entrou naquele cômodo que fica fora da rotunda do Capitólio e disse-me:

— Gostaria de orar com você.

No pequeno altar que havia lá, aquele senador bem conceituado se ajoelhou a meu lado, pôs o braço sobre meus ombros e orou por mim. A seguir, ele me levou até o trenzinho novamente, e fomos para a sala de jantar do Senado, onde me serviu "a sopa de feijão do Senado". À minha volta, estavam as figuras que eu via na televisão, e ele me apresentou a eles. Quando voltamos para o andar de cima, olhou-me nos olhos e disse:

— Pastor, obrigado por ter vindo. Você me honrou com sua presença. Se eu puder fazer algo por você, tem meu telefone. Tudo o que precisa fazer é telefonar-me.

Aquilo mudou minha vida. Por um momento, pensei que poderia ter sido um jogo ou representação, mas não pude convencer-me disso, pois quando ele me olhou nos olhos percebi que se importava com o que acontecia comigo.

Em qualquer tipo de ministério efetivo para homens, precisamos deixar claro para eles que não estamos lá para usá-los nem para abusar deles, tampouco para pregar para eles, mas para aliarmo-nos a eles em sua jornada. Todos temos as mesmas necessidades e fragilidades. "O que acontece com você é importante para mim."

O ministério para homens bem-sucedidos não é composto apenas de eventos, mas de relacionamentos sinceros. Quero compartilhar mais uma história com você. Sentia-me intimidado por um cirurgião de grande reputação em nossa igreja. Ele era bastante franco e vestia-se de maneira estranha. Certo dia, veio ao meu gabinete e tivemos uma breve conversa. Ele cruzou uma perna, depois a outra e, após 15 minutos, saiu. Fiquei aliviado no instante em que ele saiu, pois não sabia o que lhe dizer. Talvez pudesse ter dito:

— Como transcorreu a última operação que você fez?

Uma hora mais tarde, meu telefone tocou. Era o médico. Disse-me:

— Pastor, precisei de você hoje, e você não estava lá para mim. Estou passando por um dos momentos mais traumáticos de minha vida com meus dois filhos. Você conseguiria imaginar alguém entrando em meu consultório, sentar-se na mesa de exames por 15 minutos, e eu nem perguntar o que posso fazer por ele? Fui a seu gabinete hoje porque precisava de você. Você me decepcionou uma vez, mas lhe darei uma segunda chance. Não precisarei mais do que 30 minutos.

Nunca mais me senti intimidado por ninguém novamente. Independentemente de nossa posição na vida, todos nós, homens, carregamos a mesma bagagem e os mesmos sofrimentos, dores e necessidades. Para mim, o fato de eu olhar nos olhos de alguém e de sentir-me intimidado é sinal de que há alguma fragilidade em minha vida que necessita ser trabalhada.

Contudo, sei que todos temos diferentes personalidades, e nossa personalidade tem pequenas brechas. Um dos dons que Deus me deu é o fato de não temer as pessoas. Sou um tanto reservado. Não sou como a maioria dos pastores que se misturam com a multidão. Isso me deixa atordoado. Não gosto de chegar atrasado para nada. Se preciso sair cedo, sento-me atrás para que ninguém me veja abandonando o recinto. Isso faz parte de minha personalidade. Contudo, se estabeleço um relacionamento individual, sinto que posso conversar sobre qualquer coisa que o interlocutor queira discutir sem que eu fique desconcertado.

Um ministério de homens bem-sucedidos não inicia com um grande evento nem com uma reunião para o café da manhã, muito menos com um torneio esportivo. O ministério de homens bem-sucedidos começa quando os homens da igreja, que ocupam posições de liderança, estão dispostos a dedicar-se a outros homens. O ministério de homens não se inicia com um ônibus cheio de colegas que se dirige para um evento dos Promise Keepers. O ministério de homens inicia quando as pessoas da igreja estão dispostas a dizer: "vou dedicar-me a homens agradáveis, maleáveis, disponíveis e passíveis de serem ensinados e treinados, que, por sua vez, ensinarão outros". Creio nisso do fundo do coração. E acho que muitos ministérios de homens começam e falham porque a dedicação necessária não ocorreu da maneira apropriada nem na quantidade adequada. Normalmente, esses ministérios investem mais em eventos do que em um relacionamento individual.

Com isso em mente, passemos para o próximo ponto: busque a simplicidade. Ministérios de homens bem-sucedidos são edificados em torno da comida, pois, na maioria dos casos, eles gostam é de comer. Muitas vezes vou ao escritório de algum colega e levo comigo um pacote de biscoitos ou de sonhos recheados com creme. É surpreendente notar quantas inibições são destruídas com comida (especialmente um sonho com creme e com açúcar por cima!). Nesses encontros durante o café da manhã ou à hora do almoço (e há muitos dias em que tomo dois cafés da manhã e almoço duas vezes), jamais me apresento como doutor, pastor ou reverendo. Sempre me aproximo como um pecador salvo pela graça e que tem uma jornada a compartilhar. Já notei que a maioria das pessoas vê os ministros não como homens, mas como qualquer outra coisa. Não sabem o que fazer conosco. Não sabem como se dirigir a nós. Muitos dizem:

— Como devo chamá-lo durante o almoço?

—Bem, meu nome é H. B.

Estou certo de que vou impressioná-lo ao citar um estudo feito na Universidade Abilene Christian. Foi o primeiro estudo em que houve cruzamento de informações entre as gerações, em que se mediu a influência espiritual positiva e negativa do pai nos adolescentes. Descobriu-se que o papel do pai como mestre representa a influência mais importante no prognóstico da vida dos filhos. O estudo relata:

> Não estamos sugerindo que não haja muitos outros fatores em jogo na formação espiritual. Em relação ao papel do pai, dentre os mais mencionados fatores que afetam o prognóstico referente à maturidade espiritual do adolescente, estavam o comprometimento do pai com Cristo, seu bem-estar espiritual, sua habilidade de verbalizar amor e de se comover de forma equilibrada, sua receptividade, sua vida de oração, sua ousadia em discutir assuntos da fé, sua sinceridade e sua proximidade emocional. Dos adolescentes cujos pais expressam bem o amor, 84% deles tinham uma boa maturidade espiritual, mas, dentre os adolescentes cujos pais tinham dificuldade em assim fazer, apenas 39% deles tinham uma boa maturidade espiritual.

Isso não é assombroso? Você percebe a grande responsabilidade que está sobre os ombros dos pais que não imaginam como expressar amor nem afetividade? Muitos deles pertencem à primeira geração de cristãos da família. Eles não têm nenhum modelo que os direcione. Há muitas conferências que dizem: "você tem de ser o líder espiritual de sua família e precisa dirigir as devocionais". Eles não sabem a diferença entre Gênesis e o gene X. Nem sabem do que se trata. Portanto, ficam paralisados!

Assim, o papel que eu e meu pessoal desempenhamos na vida dessas pessoas é dar-lhes liberdade de dizer:

— Não tenho a menor idéia do que fazer. Não sei orar. Meus filhos conhecem a Bíblia melhor do que eu.

E meu papel nesses encontros durante o café da manhã ou na hora do almoço é dizer-lhes:

— Você tem autorização para ser bobo, para falhar e ter medo. Você jamais aprenderá até que descubra quais são seus pontos vulneráveis.

Surpreendentemente, esses homens pedem, ao fim de nossos encontros, indicação de algum material que possa ajudá-los. Eles querem fazer parte desse universo somente porque alguém lhes disse que sua vacilação não tinha a menor importância.

Um segundo fator importante é a *responsabilidade*. Tentamos estabelecer três graus de responsabilidade. Primeiro, a responsabilidade de orar à hora do café da manhã. Durante 22 anos, encontrei-me, todas as terças de manhã, às 6h30, com mais de cem homens para uma reunião com assuntos informais. Eles se sentavam no mesmo lugar, conversavam com os mesmos colegas e, ao longo de toda a reunião, não aconteciam estudos teológicos profundos. Esses encontros não eram do tipo que ao findar, às 7h30, os participantes ficavam ponderando sobre quais seriam as dimensões da arca ou algo semelhante. Tratavam de questões práticas da vida real, referentes à pornografia, à fala, às interações, ao perdão. Enfim, todo tipo de assunto com que esses homens tinham de lidar no dia-a-dia era assunto em nossos encontros.

Outra coisa que estabeleci foi o relacionamento pactual. Fundamentava-se neste trato: "toda vez que orar por você, orarei mencionando seu nome". Encontrava-me com um indivíduo uma vez por semana, no período de 20 a 30 minutos no máximo. Não conversávamos sobre carros nem esportes. Apenas sobre como aplicar as Sagradas Escrituras a nossa vida, as responsabilidades que temos de assumir, questões com as quais lidamos, pedidos de oração; depois, tínhamos de contatar um ao outro duas vezes durante a semana. Mas o pacto dizia que toda vez que eu orasse, oraria por meu colega. O pacto para mim era o aspecto mais importante de minha vida, porque não poderia fingi-lo nem esconder o pecado. Se fosse para fazer parte desse pacto, tinha de ser honesto. Estruturamos o pacto com base no relacionamento de Davi e Jônatas, em 1 Samuel 18—20. Leia essa passagem em diversas versões para compreender melhor a essência do texto.

Estruturei meu ministério de homens sobre vinte aspectos do relacionamento de Davi e Jônatas.

Um terceiro fator importante: tentaria fazer que os homens estruturassem um *sistema de prestação de contas à esposa*. Diria às esposas que precisariam dar satisfações ao marido e falar a verdade em amor. Se vissem algo acontecendo, teriam de berrar até que conseguissem a atenção do marido.

Assim, na terça-feira eu tomava o café da manhã com os homens do ministério, estabelecia um relacionamento pactual para o decorrer da semana e tinha um relacionamento aberto com minha esposa, Beverley. Conseguia manter os três graus de responsabilidade ajustados e os compartilhava aberta e honestamente. Compartilhava minhas falhas também.

Com relação aos grupos de homens reunidos para o café da manhã, a fim de estabelecer relacionamentos mútuos, eu pedia que os membros da equipe pastoral estivessem, sempre que possível, disponíveis para comparecer a esses cafés da manhã. A intenção era que esses homens soubessem que nossa equipe de pastores os apoiava. Os membros da equipe não teriam de ensinar, mas apenas estar presentes ali para ser fonte de encorajamento a qualquer um dos companheiros que quisesse conversar depois do encontro. A maior parte desses encontros matinais não acontecia na igreja, mas em um restaurante. Tentava levar tais reuniões para fora do ambiente da igreja, a fim de que os homens se sentissem mais à vontade.

Além dos cafés da manhã coletivos e dos ajustes da responsabilidade, tínhamos um programa de atletismo. Os homens mais jovens, principalmente, precisam ter a oportunidade de flexionar os músculos e de utilizar parte da energia armazenada desde a época da escola e da universidade, quando eram atletas; ainda precisam ter a chance de provar a si mesmos seu valor.

Tive momentos desagradáveis na prática de esportes. Em minha primeira igreja, liderava um grupo de sujeitos tão complicados que mais parecia que eu os havia retirado das ruas. Dava-lhes uma bola, distribuía as camisetas dos times e depois começávamos a jogar. Já em nosso primeiro jogo, houve uma briga na quadra e, quando me dei conta, eu estava no meio de um amontoado de corpos, berrando. Perdi totalmente o controle e tive de ruminar aquela situação por longo tempo. Ainda me lembro do sorriso deles quando lhes falava sobre o papel de conciliador.

Então, quando cheguei à igreja em Salém, onde todos tínhamos camisetas coloridas e tudo o mais para praticar esportes, sabia que havia um camarada que estava ali só para me pegar. Achei que levaria a melhor e, portanto, acertei-o com força. Não percebi que ele e seu irmão eram os sujeitos mais valentes da cidade. Os dois não deram a mínima para o fato de eu ser pastor. A primeira coisa que escutei foi:

— Número 22, você está expulso!

Fui expulso do jogo na frente de toda minha congregação! Estava ao lado da quadra e literalmente engatinhei para debaixo do banco. Quando cheguei à minha casa disse:

— Beverley, pegue meus tênis. Jamais os usarei novamente!

Mas sabe o quê? Tornei-me um herói para os homens da igreja.

— Você ouviu a última? O pastor foi expulso do jogo a noite passada!

E o mais estranho, reconheço, foi que eles puderam se relacionar comigo depois desse episódio. Quando não estamos pregando, precisamos ser capazes de remover toda a vestimenta eclesial e ser apenas um homem — nem irmão nem reverendo, mas apenas um homem. O companheirismo depois do jogo é mais importante do que o jogo em si. Realmente acho que o jogo é secundário; é simplesmente uma ferramenta. Não se trata do troféu ou dos lances decisivos, mas das lições que aprende, dos amigos que faz e das famílias que se podem unir em decorrência disso.

A atividade é outra coisa necessária. A razão pela qual a maioria dos ministérios para homens tem duração curta ou por que lá comparecem sempre os mesmos homens é que eles ficam entediados. Se você não mudar as coisas nem lançar novos desafios, eles perderão o interesse. Lembro-me do primeiro estudo bíblico que iniciei. Tive de coagir quatro homens para que viessem. Um deles era um dentista que odiava a vida; outro era um aposentado que, por ter muito tempo disponível, queria falar o tempo todo. No mais, era um grupo razoavelmente heterogêneo. Por quatro ou cinco semanas, acordávamos cedo e íamos a um restaurante, onde passávamos de uma passagem bíblica a outra. Certo dia, o dentista telefonou-me e disse:

— H. B., não quero deixar você aborrecido, mas esses encontros são a coisa mais chata que já vi na vida. É uma perda de tempo e não comparecerei mais.

Tenho certeza de que eu era um professor enfadonho, no entanto, não ria de mim, você também já deixou muita gente entediada em seu ministério.

Portanto, perguntei-lhe o que ele queria que fizéssemos. Ele me perguntou por que eu tinha de falar o tempo todo. Por quê? O pensamento de todos, conforme a opinião dele, não era tão importante quanto o que eu penso? Portanto, agora em nosso café da manhã há algo diferente acontecendo a cada 12 minutos. Testemunhos, canções, versículos bíblicos, uma ilustração, uma aplicação etc. A cada 12 minutos algo de novo acontece. Depois, peço aos homens que tragam um amigo, caso considerem que o tempo que passamos juntos lhes foi útil. Assim, eles sabem que, quando os amigos vierem, não ficarão entediados. Muita gente não dá a menor importância para os esportes nem para o Promise Keepers, e não se pode estruturar nada em torno dessas coisas. Muitos homens são ótimos em carpintaria, nisso ou naquilo, mas, a não ser que você descubra o interesse deles, não terá sucesso na tarefa de ministrar.

O último princípio diz respeito ao discipulado. Os homens prósperos da igreja precisam sentir-se importantes. Muitas vezes as mesmas pessoas fazem tudo. Homens com habilidade para cantar precisam cantar. Homens com habilidade para ficar na recepção devem atuar como introdutores. Homens com habilidade para ensinar têm de ensinar. Todos precisam ser treinados e orientados.

No entanto, não precisam ser rapidamente abandonados para desempenhar tarefas sozinhos. Precisam dar sinais de crescimento espiritual. Precisam ser encorajados. Precisam ser socorridos de tempos em tempos. Precisam saber que fazem diferença. Precisam saber que são vencedores. Isso é o que um ministério de homens firmes e íntegros fará. Esses homens precisam saber, em seu interior, que são importantes.

Você pode perguntar:

— Por que você não discorreu sobre as várias formas para organizar um ministério para homens?

Porque não é para tratar disso que estou aqui, mas sim para mostrar como organizar o ministério para homens por meio de encontros individuais que se transformam em reuniões de três, quatro, cinco, seis e sete pessoas. Não me interesso por grandes eventos. Afinal, eles sempre acontecem. Sempre vai haver conferências para casais, o ministério Promise Keepers etc. O que me interessa é que pastores e leigos cristãos aprendam a se aproximar de um indivíduo, olhem-no nos olhos e apenas digam:

— Você é importante para mim.

Permita que esses homens sejam o centro da cena, dê-lhes uma oportunidade de revelar suas fraquezas e, depois, ministre a eles, em vez de buscar se distanciar deles.

Ontem, conversei com um homem que está à beira da morte por causa de um câncer de próstata. Ele era de minha igreja no Oregon, antes de eu vir para cá. Na época, ele tinha uma falha em sua vida que poderia destruí-lo. Esse homem veio a meu gabinete, sentou-se no sofá e derramou-se em lágrimas. Ele disse:

— Meu trabalho, minha família, minha vida... tudo acabou. Tudo se foi.

E eu lhe disse:

— Não acabou, não! Você pode até achar que tudo acabou, mas prometo que caminharei com você, darei cada passo ao longo do caminho a seu lado nessa situação. Quando você se sentir mais à vontade, haverá outros homens dispostos para ajudar a sustentá-lo.

Isso foi em 1971. Ontem, ele mal podia conversar comigo ao telefone, pois o câncer que o está matando já tomou conta de todo seu corpo. Mesmo assim, ele me disse:

— H. B., você é o melhor amigo que tenho.

Não sou pastor dele há 15 anos! Por que ele disse que eu era seu melhor amigo? Porque não me amedrontei nem o afastei. Olhei-o nos olhos e disse-lhe que ficaria a seu lado, qualquer que fosse a situação, e assim fizemos. E tudo está intacto.

Ele vai para o céu com um sorriso no rosto, pois as pessoas acreditaram nele quando nem ele acreditava em si mesmo.

Bem, este último aspecto eu compartilho com você do fundo do coração: fique firme. Muitos ministérios de homens começaram e acabaram, e os homens ficam desencorajados quando você começa e pára. Precisam de segurança. Jamais diga a um homem que o ama e depois não tenha tempo para ele no instante em que ele telefonar. Seja um homem digno de confiança.

Eu realmente acredito que a razão pela qual Jesus teve tanto êxito, quando buscou alcançar os homens foi o fato de falar-lhes a verdade. Ele os fitou nos olhos. Importou-se com eles de forma genuína, não superficial, e por fim deu a própria vida por eles. As palavras de Paulo para o jovem Timóteo evocam a vida que Jesus viveu. A igreja ainda é hoje um eco da sua presença e poder na vida dos homens.

Mais uma vez, meu amigo, peço que abrace a admoestação de Paulo: "E as palavras que me ouviu dizer na presença de muitas testemunhas, confie-as a homens fiéis que sejam também capazes de ensinar outros" (2Tm 2.2).

Prometo a você que isso renderá, para seu ministério e para o corpo de Cristo, resultados valiosos.

6

Adultos solteiros em seu ministério: por que permanecem e por que se afastam

DICK PURNELL

— Que tipo de ministério existe aqui para adultos solteiros?

Estávamos sentados no estúdio de uma emissora de televisão, atrás das câmeras, esperando nossa vez de ser entrevistados. O homem ao meu lado, conhecido em todo o país, era o pastor de uma megaigreja na Costa Oeste dos Estados Unidos. Como sua entrevista começaria depois de alguns minutos, aproveitei para perguntar-lhe o que a igreja dele estava fazendo para suprir a necessidade particular dos membros adultos solteiros.

— Não tenho a menor idéia — respondeu. — Acho que estamos fazendo algo, mas não sei ao certo.

"A menor idéia... não sei ao certo." Fiquei atônito, pois provavelmente centenas de adultos solteiros freqüentavam a igreja desse pastor. Você sabe quantos adultos solteiros sentam-se nos bancos de sua congregação todo domingo? Recentemente, falei a três mil pessoas em uma igreja. Pedi que ficassem em pé todos que não fossem casados e tivessem 22 anos ou mais. Mais de mil pessoas levantaram. Todos ficaram surpresos com o grande número de adultos solteiros e, em seguida, começaram a aplaudir espontaneamente.

Você sabia que o número de adultos solteiros nos Estados Unidos excede a população total de praticamente todos os 192 países do mundo, com exceção de onze? Será que você ficaria muito chocado ao descobrir que o número de pais solteiros norte-americanos é maior que o da população do Estado do Colorado e a do Tenessee juntas?[1]

De acordo com o censo de 2000, realizado nos Estados Unidos, 40% dos adultos com 18 anos de idade ou mais (48 milhões) são sozinhos. Estamos observando uma tremenda guinada nos valores sociais norte-americanos. No primeiro casamento, a média de idade hoje é de 25 anos para as mulheres e de 27 para os homens. O tipo de família que mais cresce é a de pais e mães solteiros. A metade das crianças que nascem hoje vão morar em algum momento da vida, antes dos 18 anos, num lar que só tem o pai ou só a mãe Isso significa que milhões de pessoas passarão pelo trauma do divórcio. As crianças recalcam os medos e a perplexidade no íntimo. Anos mais tarde, porém, quando tentam criar um relacionamento pessoal, essas pessoas adultas sentem-se inseguras quanto a estruturar um relacionamento mais duradouro do que o de seus pais.

Se sua igreja se localiza em região urbana, a porcentagem de adultos solteiros que moram próximos da congregação é muito maior que na área rural. Os adultos sozinhos mudam-se para as cidades em busca de trabalho, atividades e outras pessoas. Procuram vínculo e comunidade. A maior emoção negativa que os adultos sozinhos vivenciam é o medo. Em geral, têm medo da solidão, do compromisso e do isolamento. A maioria deles com menos de 30 anos nunca se casou. A média de idade para o primeiro divórcio é 34 anos. Isso significa que, depois de anos de casamento, voltam a fazer parte do grupo que está à procura de parceiros para namorar. Sentem-se desajeitados e despreparados. Enfrentam os mesmos desafios relacionais que os adolescentes, mas se sentem deslocados.

Uma mulher disse-me:

— Agora estou solteira, mas me sinto casada. Não quero ser sozinha, mas isso não foi escolha minha.

Os divorciados ficaram fora do mundo que busca parceiros para namorar e praticamente não têm idéia do que fazer. Ninguém os ajuda, tampouco discute nenhuma dessas questões com eles.

Muitos adultos solteiros são invisíveis para a igreja. A razão é que eles se parecem com todos os demais. Não há características que os distingam dos outros. Pertencem a todos os estratos sociais que você possa imaginar, desde presidentes de grandes corporações até desempregados. Dos adultos que não freqüentam igreja, 53% são solteiros.

Apesar disso, nossa igreja é voltada para os casados, e os solteiros são negligenciados constantemente. São o "grande campo invisível de missões". Mas o mercado, por sua vez, está muito consciente dos adultos sozinhos. Se você observar os comerciais de televisão ou os anúncios de revistas, vai descobrir que grande parte é direcionada para atrair adultos solteiros. Roupas, artigos esportivos, carros, cerveja, celulares e uma miríade de outros produtos têm como alvo os adultos sozinhos. Essas pessoas têm renda líquida maior. No entanto, a igreja encontra dificuldades para atraí-los e conquistar-lhes atenção e compromisso.

Muitos adultos sozinhos acreditam que a igreja os exclui e os ignora. Sentem-se como se a igreja os tivesse negligenciando ou não tivesse interesse neles. Por isso, os adultos solteiros agem de acordo com suas preferências. Vêm à igreja durante alguns meses, até anos, mas, como suas necessidades não são supridas nem jamais ouvem um sermão tratando dos problemas específicos de sua condição, passam a vir menos à igreja e vão para outro lugar — ou param totalmente de freqüentar a igreja. Ouvem pregações do tipo "Como ser um marido consagrado" ou "Tornando-se uma esposa consagrada", mas jamais ouvem um sermão intitulado, por exemplo, "Como ser um adulto sozinho consagrado".

Algumas igrejas dizem: "Mas os adultos solteiros não são confiáveis. Eles não se envolvem com a vida da igreja. Freqüentam durante um período e depois desaparecem". Por sua vez, os adultos sozinhos respondem a isso da seguinte forma: "Há muito pouco para nós ali, e não há nada na igreja que nos desafie a ter envolvimento e compromisso mais profundos". Essas pessoas não permanecem porque não há ligação emocional que as mantenha na congregação. Não pertencem ao grupo de "quem não chora não mama", que procura o pastor para solicitar um sermão a eles direcionado. Tampouco os adultos sozinhos "batem à porta" da reunião de orçamento para fazer pressão por mais verbas. Apenas desaparecem.

Você está mesmo querendo atrair os adultos sozinhos para o seu ministério? Acompanhe minha lista dos dez aspectos mais relevantes para explicar: "Por que os adultos sozinhos não se envolvem com a igreja?".

Número 10. Brincadeiras frívolas que escarnecem do estilo de vida dos adultos solteiros. Avós, pais, pastores e amigos casados, todos fazem brincadeiras com os solteiros. Os casados sorriem, mas o adulto solteiro enterra a crítica debaixo de um sorriso amarelo.

Fui solteiro 42 anos. Por volta de meus 35 anos de idade, quando servia na função de pastor-assistente, ouvia muitas piadas bem-intencionadas, das quais em geral não achava graça nenhuma. "Ei, você está com medo de assumir uma companheira?". Ali estava eu, com a responsabilidade de diversos ministérios na igreja, e eles ainda me indagavam se tinha medo de ter responsabilidades? "Talvez você seja exigente demais. Está procurando a mulher perfeita?" Em outras palavras, se reduzir seu padrão, poderá achar alguém. "Você já não é mais jovem, sabia?" A intenção era pressionar-me para continuar a busca? Às vezes, me faziam a magnífica pergunta: "O que você está esperando?". Como se eu devesse me apressar para não perder a "pessoa certa". Será que não havia um Deus soberano? O tempo do Senhor pode não ser o meu — nem o das pessoas que insistiam em que eu me apressasse.

Quando tentavam incentivar-me, as pessoas me contavam o que chamo de testemunhos românticos: "Finalmente, transferi tudo para as mãos de Deus e depois de seis meses encontrei a pessoa certa". Mas eu tinha 40 anos e havia sido ministro de tempo integral por mais de quinze. Haveria algo que eu não estivesse entregando a Deus e que alguém, de 20 anos, casado, já lhe houvesse entregado? Todas as fórmulas para o casamento que as pessoas dão aos solteiros baseiam-se nas experiências individuais, mas essas experiências não são normativas, não se aplicam a todos os cristãos. Por que eu deveria procurar o Santo Graal do casamento, se Deus queria que eu estivesse satisfeito em toda e qualquer situação?

Depois de quatro anos como pastor, demiti-me de minha igreja. Embora não sendo mais o pastor, continuei a freqüentá-la. Uma amiga minha do Kansas, solteira, veio passar um fim de semana em nossa cidade para visitar algumas colegas de universidade. Eu a trouxe para o culto das onze horas. Quando caminhávamos pelo corredor entre os bancos, um velho introdutor encaminhou-nos para sentar numa fileira da frente. O órgão tocava suavemente, e todos estavam em silêncio. Quando paramos de andar para entrar na fileira de bancos, ele entregou um boletim a minha amiga e me disse em voz alta, para todos ouvirem:

— Ei, Dick, quando você vai se casar com ela?

Quis morrer ali mesmo, mas antes disso tive vontade de nocauteá-lo.

Esse tipo de piada não atrai os adultos solteiros para a igreja! De forma alguma! Na verdade, depreciam a vida de solteiro, como se apenas os casados pudessem vislumbrar um futuro promissor — idéia que não se encontra na Bíblia. O apóstolo Paulo até afirmou que uma pessoa solteira pode dedicar-se totalmente ao Senhor (1Co 7.32-35). Ele não considerava a condição de solteiro motivo de gracinhas.

Número 9. A liderança da igreja está voltada principalmente para os interesses e necessidades dos casados. Os pastores e os líderes são, em geral, casados e pouco se identificam com as necessidades e preocupações específicas dos adultos solteiros ou não as compreendem. Os cristãos adultos solteiros raramente são aceitos como membros do corpo administrativo. Existem poucos pastores titulares solteiros. O critério velado do casamento elimina os solteiros da tarefa de servir em muitos ministérios ou atividades de uma igreja típica. Se levássemos adiante essa concepção, até chegar a uma conclusão lógica, então o apóstolo Paulo não estaria qualificado para ser pastor nem presbítero. Nem mesmo Timóteo poderia ter a oportunidade de exercer liderança.

Passados quatro anos como pastor-assistente, quis tornar-me pastor titular. Tinha quinze anos de experiência no ministério e dois mestrados. Apesar disso, quando enviei meu currículo, nenhuma igreja me procurou como candidato, pois havia mencionado o estado civil na primeira página do currículo: "solteiro". Quem queria um pastor titular solteiro?

Foi uma experiência amarga. Estava desqualificado para ser o pastor titular de uma igreja porque não apresentava o diploma complementar da "senhora Purnell". Muitos homens que se graduam no seminário sofrem uma tremenda pressão. Se quiserem ficar acima do grau de pastor de jovens, precisam casar-se. Por que o casamento é a chave dourada que destranca a porta do progresso pastoral?

Número 8. O orçamento dedicado ao ministério de adultos solteiros é, em geral, insuficiente ou não existe. Muitas igrejas não têm orçamento algum para o trabalho com os adultos solteiros. Quando as igrejas que planejam um orçamento para o ministério dos adultos sozinhos são obrigadas a fazer cortes, é justamente esse ministério que recebe a poda. A comissão de orçamento afirma: "Os não-casados são adultos; podem suportar isso". Todavia, a mensagem que se transmite é: "Vocês não são tão importantes quanto outras pessoas de nossa igreja".

Muitos de meus amigos eram ministros solteiros. A atribuição de suas funções mudava constantemente sempre que a liderança da igreja lhes dizia que havia outras necessidades mais prioritárias. Acrescentavam-se responsabilidades extras até que os ministros solteiros se distanciassem da paixão por servir os adultos solteiros da igreja. Por fim, essas atitudes esfriavam a paixão e desestimulavam esses pastores, que acabavam desistindo por se sentirem desvalorizados. Os adultos solteiros sentiam-se negligenciados e abandonavam a igreja.

A mensagem que os adultos solteiros ouvem é proferida em alto e bom som: "Vocês ocupam a posição mais baixa na pirâmide. Suas necessidades são as últimas a ser supridas. Não merecem o investimento financeiro num ministro que lhes supra as necessidades". Desse modo, os adultos solteiros respondem com os pés: "Estou fora", e se vão.

Tenho observado em todos os Estados Unidos um declínio dos ministérios para adultos solteiros. O número de adultos solteiros que freqüentam a igreja está minguando. Por certo existem algumas igrejas que estão realizando excelentes obras, mas são minoria.

Número 7. Os adultos solteiros percebem que a igreja os negligencia. Sentem-se como figuras importunas, deixadas à margem pela igreja, para permanecer, mas esquecidos. O casamento é adotado como norma, e os não-casados não se ajustam ao modelo.

Já fiz mais de trezentas palestras para solteiros e adultos solteiros nos Estados Unidos, no Canadá e em outros doze países. No entanto, apenas nove pastores titulares deram uma passada pelo local para observar e/ou cumprimentar a multidão. O evento ocorreu na igreja, no prédio deles, e todos ali são adultos. Lembro-me desses nove pastores titulares, pois raramente aparecem. Um dos pastores era do Canadá. Mais de 250 adultos solteiros participaram da conferência proferida num salão de cultos. O pastor decidiu dirigir-se à multidão. Depois de agradecer às pessoas a presença na palestra, apresentou-me. Quando ele estava saindo do recinto, eu disse:

— Pastor, só um minuto. — Ele me pareceu surpreso quando se virou para mim.

— Quero que o senhor volte. — Tenho certeza de que ele não sabia o que ia acontecer. Pus-lhe o braço em volta do ombro, embora jamais tivesse encontrado esse homem em minha vida. Eu não tinha a menor idéia se ele era importante ou não. Isso não tinha relevância. Apenas queria demonstrar meu apreço.

— Pastor, quero que essas pessoas saibam que aprecio seu coração e sua atitude. O senhor separou esses poucos minutos em sua agenda lotada apenas para vir aqui nos saudar. — Em seguida, dirigi-me à platéia: — Homens e mulheres, este pastor tem o coração voltado para vocês. Ele veio até aqui para mostrar que se preocupa com vocês. Vocês são bem-vindos nesta igreja. — Duzentos e cinqüenta adultos o aclamaram em pé.

Certamente, os pastores têm zilhões de coisas a fazer. No entanto, um pouco de interesse e tempo dedicado aos adultos solteiros falam mais alto e mais claro do interesse da igreja em suprir as necessidades deles. Você ficaria surpreso com a reação deles.

Número 6. Existe a falsa impressão de que os adultos solteiros são moralmente frouxos. Se alguém com mais de 27 anos, digamos, não estiver casado, é porque há algo errado — é o que geralmente se pensa. Lembro aqui certa igreja que estava no processo de contratar um pastor para os jovens. Como não foi possível por mais de um ano encontrar um pastor para o cargo, marcou-se uma reunião com toda a congregação para o andamento do processo. O presbítero responsável apresentou todos os tipos de razões para retardar a localização da pessoa adequada para a função. No fim de sua explanação, fiquei em pé e perguntei:

— A pessoa que estão procurando tem de ser casada? — Dava para escutar um alfinete cair no carpete. Todos ficaram boquiabertos e perplexos. Era uma pergunta inadmissível. O presbítero pigarreou e hesitou, depois andou de lá para cá no púlpito. Tudo que esperava era uma resposta simples: sim ou não. Ele ficou evidentemente irritado com minha pergunta. Por fim, uma senhora que estava sentada bem atrás disse:

— O que precisamos é de um modelo para as moças. Portanto, acho que ele tem de ser casado.

— A senhora quer dizer que em toda essa congregação não há uma única mulher que sirva de modelo para as moças? — Silêncio.

— Vou dizer qual é o verdadeiro motivo, em minha opinião. A senhora teme que um pastor solteiro possa estar sexualmente carente e queira ter relações sexuais com uma das adolescentes. De todos os pastores que conheço pessoalmente, quatro tiveram casos amorosos e abandonaram o ministério em desgraça. Todos eles eram casados. Quase todos os pastores que cometeram adultério, de acordo com o que leio em revistas e livros, eram casados. É verdade, as pessoas casadas não ocupam o lugar de liderança no que diz respeito a tornar-se imoral. No entanto, não se deve ter preconceito contra os solteiros apenas por não serem casados.

Algumas igrejas não permitem que os solteiros ensinem na escola dominical, pois temem que esses homens e essas mulheres sucumbam à tentação sexual. Esse é um temor infundado. Todos nós necessitamos do poder de Deus para suplantar as tentações. Não classifique os não-casados como os mais propensos a sucumbir às tentações. Isso é injusto e incorreto. Os solteiros querem ser respeitados e considerados confiáveis. Deixe-os demonstrar com sua fidelidade que têm um relacionamento genuíno com Deus.

Número 5. O casamento é retratado por todos como norma. Se alguém não se casa até os 30 anos ou pouco depois disso, deve haver algo anormal com ele.

Já ouvi pastores dizendo:

— Se você desejar, Deus tem alguém para ser seu cônjuge. — Mas será que isso é verdade ou é apenas uma suposição? A Bíblia jamais disse nenhuma palavra sequer sobre isso. Na verdade, muitas das personagens bíblicas não se casaram ou, pelo menos, nada indica que tiveram um cônjuge.

A seguir, alguns homens e mulheres sozinhos da Bíblia: Jesus, Paulo, Timóteo (provavelmente), Maria, Marta, Lázaro, Jeremias, Hagar, Rute, Noemi e Ana (e um sem-número de outras viúvas), Simeão, chamado Níger (e todos os outros eunucos não mencionados do período bíblico), a filha de Jefté e Tamar. A rainha Vasti foi rejeitada e teve de divorciar-se, pois era honrada. Isaque não se casou antes dos quarenta anos, e Moisés seguiu o exemplo. Não há menção de que Neemias, Daniel e Marcos tivessem família. A Bíblia não retrata o casamento como a norma. Se assim fosse, todos os mencionados anteriormente seriam anormais e desconsiderados por todos.

Desejei casar-me na casa dos 20 anos, dos 30 e até dos 40, mas Deus não trouxera até então ninguém para minha vida com quem eu quisesse passar o resto de meus dias na Terra.

Alguns de meus amigos solteiros estão na casa dos 60 anos e ainda querem casar-se. Deus não trouxe ninguém para a vida deles. O Deus soberano não me revelou a razão por que algumas pessoas não se casam. No entanto, casamento não é para todos. As estatísticas populacionais revelam que há mais mulheres do que homens. Nem todo mundo se casará. Acredito que uma pessoa pode realizar-se sem o casamento. A mensagem da Bíblia é que Cristo nos basta.

Número 4. A ênfase na "família da igreja" na verdade significa casais e crianças. Claro que sou a favor da família da igreja, mas, até onde posso ver, essa é a família da igreja de Deus, não a família dos casados da igreja.

Uma igreja perto de casa pôs um grande cartaz no jardim da frente: "Este é o ano da família". Tentei dizer ao pastor que a mensagem subliminar era: "Os adultos sozinhos são indesejados durante estes doze meses". Nos cultos se apresentam com todo o entusiasmo anúncios do tipo: "Teremos nossa reunião familiar anual. Traga toda sua família". Os adultos sozinhos olham uns para os outros e dizem: "Acho que eles não nos querem".

As igrejas comemoram todo ano o Dia das Mães, o Dia da Criança e o Dia dos Pais. As mães recebem flores. Há sermões especiais para os pais. As pessoas sorriem e dão risadas quando ouvem o coro das crianças. Quando é que os adultos solteiros vão receber uma homenagem?

Número 3. Todos os adultos sozinhos são amontoados na mesma categoria de "não-casados". No entanto, os adultos solteiros não podem ser todos postos num mesmo compartimento desse jeito. Eles não são um grupo homogêneo. O que uma pessoa de 26 anos que nunca se casou tem em comum com uma mulher de 68 anos, divorciada três vezes e avó de quatorze netos?

Por sua vez, as pessoas casadas são muito homogêneas. Os jovens recém-casados têm coisas em comum. Todos os que têm filhos pequenos têm interesses e necessidades comuns. Casais em diferentes estágios da vida a dois têm interesses e desafios semelhantes. Por isso é possível ter um programa que atraia casais recém-casados sem filhos, que todos desse grupo comparecerão.

Quando a igreja inicia um programa para adultos solteiros, que grupo tem em mira: os que nunca se casaram, os divorciados, os viúvos, os separados? Para que faixa etária o convite será feito? Uma igreja dinâmica terá de reconsiderar o modo de suprir as necessidades das pessoas — todas, incluindo as dos adultos solteiros. Não se pode transformar o casamento no paradigma de uma igreja típica e moldar o ministério para adultos solteiros da mesma forma.

Como a igreja se empenhará para aproximar-se de quase metade da população adulta? A maioria dos solteiros rejeitou a igreja, e eles não se sensibilizam com os programas direcionados para a metade casada da população. O típico adulto solteiro vai à igreja apenas seis vezes ao ano. Abra os olhos para o "grande campo invisível de missões" e observe o vasto número de pessoas que estão em torno de sua igreja. Elas moram em apartamentos. Moram atrás de portões que isolam os condôminos do público que transita pela rua. Trabalham em mercearias, escolas, hospitais, projetos de construções e numa série de outros lugares que ficam a uma distância acessível para a igreja. Como vamos alcançá-las? Como vamos suprir a necessidade específica dessas pessoas?

Número 2. As pessoas divorciadas sentem-se rejeitadas. O divórcio raramente é agradável. Os casais, tanto os da igreja quanto os de fora, separam-se e disputam a custódia dos filhos. Embora trágico, o divórcio não é o maior pecado. Mesmo o adultério e a imoralidade sexual não são os pecados maiores. O maior pecado é rejeitar Jesus Cristo.

Creio que o casamento é um compromisso entre um homem e uma mulher para a vida toda. Como sou conselheiro matrimonial, e não conselheiro de divórcio, enfatizo o poder de cura do Espírito Santo para reconciliar casais que estão em guerra. Há também esperança em Cristo para a restauração do que foi esfacelado.

A realidade, porém, é que os casais se divorciam. Ainda assim, em reação à tragédia de um lar e de votos desfeitos, as pessoas da igreja em geral põem o marido e/ou a mulher no ostracismo. Para alcançar os divorciados, a igreja precisa restaurar vidas com amor, interesse e ensino bíblico.

Ministrar aos divorciados levanta questões difíceis das quais o conselho eclesial talvez não queira tratar. Quais os fundamentos bíblicos para um divórcio? E quanto ao casar-se de novo? Em que área uma pessoa divorciada pode servir na igreja? Como podemos ajudar as crianças de lares desfeitos?

A forma com que a igreja responde a essas questões indica aos adultos solteiros se eles são, de fato, bem-vindos. Eles querem ser parte integrante de toda a vida da igreja. Quando a congregação abrir os braços e o coração para os adultos solteiros, muitos ouvirão o chamado e começarão a freqüentar os cultos, confiantes de que serão bem-vindos e alimentados espiritualmente.

Número 1. Os adultos solteiros em geral sentem-se à margem. Conclusão: milhares de pessoas jamais entram numa igreja porque ali vêem poucas atividades direcionadas a elas. Certamente, é possível apontar os poucos adultos solteiros que freqüentam a igreja para "provar" que você, como ministro, os está atraindo. E os milhares que moram nas vizinhanças de sua igreja? Muitos dos freqüentadores dos cultos de sua igreja sentem-se malcompreendidos, fora de lugar e isolados do corpo "principal" da igreja. Se uma pessoa adulta não é casada, seu lugar na igreja é incerto.

Numa igreja da qual fui membro, o pastor anunciou num culto dominical a posição da campanha financeira do programa de construção. Na apresentação, exibiu no telão um gráfico especificando os resultados. O título era: "Doações por unidade familiar". No fim do culto, aproximei-me dele e fiz a seguinte pergunta:

— O que você quer dizer com a expressão "Doações por unidade familiar"?

— Isso se refere à quantia média doada por família — ele retrucou.

— Você quer que os adultos solteiros colaborem para o programa de levantamento de fundos?

— Claro que sim!

— Bem, eles não se consideram unidades familiares. Ao dividir a igreja em unidades familiares, você excluiu todos os adultos solteiros sozinhos. Eles sentem-se como se a igreja não quisesse a contribuição deles. Você deixou muito claro que não os quer de forma alguma.

Ele resmungou enquanto saía. Nunca compreendeu minha percepção da situação, tampouco os presbíteros.

Os adultos solteiros são uma parte vital do corpo de Cristo. Eles querem ser aceitos e valorizados da mesma forma que todos os outros. Querem ser desafiados a dar tudo de si por amor a Cristo. Têm tempo, escolaridade, experiência, talentos e estabilidade financeira para ajudar a expandir a igreja.

Como a igreja pode utilizar e motivar esse recurso tão vasto? Há uma cerca em volta da igreja que mantém os adultos solteiros do lado de fora. Essa barreira tem de ser removida para que uma multidão de pessoas entre na igreja.

O que pode atrair os adultos solteiros para sua igreja? O que os motivaria e desafiaria a participar e liderar? Apresento-lhe quinze idéias simples que podem ser incorporadas em seu ministério para mostrar à comunidade que você está ficando mais amistoso em relação aos solteiros. Sem gastar sequer um centavo, você e seu ministério podem abrir as portas para mais de 40% dos adultos de sua região.

1. Enfatize a igreja da família de Deus.

A igreja é para todos, não apenas para casados. No que diz respeito a compreender e alcançar os adultos solteiros, quem mais conhece esse grupo são os próprios integrantes.

A igreja precisa de adultos solteiros nos conselhos administrativos. Eles querem participar de toda a vida eclesial e ser exemplos para que outros solteiros se envolvam em todos os aspectos da igreja. Quando os adultos solteiros batem contra o muro de pedras da indiferença, antes mesmo de começar a se envolver, eles em geral perdem o desejo de interagir com os outros membros. Desafie-os a ter um compromisso total com Cristo. Motive-os a participar de equipes de missões e como voluntários nas oportunidades ministeriais. Eles têm tempo e apoio financeiro, bem como amigos que podem enviá-los em missões e financiá-los. Quando são desafiados e motivados, podem passar muito tempo trabalhando em vários ministérios da igreja.

Se você começar a entrar em sintonia com os adultos solteiros, eles inundarão sua igreja, pois não há mais ninguém (ou praticamente ninguém) na cidade toda que esteja competindo com você pela atenção deles. Quando você construir uma igreja da família de Deus verdadeiramente, a notícia se espalhará depressa para os solteiros da comunidade. Pode acreditar, eles têm uma rede enorme de amigos. Pode levar alguns meses, mas comparecerão à igreja em que são valorizados e onde os solteiros estejam envolvidos em todas as áreas do ministério e da liderança.

Quando a proclamação for: "todos podem ser parte essencial da família da igreja", você estará convidando todos os grupos. Se você oferecer oportunidades específicas para que os solteiros se sintam à vontade em seu ministério, eles se sentirão atraídos e se envolverão com o coração agradecido e cheio de alegria.

2. Peça que Deus lhe abra o coração para alcançar os adultos solteiros para Cristo.

Sei que as pessoas pedem que você ore por muitas coisas. No entanto, surpreendo-me com a falta de paixão que pastores e leigos demonstram quando se trata de alcançar os adultos sozinhos. Temos o desejo ardente de alcançar pessoas necessitadas em terras estrangeiras ou de envolver-nos com o ministérios das crianças pequenas. Contudo, os adultos sozinhos não nos comovem. Eles são tão necessitados quanto os que mencionei antes, porém não nos tocam o coração. Peça ao Senhor que lhe abra os olhos para enxergar os campos já maduros para a colheita nesse "grande campo invisível de missões".

Os adultos solteiros estão apreensivos e em busca de relacionamentos. Querem relacionar-se. Nossa sociedade está muito habituada a controlar tudo. Controlamos o que queremos em nosso computador. Usamos o controle remoto para escolher o que desejamos ver e ouvir. Temos todo tipo de equipamentos que obedecem a nossas ordens. Apertamos um botão e obtemos o resultado que queremos. Entretanto, quando se trata de relacionar-se com outro ser humano, não podemos manipular o relacionamento amoroso.

Muitos adultos solteiros estão procurando relacionamentos amorosos, mas não têm idéia de como encontrar. Podem até se sentir satisfeitos em frente do computador, mas não em frente de uma pessoa do sexo oposto. Ali estão eles, adultos que ocupam posições de responsabilidade no trabalho ou na profissão, mas que não sabem criar um relacionamento amoroso que perdure.

A igreja pode ser um farol para milhares de pessoas. Os adultos sozinhos querem fazer parte de uma família — a família de Deus. Eles querem encontrar outras pessoas sozinhas que professem a mesma fé. Estão cansados do ambiente dos bares. Se a igreja começar a entender como atrair o coração dos adultos solteiros, vai experimentar uma afluência de pessoas à procura de uma comunidade com a qual se envolver.

3. Estabeleça o dia anual dos adultos solteiros, semelhante ao dia dedicado às mães, aos pais, às crianças, à secretária ou a qualquer outro dia especial.
Peça a alguns adultos solteiros que dêem testemunho do que Cristo significa para eles e de como ele lhes dá direção na vida. Faça programações especiais para eles se sentirem felizes por terem a vida no centro da vontade de Deus.

4. Pregue um sermão por ano direcionado especialmente aos adultos solteiros.
Ensine a admoestação de Paulo em 1Coríntios 7. Paulo disse: "... É bom que permaneçam como eu" (v. 8) — ou seja, não-casado. Por que ele faria uma declaração assim tão forte? Para proclamar o paradigma da realização que se encontra em Cristo. Motive os adultos solteiros a ter uma vida santificada em meio a um mundo perverso.

5. Programe atividades especiais para pais e mães solteiros.
Incentive o grupo de jovens a se oferecer como voluntário para tomar conta das crianças dos pais e mães solteiros, que desse modo vão poder desfrutar um passeio à noite. Inicie grupos de apoio e aulas de escola dominical para tratar de assuntos que digam respeito a eles — por exemplo, como lidar com o ex-cônjuge, o planejamento financeiro para pais e mães solteiros e a educação de filhos quando se está sozinho. Crie um fundo para auxiliar os que têm dificuldades financeiras. Posso garantir: você conquistará o coração de todos os pais e mães solteiros da igreja.

6. Fale aos adultos solteiros nas aulas da escola dominical ou nas reuniões noturnas.

Um mês antes de dirigir-se aos adultos solteiros, peça-lhes que escrevam anonimamente as perguntas e questões a que querem que você responda numa reunião futura. Quais são as vinte questões mais importantes para as mulheres e as vinte questões mais importantes para os homens? Explique as diferenças. Se você é casado, peça que sua esposa responda a algumas perguntas. Os solteiros o ouvem o tempo todo; eles também querem escutar a versão dela em relação a esses assuntos. Querem saber como um casal lida com as questões que tem de enfrentar. Os adultos solteiros estão procurando modelos de como estabelecer um relacionamento amoroso duradouro.

7. Estimule os solteiros a se tornarem líderes em seu ministério e prepare-os.

Permita que parte do processo de discipulado seja preparar ativamente os adultos solteiros para se tornarem ministros, diáconos, professores de escola dominical, líderes de pequenos grupos e das equipes de missões.

Escolha um leigo, pastor ou diácono amoroso para pastorear os adultos solteiros. Numa das igrejas em que fiz várias palestras, havia um encanador que já era avô. Os filhos todos eram adultos e já tinham saído de casa, e os netos não estavam por perto. Ele e a esposa queriam ter convidados para almoçar com eles aos domingos. As únicas pessoas que atendiam de fato ao convite eram os solteiros. Por isso, todos os domingos, eles convidavam os solteiros para almoçar. Depois de algum tempo, 25 ou 30 solteiros sentavam-se pela casa, comendo e conversando.

Por esse motivo, os presbíteros da igreja pediram a esse senhor que passasse mais tempo com os adultos solteiros e lhe ofereceram um pagamento para dedicar um quarto de seu tempo a ensinar e incentivar os solteiros. Os adultos solteiros de toda a região começaram a participar dessas reuniões. O homem iniciou uma escola dominical com um grupo pequeno de pessoas. À medida que o ministério crescia, os presbíteros iam aumentando o tempo dele até que, por fim, passou a dedicar-se em tempo integral às suas atividades ministeriais. Sua escola dominical chegou a ter mais de trezentos adultos solteiros. Não é surpreendente? Ele desistiu da profissão de encanador para tornar-se ministro de tempo integral de adultos solteiros, e o local encheu-se deles.

Ore a Deus pedindo que levante alguém com paixão para alcançar os solteiros. Além do coração, eles precisam de treinamento. Dê às pessoas oportunidades para estudar e aprender a melhor maneira de ensinar e motivar os solteiros.

8. Desestimule as piadas sobre adultos sozinhos e a obrigatoriedade de se casarem.

Se ouvir as pessoas fazendo piadas sobre o assunto, puxe-as de lado:

— Você consegue imaginar como os adultos sozinhos se sentem ofendidos com piadas desse tipo?

Não estou dizendo que você deva sair por aí dizendo às pessoas:

— Não faça piadas, não ria.

Tenha um ambiente divertido, mas não diga coisas que podem diminuir os outros.

9. Incorpore no sermão ilustrações que se apliquem aos não-casados.

Quando falar sobre resolução de conflitos, traga à baila o tópico de como tratar alguém com quem se divide o apartamento ou como lidar com um ex-cônjuge. Utilize os mesmos princípios referentes à interação com o cônjuge ou com um colega de trabalho.

Os sermões a respeito de feriados precisam de um cuidado maior. Os três dias mais difíceis para os adultos sozinhos são o Natal, o Dia dos Namorados e o Dia das Mães. Há feriados especiais para os namorados e para as famílias. Se examinarmos as estatísticas sobre a depressão, descobriremos que mais pessoas ficam deprimidas no Natal do que em qualquer outra época do ano. Todos falam e cantam sobre afetividade e relacionamentos nostálgicos. Mas muitos adultos não têm família, ou a família deles está passando o feriado com o ex-cônjuge. Você pode ajudá-los a lidar com esse sentimento de solidão e desamparo.

Quando se dirigir às mulheres no Dia das Mães, inclua todas as categorias de mulher. Prefacie seus comentários dizendo algo como:

— Hoje é Dia das Mães, e vamos homenagear as nossas mães; mas sei que há mulheres no culto que não têm filhos. Algumas não são casadas e imaginam se algum dia terão marido e família. Deus as ama. O fato de não ter marido e filhos não significa que tenham sido esquecidas por Deus. Na verdade, na Bíblia encontramos mulheres solteiras e viúvas que não tinham filhos, como, por exemplo, as irmãs Marta e Maria. Deus tem o futuro de vocês nas mãos dele. Já outras de vocês são casadas e gostariam de ter um filho, mas não conseguem por alguma razão. Deus as ama também. Ana, Sara e muitas outras mulheres na Bíblia tiveram lutas nessa área. Elas confiaram em Deus, e você também pode fazer o mesmo.

Dizendo algo simples assim, ganhará seu dia, bem como o apreço de todas as mulheres presentes.

Alguns dos melhores hinos foram escritos por adultos solteiros. Um de meus favoritos foi escrito por George Matheson em 1882 — *O Love That Wilt Not Let Me Go*, traduzido por *O amor que vence*. Embora não se possa comprovar, muito acham que ele escreveu esse hino depois de ser abandonado pela noiva perto da data do casamento, quando lhe disse que estava ficando cego. Escreveu o hino para expressar a angústia profunda da alma e o mais profundo amor de Cristo que o sustentou e acolheu. Eu cantei e berrei a canção de Matheson em muitas noites solitárias, e Deus cobriu-me com seu amor. O Senhor Jesus compreendeu minha solidão e supriu minhas profundas necessidades como ninguém mais poderia.

10. Estimule os solteiros a envolver-se em todas as áreas da igreja.

Faça apelos direcionados especificamente aos solteiros. Motive os casados a convidar os solteiros para almoçar com eles aos domingos. Estabeleça um grupo de planejamento no qual solteiros e casados discutem formas de alcançar toda a comunidade para Cristo.

11. Publique uma lista das atividades no ministério que os solteiros em especial podem exercer.

Há muitas áreas com as quais os solteiros gostariam de se envolver. Ponha essas áreas em destaque. Divulgue uma folha com as oportunidades de trabalho no local em que os solteiros se reúnem. Você não tem de dizer que essas oportunidades são para solteiros, mas descreva as viagens missionárias, as visitas aos idosos em suas casas, a ajuda em várias atividades com jovens e pequenos grupos que incorporam solteiros e aos quais eles possam se reportar.

12. Apresente tópicos de sermão e assuntos nas escolas dominicais que atraiam solteiros.

Se você quiser algumas idéias, visite meu *site* (www.DickPurnell.com) para ter acesso a mais de cem tópicos, livros e outros materiais de interesse dos solteiros. Utilize alguns desses títulos, ou mesmo algumas das descrições, em seu ministério.

Alguns tópicos apresentados no *site* incluem o planejamento financeiro para solteiros, questões relacionadas a pais solteiros, o namoro na idade adulta, os solteiros e o sexo, a resolução de conflitos, o cuidado com os pais idosos e a descoberta da pessoa certa. Ponha em um painel de discussão um tópico interessante ou controverso, como paquera *versus* namoro. Missões e evangelismo são tópicos fantásticos. Desafie esses solteiros a participar do ministério local que busca alcançar os outros e de um breve período de missões. Motive-os a tirar umas férias de duas semanas com um propósito significativo, de forma que Deus possa usá-los para a sua glória.

13. Faça sermões sobre a estruturação do casamento antes que ele aconteça.

Muitas igrejas erram quando oferecem sessões pré-maritais. Com freqüência, elas traduzem o seguinte: "se você já está noivo, descubra se são compatíveis".

Quando as pessoas estão noivas, ficam perdidas. O coração delas já foi entregue, e elas estão apenas buscando confirmação para o contrato de casamento, não a investigação para saber se estão se casando com a pessoa certa. Você já procurou argumentar com um casal de noivos na esperança de que questionarão se a escolha de parceiro é realmente apropriada? Nesse momento, eles podem olhar para você como se você estivesse dentro de uma roupa vermelha e com rabo, carregando um tridente e lançando farpas no desejo óbvio de Deus para a vida desses noivos.

Antecipe a situação. Ensine uma série de aspectos referentes à estruturação de relacionamento de qualidade com o sexo oposto. Patrocine uma conferência de solteiros que trate de namoro, de relacionamento e de tornar-se a pessoa certa.

14. Destaque os solteiros da Bíblia.

Mostre como os personagens bíblicos lidaram com as circunstâncias e conseqüências de suas ações. Encoraje solteiros e casados a se beneficiarem desses exemplos. Ensine sobre Absalão, o solteiro rebelde; Ana, a viúva idosa; Daniel, o político solteiro em meio à pressão nacional; ou Hagar, a mãe solteira abandonada.

Faça uma pregação sobre os eunucos. O eunuco etíope é um bom exemplo para você iniciar tais pregações. Sei que não soa como um tópico popular. No entanto, em Mateus 19.12, Jesus diz que "... outros ainda se fizeram eunucos por causa do Reino dos céus...", o que parece dizer respeito aos homens que decidiram permanecer solteiros por amor a Deus (portanto, eunucos figurativamente castrados, não literalmente), para que pudessem servir apenas a Deus. Permita que o compromisso deles aumente, como a Bíblia o faz.

Isaque ficou solteiro até depois de seus 40 anos. Que pressões ele enfrentou? Jeremias era um solteiro muito poderoso. João Marcos era o jovem solteiro que saiu em viagem missionária com Paulo e Barnabé, mas se amedrontou quando as coisas começaram a ficar mais difíceis. No entanto, mais tarde em sua vida ele deu uma guinada e aventurou-se a sair novamente com Barnabé. José, o prisioneiro solteiro, só se casou depois de sair da prisão. Ficara sozinho todos esses anos, e só o Senhor estava com ele. Acho que seu estado civil de solteiro foi apenas um elemento a mais das dificuldades que enfrentou.

Lázaro era um amigo íntimo de Jesus. Marta era uma mulher solteira que se dedicava praticamente só ao trabalho, enquanto Maria era mais sociável — gostava de ficar com as pessoas, em especial com Jesus. Já Moisés ficou solteiro até os 40 anos. Noemi, a viúva amargurada, tinha a nora Rute, que era uma viúva muito disposta. Seu trabalho árduo e sua fé valeram a pena. Há duas mulheres chamadas Tamar na Bíblia. As duas tiveram problema relacionado ao sexo; ambas eram sozinhas em virtude das circunstâncias. A Palavra de Deus diz muito sobre as viúvas. Fale do mandamento de Deus para a igreja, a saber, que cuide das viúvas e dos órfãos.

15. Organize dinâmicas de grupo com os solteiros para discutir como criar um ministério poderoso para os adultos solteiros de sua região.

Ouça atentamente às idéias para atividades e publicidade que podem atrair outros solteiros. Reúna muitas pessoas casadas e não-casadas para discutir como realizar as coisas em conjunto e utilizar os dons e talentos de todos.

Todas essas idéias não custam nada. A idéia a seguir custará alguma coisa, mas trará grande retorno: *aumente o orçamento anual para os ministérios de solteiros, equiparando-o, pelo menos, ao patamar do ministério de jovens*. Faça com que o programa de solteiros seja animado, atraente e estimulante. Será um investimento em vidas e pode dar um retorno significativo e muito satisfatório quanto a missões, liderança, evangelismo, tempo e finanças.

Milhares de adultos solteiros esperam alguém como você para lhes dar um copo de água viva.

NOTA

1. George BARNA, *Single Adults*, Ventura: Issachar Resources, 2002, p. 8.

7

Ausência do pai numa geração perdida: a oportunidade do pastor

Timothy B. Bayly

O que mais agradeço ao Senhor não é nenhum ato, mas o sentido que seu ser vivente criou de que a Paternidade está no cerne do mundo.
George MacDonald[1]

Alguns anos atrás, quando iniciei o ministério, sentei-me em um pequeno café para ouvir o filho de um membro de uma importante igreja. O rapaz sintetizou seu relacionamento com o pai:

— Nada do que eu fazia o agradava.

Já próximo dos 30 anos, esse filho era uma dessas pessoas que parece nunca se dar bem na vida: divorciado, incapaz de estabilizar-se num trabalho; seus filhos, semana após semana, eram levados de cá para lá, de um lar desfeito para outro.

Ele comparecia à igreja apenas no Natal e na Páscoa, portanto nosso encontro naquele café da manhã foi praticamente a única oportunidade que tive. Seus olhos revelaram o último brilho do que já fora uma chama ardente do anseio paterno — Deus põe no coração de todos os seus filhos esse anseio. Nenhum de meus professores de seminário mencionara esse anseio, e eu não tinha a menor idéia de como oferecer cura àquela alma. Incapaz de responder a essa tristeza, permaneci em silêncio.

Seis anos mais tarde, outro jovem começou a freqüentar a igreja. Era casado, tinha a casa cheia de filhos e trabalhava para sustentar a família, mas era mulherengo e beberrão. Depois de freqüentar a igreja durante algumas semanas, telefonou-me no meio da semana e pediu que orasse por ele, pois queria parar de beber. Confessando o pecado, explicou-me que seu pai sempre lhe dissera que ele jamais seria alguém na vida.

— Queria provar a meu pai que ele estava errado, mas ele morreu antes de eu conseguir — afirmou.

Canções escritas sobre o amor não correspondido de um homem por uma mulher existem às dezenas, mas quando Harry Chapin cantou Cat's in the Cradle, as lágrimas de uma criança sem pai marcou a consciência de uma nação inteira.

A igreja em que atualmente sirvo fica numa comunidade universitária, desse modo temos um fluxo contínuo de alunos que ingressam em nossa congregação. Não são poucos os jovens que lutam com questões de identidade sexual, até mesmo desejos homossexuais. Qual é o denominador comum desses homens? Anseiam por um pai.

Esses exemplos não são a negação da influência formativa das mães na vida dos meninos, mas o dano sofrido pelas crianças criadas num lar cujo pai é ausente, cruel ou indiferente é uma ferida aberta na igreja. Quando um pastor passa a ter mais consciência dessa tragédia, passa também a amar mais a promessa contida no encerramento do Antigo Testamento:

> Vejam, eu enviarei a vocês o profeta Elias antes do grande e temível dia do SENHOR. Ele fará com que os corações dos pais se voltem para seus filhos, e os corações dos filhos para seus pais; do contrário, eu virei e castigarei a terra com maldição (Ml 4.5,6).

Deus cuida do laço que une pais e filhos, e seus servos precisam compartilhar esse compromisso do Senhor. A recuperação da paternidade na igreja, no lar e na sociedade não deve ser outorgada apenas aos cientistas sociais ou ao dr. James Dobson, antes tem de ser central no planejamento estratégico da igreja uma vez que esta dá testemunho do Pai, do Filho e do Espírito Santo.

O que é paternidade e por que ela é importante? Esse assunto é inesgotável, mas focalizaremos dois aspectos da paternidade: a paternidade de Deus na criação e a dos pastores e presbíteros na igreja, o lar da fé.

DEUS PAI, DE QUEM TODA A PATERNIDADE SE ORIGINA

Para apreender o significado e propósito da paternidade, temos de começar com a paternidade de Deus. Nosso Senhor ensinou-nos a orar: "Pai nosso, que estás nos céus...".

Quando nos dirigimos a Deus como "Pai", estamos confessando que ele é o Pai arquetípico, aquele que cunhou sua paternidade em toda a criação. Essa é a importância da afirmação do apóstolo Paulo: "Por essa razão, ajoelho-me diante do Pai [*pater*], do qual recebe o nome toda a família [*patria*] nos céus e na terra" (Ef 3.14,15; grifos do autor).

Observe que Deus não recebe da Terra o nome de Pai, mas a Terra recebe do céu o nome de pai. O saudoso F. F. Bruce escreveu: "Deus é o arquétipo de Pai, qualquer outra paternidade é uma cópia mais ou menos imperfeita de sua paternidade perfeita".[2]

Há uma década, perguntaram a Carl F. H. Henry qual doutrina, dentre as que ensinava, mereceria mais a atenção dos jovens teólogos evangélicos. Ele respondeu: "Primeiro, a doutrina de Deus. A teologia evangélica tem a tendência de tratar de forma devota a teologia de Deus. Isso em si certamente não é um disparate, mas passa a ser se for negligenciada a importância intelectual dessa doutrina no conflito contemporâneo de idéias".[3]

Isso fica mais evidente na doutrina da paternidade de Deus. Quando oramos: "Pai nosso", meditamos no privilégio da filiação que compartilhamos com todos aqueles que Deus adota, como também pregamos o sacrifício de amor do Pai quando enviou seu Filho unigênito para morrer pelo homem pecador; mas nosso foco na paternidade de Deus raramente vai além da devoção pessoal. Seríamos pressionados a definir seu significado e importância, isso sem mencionar sua defesa, uma vez que a guerra acerca da sexualidade se intensifica ao nosso redor.

No centro das batalhas atuais em torno da sexualidade está a natureza masculina e a feminina, mas os líderes cristãos parecem cegos para o fato de que a doutrina da paternidade de Deus e a doutrina do homem ou permanecem juntas ou caem juntas. Os tradutores da Bíblia garantem prontamente que não houve mudança alguma em relação à paternidade de Deus e à filiação de Jesus Cristo na mais recente versão, mas algumas traduções cortaram a marca masculina em centenas de textos, apagando a manifestação da paternidade de Deus na vida do homem.

A linguagem referente à paternidade não é meramente um hábito humano que pode ser eliminado. Essa linguagem é decreto de Deus, enraizado na sua natureza e, portanto, universalmente ligada à sua criação. David Lyle Jeffrey comenta:

> Em termos *teológicos* [...] "Deus-Pai" não é, na realidade, uma metáfora — pelo menos não na mente dos escritores da Bíblia, nem na dos primeiros intérpretes da tradição cristã. [...] Conforme Jaroslav Pelikan expõe: "Usar o nome Pai para Deus *não* era [...] uma figura de linguagem. Foi apenas devido ao fato de Deus ser o Pai do Filho-*logos* que o termo "pai" pôde também ser aplicado aos pais humanos e, quando usado em referência a estes, *era* uma figura de linguagem" (grifos do autor).[4]

João Calvino, de forma semelhante, escreveu: "É costumeiro [...] que os nomes de Deus sejam transferidos às criaturas desde que ele exerça o seu poder nelas. Portanto, apenas ele é o Senhor e Pai, mas elas também são chamadas de pais e senhores a quem ele dignifica com essa honra".[5] Hendrikus Berkhof acrescenta: "Quando certos conceitos designam Deus, não são usados figurativamente, mas em seu sentido primeiro e mais original. Deus não é, 'por assim dizer', um pai; ele é o Pai de quem provém toda paternidade na Terra".[6]

Que glória termos recebido o privilégio de poder nos aproximar do Deus vivo em oração: "Pai nosso, que estás nos céus!".

Esquecemos que o terrível abismo foi atravessado para nós por nosso Senhor, que dá a todos que acreditam nele o poder de se tornarem filhos de Deus. Mas esse abismo fica em foco quando paramos para considerar, por exemplo, o mundo islâmico. Se tivéssemos de ignorar a idolatria islâmica e afirmar que Alá é o Deus de Abraão, Isaque e Jacó, conforme uma colocação feita em reunião ecumênica para mais de 100 mil pessoas, na Berlim da ex-Alemanha Ocidental, em 1989, isso seria uma súbita tomada de consciência de uma situação desagradável.

Um dos líderes protestantes, o professor Anthony Wessels, de Amsterdã (Holanda), pediu um espírito de união entre todas as religiões: "Espero que todos nós sejamos mulçumanos e vivamos em submissão ao Deus único. E espero que todos nós sejamos cristãos e sigamos Jesus".

No entanto, da parte de uma convidada islâmica, a teóloga Nigar Yadim, não havia tanta falta de clareza em relação à natureza do Deus islâmico e cristão, pois ela anunciou que se opunha às misturas de religiões: "Não posso fazer a oração do Pai-nosso do cristianismo, pois o islamismo não concebe Deus como Pai".[7]

A paternidade de Deus é uma peculiaridade da visão cristã, revelada pelo céu e dada a nós como conforto para aqueles que crêem no Filho unigênito do Pai. Que verdade preciosa é essa para todos os cristãos, particularmente os que jamais conheceram qualquer manifestação benevolente de paternidade em sua família humana. Nós, cristãos, devemos regozijar-nos de nossa liberdade de conhecer Deus como Pai; temos de lutar pela proteção dessa característica divina e por todas as suas manifestações na linguagem das Sagradas Escrituras, na adoração e na vida. Muitas forças estão alinhadas contra essa beleza. Temos de estudar essas forças e de nos opor a elas pelo poder do Espírito Santo, ao perceber que essa batalha é apenas mais uma área em que a heresia feminista sitia a verdade de Deus.

Entretanto, temos também de trabalhar para apresentar a paternidade viva ao mundo, a qual aponta para Deus. Há muitos pontos em que essa paternidade pode ser demonstrada, mas para os filhos e filhas roubados dessa paternidade na infância é mais importante que ela seja restaurada "... na casa de Deus, que é a igreja do Deus vivo, coluna e fundamento da verdade" (1Tm 3.15).

PATERNIDADE NA CASA DA FÉ

Iniciei, há alguns anos, uma série de sermões sobre os dez mandamentos e, ao chegar ao quinto mandamento, "Honra teu pai e tua mãe", conforme era meu hábito, voltei-me à explanação de Thomas Watson e li: "O rei [...] é o pai político. [E] esses pais têm de ser honrados".[8]

Sentado à minha escrivaninha, um novo horizonte abriu-se conforme pensava nas implicações dessa simples verdade: reis, presidentes, governadores, juízes, oficiais de justiça, prefeitos, diretores, professores e catedráticos trazem a imagem da paternidade de Deus. Presbíteros e pastores são pais conforme o Pai celestial e têm de demonstrar seu caráter enquanto pastoreiam o rebanho do Senhor. Esta é a pergunta 124 do *Catecismo Maior de Westminster*:

> Pergunta 124. Que significam as palavras "pai" e "mãe" no quinto mandamento?
> Resposta: As palavras "pai" e "mãe" no quinto mandamento abrangem não somente os próprios pais, mas também todos os superiores em idade e dons, especialmente todos os que, por sua ordenação divina, estão postos sobre nós em autoridade, quer na Família, quer na Igreja, quer no Estado.

É nessa compreensão da natureza paternal do presbitério que o apóstolo Paulo fundamenta o apelo íntimo à família que faz para a igreja de Tessalônica:

> Pois vocês sabem que tratamos cada um como um pai trata seus filhos, exortando, consolando e dando testemunho, para que vocês vivam de maneira digna de Deus, que os chamou para o seu Reino e glória (1Ts 2.11,12).

Deus dá provisão para todas as necessidades de seus filhos, incluindo a necessidade de um pai de carne e osso, que tornará visível a esses filhos uma pequena porção da perfeição do Pai celestial. Essa paternidade é uma parte crítica do ministério da Palavra e do sacramento, mas também do presbitério.

Desde os primeiros dias em que os filhos de Israel vagavam pelo deserto, quando Moisés, seguindo o conselho de seu sogro, Jetro, selecionou presbíteros para cada grupo de dez pessoas (Êx 18.13-17), até a era apostólica, quando os apóstolos escolheram os presbíteros da igreja em cada cidade (Tt 1.5), aqueles que pertencem a Deus foram estabelecidos na casa da fé, em que o Pai celestial lhes provê os pais espirituais; e estes têm o maravilhoso privilégio de ministrar a seus filhos espirituais.

O apóstolo Paulo ministrou dessa forma aos membros da igreja de Corinto, referindo-se a eles como "filhos" e a si mesmo como pai deles:

> Não estou tentando envergonhá-los ao escrever estas coisas, mas procuro adverti-los, como a meus filhos amados. Embora possam ter dez mil tutores em Cristo, vocês não têm muitos pais, pois em Cristo Jesus eu mesmo os gerei por meio do evangelho (1Co 4.14,15).

Timóteo, que não tinha pai (provavelmente era filho de um pai não-cristão),[9] também recebeu esse ministério. Adotado por Deus, ele foi estabelecido na casa da fé sob os cuidados do apóstolo Paulo, que o corrigiu, repreendeu, incentivou e amou como um pai faz com o filho, referindo-se afetuosamente a Timóteo como "... filho amado, e fiel no Senhor... " (1Co 4.17).

Ainda hoje, todo cristão recebe o dom de ser membro dessa mesma casa, em que lhe é outorgado o privilégio de receber o cuidado paterno dos pastores e presbíteros; e o chamado daqueles ordenados para esses ofícios[10] é estudar esse aspecto do trabalho.

Quando eu estava lendo a autobiografia de Charles Eastman, em que ele relata sua infância passada como índio norte-americano, surpreendeu-me saber que as crianças, ao longo do tempo e através das culturas, copiam os pais, e os filhos copiam os pais e os idosos:

> Que menino não gostaria de ser índio por algum tempo, quando leva em consideração a vida mais livre do mundo? Essa foi a minha vida. Todos os dias havia uma caçada verdadeira. A brincadeira era de verdade. De vez em quando, havia uma dança de cura, bem distante na mata, onde ninguém podia nos atrapalhar e na qual os meninos personificavam os idosos: Touro Bravo, Alce em Pé, Grande Falcão, Urso Curandeiro e outros. Os meninos pintavam-se e imitavam os pais e avós nos mínimos detalhes e com muita fidelidade, pois sempre viram a coisa verdadeira.
>
> Não éramos apenas bons mímicos, mas éramos alunos aplicados da natureza. Estudávamos os hábitos dos animais da mesma forma que você estuda seus livros. Observávamos os homens de nosso povo e os representávamos em nossas brincadeiras, depois aprendíamos a nos equiparar a eles em nossa vida.[11]
>
> Nossos esportes eram modelados pela vida e pelos costumes de nosso povo. Na verdade, praticávamos apenas o que esperavam que fizéssemos quando crescêssemos. Nossas brincadeiras eram proezas com o arco-e-flecha, corridas a pé e montados em pôneis, lutas, natação e imitação dos costumes e hábitos de nossos pais.[12]

De acordo com o Catecismo Maior de Westminster, o quinto mandamento exige a "imitação de suas [dos pais] virtudes e graças".[13] O

Novo Testamento registra uma imitação semelhante. Por exemplo, o apóstolo Paulo diz: "... 'Vocês sabem como vivi todo o tempo em que estive com vocês...'" e "Portanto, suplico-lhes que sejam meus imitadores" (At 20.18; 1Co 4.16). E a carta aos Hebreus ordena: "Lembrem-se dos seus líderes, que lhes falaram a palavra de Deus. Observem bem o resultado da vida que tiveram e imitem sua fé" (Hb 13.7).

Combine essas afirmações com o registro da infância de Eastman e começaremos a ter uma imagem da tarefa que pastores e presbíteros raramente consideram ou ensinam, a saber, que seremos uma assembléia alinhada pelo caráter que preencherá a falta dos pais ausentes e produzirá filhos próprios, que um dia serão eles mesmos pais, quer estejamos conscientes disso, quer não; quer planejemos, quer não. Embora, para seus ouvidos não treinados, possa parecer heresia falar da imitação de alguém que não seja Cristo, aqueles de nós que foram chamados a ser pastores e presbíteros (e isso se aplica às mulheres idosas também[14]) têm de ter conscienciosos nessa tarefa.

Quando reconhecemos que a escolha é, de certa forma, arbitrária, devemos nos concentrar nos dois aspectos da paternidade cuja importância é crítica: disciplina e afeição terna.

DISCIPLINA

Se retornarmos aos homens mencionados no início do capítulo e examinarmos mais aprofundadamente a doença de seu coração, descobriremos que os pais deixaram de prover a disciplina apropriada aos filhos. Isso não quer dizer que os pais nunca os espancaram, nunca bateram neles, gritaram com eles, zombaram deles ou os diminuíram, mas que toda punição que esses filhos receberam foi produto da irritação e da raiva dos pais, mais do que o empenho de formar o caráter do filho. Pode até ser que o pai fosse totalmente passivo, não levantando a voz nem o intimidando, mas permitindo que o jovem tivesse total liberdade para desenvolver-se por bem ou por mal, conforme bem entendesse.

O que se pode dizer de um filho assim? Pela autoridade da Palavra de Deus, precisamos reconhecer que esse filho não é amado pelo pai:

> Na luta contra o pecado, vocês ainda não resistiram até o ponto de derramar o próprio sangue. Vocês se esqueceram da palavra de ânimo que ele lhes dirige como a filhos:
>
> "Meu filho, não despreze
> a disciplina do Senhor,
> nem se magoe
> com a sua repreensão,
> pois o Senhor disciplina a quem ama,
> e castiga todo aquele
> a quem aceita como filho".
>
> Suportem as dificuldades, recebendo-as como disciplina; Deus os trata como filhos. Ora, qual o filho que não é disciplinado por seu pai? Se vocês não são disciplinados, e a disciplina é para todos os filhos, então vocês não são filhos legítimos, mas sim ilegítimos. Além disso, tínhamos pais humanos que nos disciplinavam, e nós os respeitávamos. Quanto mais devemos submeter-nos ao Pai dos espíritos, para assim vivermos! Nossos pais nos disciplinavam por curto período, segundo lhes parecia melhor; mas Deus nos disciplina para o nosso bem, para que participemos da sua santidade (Hb 12.4-10).

Se tivesse de falar com os pastores e presbíteros apenas sobre esse tópico, ficaria contente de convencê-los do testemunho vital do amor, da firme disciplina no corpo de Cristo, apresentada por homens que conheceram e acolheram a disciplina amorosa do Pai celestial.

É possível escrever um livro sobre esse assunto, mas deixe-me apenas apresentar os temas básicos. Em Atos 20 lemos o relato da despedida de Paulo dos presbíteros de Éfeso. Ali, Paulo caracteriza seu trabalho em meio ao rebanho de Éfeso da seguinte forma: Ele "Servi[u] ao Senhor [...] com lágrimas, sendo severamente provado pelas conspirações dos judeus"; ele "não deix[ou] de pregar-lhes nada que fosse proveitoso, mas ensin[ou]-lhes tudo publicamente e de casa em casa"; ele falou sobre o "converter-se a Deus com arrependimento"; e "durante três anos jamais cess[ou] de advertir cada um [...] [deles] disso, noite e dia, com lágrimas" (At 20.19-31). E para resumir sua obra, ele faz esta chocante afirmação: "Portanto, eu lhes declaro hoje que estou inocente do sangue de todos" (v. 26).

Honestamente, quem dentre nós poderia pensar em fazer essa afirmação, de que está inocente do sangue de todos, porque fomos pastores fiéis que avisamos nosso rebanho de casa em casa, noite e dia, com lágrimas? É verdade, o apóstolo Paulo é bem conhecido hoje dos cristãos que crêem na Bíblia; ele é nossa *alma mater*, pois forneceu as grandes doutrinas da igreja. No entanto, embora nossas estantes verguem com o peso dos tratados teológicos que examinam quase todos os aspectos de sua obra, um aspecto dela é negligenciado: a disciplina paterna.

Por que essa negligência? Será porque estamos tentando demonstrar as doutrinas da graça em nossos relacionamentos pastorais? Será porque estamos procurando liderar nosso rebanho para aquele cujo coração é manso e humilde, em quem encontraremos descanso para nossa alma?

Não. Ao contrário, temo que, quase sempre, nosso discurso sobre a graça e, da mesma forma, a negligência à disciplina são produto de nossa aversão ao conflito, de nosso medo de que a freqüência e a doação diminuam e de nosso pavor de perder o cargo.

Richard Baxter compreendeu os pastores quando, em 1656, publicou pela primeira vez sua obra clássica *The Reformed Pastor* [O pastor reformado]. A respeito da negligência dos pastores à disciplina, ele escreveu:

> É triste que homens bons se acomodem por tanto tempo à negligência constante de tarefa tão grande. A queixa comum é: "Nosso povo não está preparado para isso; não suportará a disciplina". Mas será que não ocorre o contrário: não é você que não suporta os problemas e o ódio que isso ocasionará?[15]

Tenha misericórdia do lar e da igreja cujos pais, por não terem amor pelos filhos, os deixam sem o benefício da disciplina. Apiede-se dos filhos que crescem ansiando por essa prova de paternidade.

Há quinze anos, Deus ensinou-me uma lição sobre a relação entre disciplina e carência paterna e, desde aquela época, essa lição tem sido a pedra angular de meu trabalho. Na época, eu era pastor de uma comunidade que atendia duas congregações, distantes cerca de 17 quilômetros uma da outra. Uma delas ficava numa cidadezinha, e a outra, na região rural, ambas espremidas entre fazendas de leite, à beira da rodovia estadual. A igreja da zona rural mantinha na lista de membros famílias que jamais freqüentavam a igreja, exceto talvez em um domingo de Páscoa pela manhã ou na noite de Natal.

Conscientes de nossa responsabilidade bíblica de ir de casa em casa alertando essas pessoas, os presbíteros empreenderam a tarefa com temor e tremor. Assim que organizamos os nomes e as famílias, começamos a visitar cada lar. Trabalhamos com diligência passando nome por nome da lista, falando com cada pessoa sobre sua situação e perguntando se algo ou alguém na vida de nossa congregação a ofendera, levando-a a parar de freqüentar a igreja. Antes de sair, líamos um trecho da Bíblia que se ajustava à ocasião e orávamos pela família, mas também deixávamos claro que esperávamos vê-la na igreja nas semanas seguintes.

Certamente, nenhum dos envolvidos nesse trabalho afirmaria que as visitas foram perfeitas. Nossa seleção da Palavra nem sempre era a melhor, como também não conseguimos demonstrar a profundidade do amor que Cristo demonstrou por seus discípulos. Quando fazíamos nosso trabalho, éramos vasos de barro, mas vasos de barro que buscavam ser fiéis em todas as suas responsabilidades, não apenas nas fáceis. Assim iniciamos a disciplina de nosso rebanho, incluindo os que tinham apenas o nome no rol de membros da igreja e que retornavam toda vez que tinham de batizar seus filhos, ou de casá-los, ou de enterrar os avós, e essa era a vida cristã normal deles e a garantia de proteção eterna para sua alma.

O resultado era previsível. Alguns retornaram imediatamente ao aprisco, onde foram recepcionados com alegria. Outros precisaram de mais um empurrão seis meses ou um ano depois para que retornassem. Outros, ainda, retornaram de início, mas a freqüência passou a ser esporádica, e foram visitados repetidamente; o espírito estava desejoso, mas o corpo era fraco. Alguns nos amaldiçoavam e começaram a fofocar na comunidade, mentindo sobre o que dissemos e como.

Dentre as pessoas que escutaram essa fofoca, algumas telefonaram para os presbíteros, que explicaram não ser intenção de nenhum de nós que essas pessoas deixassem a igreja; na verdade, era justamente o oposto: estávamos tentando restaurá-las à comunhão. Sempre que tínhamos oportunidade, dávamos testemunho de nossa consciência para todos, lembrando à congregação seu compromisso na condição de membro e sua responsabilidade de cumprir esse compromisso. Procuramos as pessoas ofendidas e, com delicadeza, tentamos explicar novamente nossa preocupação e nosso desejo de que retornassem à igreja. Mas isso não ajudava em nada alguns dos que se sentiam ofendidos.

Depois de muitos anos procurando cumprir essa tarefa, chegou o momento de retirar os nomes de dez ou quinze pessoas do rol de membros ativos. A autoridade para proceder dessa maneira cabia ao corpo de presbíteros, mas uma família decidiu comparecer à reunião anual naquele ano e se opôs publicamente à ação desses presbíteros.

Afinal, veio o dia da reunião. Depois de nossa refeição informal, chamei todos para que a reunião iniciasse, e prosseguimos com nosso cronograma. Então, chegou a hora de nosso secretário relatar a lista de membros, e assim a batalha iniciou. A família ofendida ficou em pé e lutou, utilizando toda tática que tinha à mão, e acusou os presbíteros de não serem cristãos nem amorosos, de hipócritas, preconceituosos e até antiamericanos. No entanto, com mansidão e humildade, o secretário (falando em nome de todos os presbíteros) sustentou seu ponto de vista.

Duas coisas resultaram desse acontecimento, uma previsível e outra surpreendente. Previsivelmente, um bom número de pessoas abandonou a igreja. Sabíamos que essa era uma conseqüência provável de nosso trabalho, mas mesmo assim achávamos isso doloroso. À medida que nossa freqüência geral decresceu, um subgrupo começou a crescer até que sua presença na igreja tornou-se a coisa mais notável em nossa comunhão. Todos os domingos de manhã, no lado esquerdo da igreja, da metade para trás, rapazes de 15 a 25 anos começaram a ocupar uma fileira e meia de bancos.

Isso foi surpreendente, uma vez que um bom número desses rapazes não havia crescido na igreja. Percebemos a presença deles e começamos a falar sobre isso, tentando imaginar o motivo que os levara até ali. É verdade, tínhamos um ministério de jovens cheio de vida que ia para muito além de nossa congregação, alcançando os jovens de determinado número de igrejas da comunidade; mas isso vinha acontecendo havia alguns anos e não poderia ser a única razão para o que ocorria. Também tínhamos uma família em nossa lista de membros que morava em uma cidade próxima e ministrava aos jovens de lá, convidando-os à casa e à mesa; mas, de novo, isso já acontecia fazia algum tempo e não poderia ser mais do que uma pequena parte da explicação para esse fato.

Depois, tivemos um lampejo: esses rapazes começaram a freqüentar a congregação depois daquela reunião infame. Ouviram que os pais da igreja estavam disciplinando a congregação, e a carência paterna deles os levou à congregação, onde havia homens reais demonstrando fidelidade na disciplina, com grande custo pessoal.

Em *Momentos decisivos*, meu filme favorito, observamos esse mesmo tema: quando o técnico começa a restaurar a disciplina no time de basquete, as pessoas da cidade rangem os dentes, mas os jogadores ficam enlevados com seu técnico e começam a vencer. Por isso, quando há uma votação para demitir o técnico, os jogadores o defendem, e ele permanece. Enquanto assistíamos a esse filme, minha filha observou que o técnico, como a figura paterna, é a peça central nos filmes sobre esportes.

O propósito da história da lista de membros não era levantar a discussão de que os presbíteros em todo o país deveriam fazer o mesmo. Há muitas formas distintas de governo em nossas congregações, e a ação disciplinar de uma igreja pode ser inadequada numa ou noutra. Ao contrário, conto essa história como testemunho do poder de Deus para utilizar homens pecadores desejosos de ser obedientes à sua obrigação de disciplinar o rebanho de Deus. Ezequiel registra a admoestação que Deus lhe deu como profeta, e essa mesma admoestação tem hoje aplicação direta ao trabalho dos pastores e presbíteros:

> "Filho do homem", disse ele, "eu o fiz sentinela para a nação de Israel; por isso ouça a palavra que digo e leve a eles a minha advertência. Quando eu disser a um ímpio que ele vai morrer, e você não o advertir nem lhe falar para dissuadi-lo dos seus maus caminhos para salvar a vida dele, aquele ímpio morrerá por sua iniqüidade; mas para mim você será responsável pela morte dele. Se, porém, você advertir o ímpio e ele não se desviar de sua impiedade ou dos seus maus caminhos, ele morrerá por sua iniqüidade, mas você estará livre dessa culpa" (Ez 3.17-19).

Não foi Deus quem nos ensinou a natureza disciplinar de nosso amor paterno verdadeiro, como também sua disciplina nos provou que somos filhos adotivos? E Paulo não exortou os presbíteros de Éfeso a serem fiéis na disciplina?

> Cuidem de vocês mesmos e de todo o rebanho sobre o qual o Espírito Santo os colocou como bispos, para pastorearem a igreja de Deus, que ele comprou com o seu próprio sangue. Sei que, depois da minha partida, lobos ferozes penetrarão no meio de vocês e não pouparão o rebanho. E dentre vocês mesmos se levantarão homens que torcerão a verdade, a fim de atrair os discípulos. Por isso, vigiem! Lembrem-se de que durante três anos jamais cessei de advertir cada um de vocês disso, noite e dia, com lágrimas (At 20.28-31).

Então, por que há um silêncio tão opressivo em nossos seminários, em nossas livrarias, nos púlpitos e nos conselhos de igreja sobre a questão da disciplina? Será que os cristãos evoluíram tanto que já não precisam mais dessa prova de amor do Pai celestial?

Se nós tivemos o privilégio de conhecer o amor disciplinador de Deus, permita-nos reivindicar esse mesmo ministério de disciplina para nosso rebanho, entregando a nós mesmos de todo o coração para essa tarefa. E que possamos confiar que os servos do Senhor que fazem o trabalho dele, utilizando as ferramentas do Senhor, jamais deixarão de ter a proteção e a bênção do Pai.

AFETO E TERNURA

Como os homens mencionados no início deste capítulo não tinham a disciplina paterna, conclui-se também que seus pais deixaram de lhes dar afeto e ternura.

Isso não quer dizer que os pais nunca os acarinhassem à noite nem lhes dessem uns tapinhas camaradas no ombro, mas que, à medida que esses filhos cresciam, jamais tiveram o privilégio de refugiar-se no solo fértil de demonstrações claras de afeto — o tipo de coisa que deixa todo filho mortificado ao observar outros pais que fazem isso, pois na verdade desejariam que seu pai fizesse o mesmo.

Em meados da década de 1980, meu pai estava pregando num culto na capela do Wheaton College. Ele mencionou de passagem sua convicção de que os alunos universitários queriam que seus pais os beijassem e abraçassem. Para a surpresa dele, a platéia aclamou em pé seu comentário.

Felizmente, meu pai praticava o que pregava. Ele viajava com freqüência e lembro-me claramente de encontrá-lo no meio de uma multidão em O'Hare, onde jogamos nossos braços em volta um do outro e nos beijamos em frente de centenas de homens formais de terno e gravata. E ali de pé, envolvido pelo abraço amoroso de meu pai, confesso que pensei: *mordam-se, homens, eu amo meu pai, e meu pai me ama.*

Os homens norte-americanos são muito parcimoniosos nas demonstrações de afeto, roubando a seus filhos o calor do contato paterno, tão necessário para o bem-estar emocional destes. Mas não é isso o que as Escrituras nos ensinam.

Examine a Bíblia e observe que suas páginas estão cheias de emoção: lágrimas, afeto e amor. Veja José caindo nos braços de Jacó, chorando de alegria pelo reencontro com o pai (Gn 46.29,30). Observe Jesus chorando à beira do túmulo do querido amigo Lázaro (Jo 11.35); veja-o novamente recebendo (e defendendo) a ministração coberta de lágrimas da mulher pecadora na casa de Simão, o fariseu (Lc 7.36-50); observe-o implorando a seus três discípulos amados que permaneçam acordados, vigiando e orando com ele, quando sua hora se aproximava (Mt 26.36-46). Observe Paulo despedindo-se dos presbíteros, em Éfeso, o último adeus na praia de Mileto. Depois de entregá-los a Deus e passar-lhes as últimas instruções, Paulo "... ajoelhou-se com todos eles e orou. Todos choraram muito e, abraçando-o, o beijavam. O que mais os entristeceu foi a declaração de que nunca mais veriam a sua face. Então o acompanharam até o navio" (At 20.36-38).

Sobre essa cena, João Calvino comenta:

> Quando o Espírito [...] testemunha com lágrimas [...], está condenando o descuido dos que exigem dos cristãos mão de ferro e firmeza desumana. Pois esses supõem falsamente que os sentimentos naturais, implantados por Deus em nós, são apenas manifestações de um defeito. Da mesma forma, a perfeição dos cristãos não depende da rejeição de todos os sentimentos, mas da sujeição a eles e do controle para que sejam manifestados adequadamente.[16]

Que sinais de afeto e ternura nossa congregação percebe entre o pastor e os presbíteros? Haveria alguma ocasião em que poderiam observar uma cena no saguão ou no estacionamento da igreja parecida com a da partida de Paulo, quando se despede dos presbíteros de Éfeso?

De alguma forma, a igreja foi malconduzida ao negar a legitimidade dos sentimentos e emoções. O que temos de fazer com os relatos sobre a afeição terna que permeava a igreja apostólica e que nos foram deixados no Novo Testamento? Paulo, ao falar a Timóteo, seu filho na fé, afirma: "Dou graças a Deus, a quem sirvo com a consciência limpa, como o serviram os meus antepassados, ao lembrar-me constantemente de você, noite e dia, em minhas orações. Lembro-me das suas lágrimas e desejo muito vê-lo, para que a minha alegria seja completa" (2Tm 1.3,4).

A paternidade se autodemonstra com a disciplina e o terno afeto, e os filhos da igreja que cresceram em lares desarranjados e sem amor, onde não receberam a disciplina, respondem aos pais espirituais que os corrigem, os repreendem e os incentivam com afeto e amor.

Na comemoração do Dia dos Pais de 2002, a revista The New Yorker trazia um ensaio autobiográfico do ator Steve Martin. O texto começava assim:

> Ao morrer, meu pai, Glenn Vernon Martin, fez algo que não conseguiu fazer em vida. Reuniu nossa família.
>
> Depois que morreu, aos 83 anos, muitos de seus amigos me disseram quanto o amavam e quanto ele era generoso, extrovertido, engraçado e atencioso. Fiquei surpreso com essas descrições. Lembrava-me dele como um homem bravo. Que eu me lembre, disse-me pouca coisa além de críticas. Em minha adolescência, praticamente não conversávamos, exceto em discussões de mão única — dele em direção a mim. Tenho certeza de que o número de palavras que trocamos poderia ser contado. Em algum momento de minha pré-adolescência, decidi "odiá-lo" oficialmente. Quando ele entrava num cômodo, eu esperava cinco minutos e depois saía [...].
>
> Em geral [...] meu pai era muito crítico em relação a minhas conquistas no mundo artístico. Mesmo depois que ganhei um prêmio Emmy como o autor de The Smothers Brothers Comedy Hour, aos 23 anos, ele me aconselhou a terminar o curso na universidade para ter algo em que me apoiar. Anos mais tarde, meus amigos e eu

o levamos à *pré-estréia* de meu primeiro filme, *O panaca*, e depois fomos jantar. Durante um longo tempo, ele não disse nada. Meus amigos notaram seu silêncio e ficaram petrificados. Finalmente, um de meus amigos perguntou-lhe:

— O que você achou do Steve no filme?

— Bem, ele não é nenhum Charlie Chaplin.[17]

Imagine Martin (ou milhões de rapazes como ele) atravessando a porta da igreja e encontrando nela a comunhão da paternidade de Deus em toda a sua beleza, vivenciada pelos homens mais velhos prontos a oferecer o incentivo e o afeto que o pai de Martin foi incapaz de lhe dar.

Na congregação que lidero, localizada à sombra de uma universidade voltada para a pesquisa, decidimos que uma de nossas prioridades missionárias seria empenhar-nos para formar, treinar e enviar líderes, tanto homens quanto mulheres. Isso acarreta um grande investimento de dinheiro e tempo, e a tarefa é muitas vezes intimidante, mas jamais lamentamos esse compromisso.

Ao longo dos anos, muitos desses homens e mulheres deixaram esta comunidade bem preparados para ser mães e pais espirituais. E embora seja doloroso quando eles saem, imediatamente brota uma nova safra de jovens carentes da paternidade de Deus. Por isso, retornamos aos nossos simples compromissos: grupos de discipulados de manhã cedo e à noite, alunos à volta de nossa mesa de jantar e invadindo nossa sala de estar, rapazes pregando em nossos cultos noturnos... Só Deus conhece a extensão total da colheita que essa obra produz.

CONCLUSÃO

Os que desejam entregar-se a essa obra não podem, todavia, ser ingênuos. Há alguns indivíduos em nossa congregação que, devido à influência destrutiva dos pais, padrastos, professores e pregadores, se endureceram por causa do ódio que dirigiram à paternidade. Mas a paternidade não é para os tímidos. Como bem já se disse: "Há apenas um aventureiro no mundo... o pai de família. Até os mais encarniçados aventureiros não são nada comparados com ele".[18] Ainda no tópico da sensibilidade pastoral, os líderes são tentados a fazer concessões ao espírito de nossa época, mas nossa coragem não deve fraquejar.

O ponto central da confusão sexual de nossa sociedade é a rebelião contra a paternidade de Deus, mas aqueles que vêm Deus e o adoram como ele é, não como gostariam que fosse, têm de encontrar e abraçar litúrgica, confessional e eclesiasticamente a paternidade do Senhor. Recusar-se a adorá-lo como Pai, Filho e Espírito Santo é idolatria.[19]

Desse modo, o pastor fiel levará seu rebanho a confessar junto com todos os demais cristãos do mundo: "Creio em Deus Pai todo-poderoso". Depois de levá-los a essa confissão, o pastor trabalhará arduamente para disciplinar e amar seu rebanho até o fim, para que cresça no amor pelo Pai, de quem toda paternidade se origina. A carência do pai presenteia os cristãos com uma oportunidade maravilhosa de testificar que a paternidade está, na verdade, "no cerne do mundo". Que possamos confessar essa convicção com sensibilidade e coragem, recusando-nos à desonra de nos desviar desse caminho.

NOTAS

1. Da dedicatória a seu pai, escrita à mão e não publicada em seu primeiro livro, *Within and Without*, em 1857.
2. "Efésios 3.14 provavelmente significa que Deus é o 'Pai [*pater*], do qual recebe o nome toda a família [*patria*] nos céus e na terra', [...] toda pátria recebe, portanto, esse nome cuja origem é *pater*." Colin BROWN, (Ed.), *The New International Dictionary of New Testament Theology*, 3 v., Grand Rapids: Zondervan, 1976, s.v. "Name", por Frederick Fyvie Bruce, v. 2, p. 655.

3. Interview of Carl F. H. Henry, *Theological Student's Fellowship Bulletin*, março-abril de 1987, p. 16-19.
4. Inclusivity and our language of worship, *Reformed Journal*, ago. 1987.
5. Comentário sobre Colossenses 1.16.
6. Apud Donald G. BLOESCH, *The Battle for the Trinity:* The Debate over Inclusive God-Language, Ann Arbor: Servant, 1985, p. 25.
7. Hardold O. J. BROWN, *The Religion and Society Report*, ago. 1989, v. 6, n. 8, p. 3.
8. *The Ten Commandments*, Carlisle: Banner of Truth, repr. 1981, p. 122.
9. "Recordo-me da sua fé não fingida, que primeiro habitou em sua avó Lóide e em sua mãe, Eunice, e estou convencido de que também habita em você" (2Tm 1.5).
10. Os batistas e congregacionalistas podem ter uma compreensão similar da tarefa do diácono.
11. *From the Deep Woods to Civilization Including Excerpts from Indian Boyhood*, Chicago: R. R. Donnelley and Sons (Lakeside Press), 2001, p. 7.
12. Ibid., p. 43.
13. *Catecismo Maior de Westminster*, pergunta 127; obrigado, Phil Henry.
14. Tito 2.3-5 indica a responsabilidade das mulheres mais velhas de ensinar as mais jovens da igreja.
15. Carlisle: Banner of Truth, 1974, p. 47.
16. Comentário sobre Atos 20.37.
17. The Death of My Father, *The New Yorker*, 17 e 24 jun. 2002, p. 84.
18. Charles PEGUY apud James BEMIS, *The Wanderer*, 6 jun. 2002.
19. Para uma discussão útil sobre a natureza confessional de referir-se a Deus como Pai, veja Donald G. BLOESCH, *The Battle for the Trinity:* The Debate over Inclusive God-Language.

8

A cerimônia de casamento: pedra angular na edificação de famílias dedicadas a Deus

TIMOTHY B. BAYLY

Recentemente, a srta. Manners repreendeu os pastores pelo tratamento apático que dedicavam à cerimônia de casamento:

> Na casa de adoração, que figura representa a autoridade maior: o presidente do corpo de clérigos ou a coordenadora de casamentos?
>
> A srta. Manners não achava que essa fosse uma questão protocolar delicada. Ela estava enganada. Todos têm a resposta errada.
>
> A coordenadora de casamento, quer seja profissional, quer seja apenas a pessoa que se casa, pensa que é a autoridade. E, se os clérigos não verbalizam concordância, um número surpreendente delas comporta-se como se fosse isso mesmo.
>
> — Não há nada que se possa fazer — lamentam, quando reconhecem que alguns dos arranjos os surpreendem pela falta de dignidade, quando não são um sacrilégio. — É isso o que as pessoas querem hoje.
>
> É lógico. As pessoas querem cometer todo tipo de pecado, não apenas contra a etiqueta, mas isso não quer dizer que o clérigo precise fechar os olhos. Eles mesmos podem ser tentados a fazer a coisa

errada pela nobre causa em benefício do aumento de renda ou da popularidade para sua congregação, mas espera-se que eles resistam à tentação...[1]

As Escrituras fornecem poucos relatos de cerimônias de casamento no período bíblico. Mas considere o que a narrativa do casamento de Rebeca e Isaque diz em relação ao casamento cristão:

> Certa tarde, saiu ao campo para meditar. Ao erguer os olhos, viu que se aproximavam camelos. Rebeca também ergueu os olhos e viu Isaque. Ela desceu do camelo e perguntou ao servo: "Quem é aquele homem que vem pelo campo ao nosso encontro?". "É meu senhor", respondeu o servo. Então ela se cobriu com o véu. Depois o servo contou a Isaque tudo o que havia feito. Isaque levou Rebeca para a tenda de sua mãe, Sara; fez dela sua mulher, e a amou; assim Isaque foi consolado após a morte de sua mãe (Gn 24.63-67).

Matthew Henry, comentando esse texto, escreveu: "Rebeca comportou-se de forma conveniente quando encontrou Isaque: ao saber quem ele era, ela desceu do camelo, pegou um véu e cobriu-se, sinal de humildade, recato e sujeição".

Semelhantemente, Calvino escreveu: "Moisés também diz que ela pegou um véu: sinal de humildade e recato. Daí também se origina a palavra latina que significa casar-se, pois o costume era entregar a noiva ao marido coberta com um véu. Não tenho a menor dúvida de que esse mesmo ritual também era observado pelos pais. Quanto mais escandaloso e menos passível de desculpas, assim é a licenciosidade de nossa época, em que a indumentária das noivas parece ser propositadamente elaborada para fomentar a subversão de todo recato".[2]

Que contraste com nossa cultura de casamento, em que as noivas parecem competir umas com as outras pela duvidosa honra de ter a maior festa de casamento, o corpete mais decotado ou a grinalda de flores mais charmosa. Lembro-me do dia em que fiquei em minha sala de estar, rindo diante da cena de uma limusine tão comprida que recebeu uma batida de frente de um carro mais antigo à entrada da igreja, quando este deu um tranco por causa da partida no motor com a marcha engatada. Que pastor não sente a necessidade de alívio do consumo ostensivo dominante nos casamentos que realizamos?

Entretanto, se as graças espirituais do recato, da submissão e da fidelidade estiverem ausentes dessa cerimônia, não podemos pôr a culpa em ninguém, a não ser em nós mesmos. Os pastores precisam considerar o fato de que somos responsáveis pelo abandono daqueles elementos eternos da cerimônia de casamento que levam a noiva e o noivo, assim como os familiares e todos ali reunidos, a ter pensamentos solenes sobre os mandamentos de Deus em relação ao casamento e a pleitear a sua graça para cumpri-los. Nessas condições, não é de admirar que muitos casamentos acabem se dissolvendo.

A sabedoria que Deus, em séculos passados, deu à igreja pode ajudar-nos em relação à cerimônia de casamento nos dias de hoje. Por centenas de anos, os pastores presidiram a cerimônia de casamento de tal forma que Deus, quem instituiu o casamento, fosse honrado e a sua Palavra proclamada. Tomava-se muito cuidado para "amarrar" todos os acontecimentos com precisão para que nada fosse deixado ao acaso. No entanto, por meio da familiaridade deles com as palavras da cerimônia, era apresentada a cada geração a verdade eterna de Deus, que governa a união de homem e mulher.

Vamos examinar partes da cerimônia de casamento mais comumente realizada no mundo ocidental há quase cinco séculos. Essa cerimônia estrutura-se a partir de várias fontes, dentre elas o ritual *Sarum,* do século XIII, introduzido pelo arcebispo anglicano Thomas Cranmer.[3] Publicado pela primeira vez em 1549, no *Livro de oração comum*, o conteúdo dessa cerimônia encontra eco nos livros de culto batista, bem como nas abreviadas cerimônias no jardim, matéria-prima de filmes de Hollywood.

A FORMA DE SOLENIZAR O MATRIMÔNIO [4]

Instruções: primeiro, os proclamas (anúncios de casamento a serem realizados, lidos na igreja) têm de ser publicados por três domingos nos cultos da manhã e da noite, e as pessoas devem ser apresentadas, conforme a maneira habitual. E se as pessoas que pretendem casar-se pertencem a igrejas locais distintas, os proclamas têm de ser publicados nas duas, e o pároco de uma paróquia não pode solenizar o matrimônio deles sem um certificado de que os proclamas foram publicados três vezes também pelo pároco da outra paróquia. No dia marcado para a solenidade do matrimônio, as pessoas que contrairão núpcias devem se apresentar ao corpo da igreja ao de amigos e vizinhos. E ali o sacerdote deverá assim dizer...

Local e hora

É afirmado claramente no início da cerimônia que o casamento não é secreto nem clandestino; a noiva e o noivo farão seus votos em que tanto Deus quanto a congregação reunida serão suas testemunhas, e qualquer violação futura desses votos carregará o peso da condenação implícito nesse testemunho. De fato, a Bíblia lembra-nos de que "o SENHOR é testemunha" da aliança de casamento "entre você e a mulher da sua mocidade" (Ml 2.14). Entretanto, durante toda a Idade Média, homens e mulheres procuraram evitar que sua união matrimonial fosse submetida ao escrutínio público. Ao aceitar acordos matrimoniais secretos ou casamentos "clandestinos", por uma série de razões, alguns queriam evitar o escrutínio público implícito na leitura dos proclamas, pois sabiam que a escolha do cônjuge era proibida pelas leis do incesto ou consangüinidade. Outros buscavam escapar à prestação de contas por causa das promessas de casamentos feitas anteriormente a um homem ou a uma mulher diferente daquele com quem tinha intenção de se casar. Outros ainda desejavam apenas evitar os gastos com uma grande festa para os que comparecessem à cerimônia.

Qualquer que fosse a razão, tanto as promessas informais de casamento quanto as cerimônias de casamento clandestinas eram a causa de conflitos intermináveis, e tanto as autoridades civis quanto eclesiásticas faziam o melhor para pôr fim a tais práticas. Considere as seguintes afirmações feitas por John Donne em um sermão de casamento que pregou em 1621:

> Como o casamento é um contrato civil, ele tem de ser realizado em público, para que assim possa ter o testemunho dos homens. Como o casamento é um contrato religioso, ele tem de assim ser realizado para que possa ter a bênção do sacerdote. [Sem o testemunho público nem a bênção religiosa] a união não passa de um adultério regulamentado, mas não é casamento.[4]

Um casamento apropriado só poderia ser celebrado após a publicação dos proclamas por três semanas consecutivas nas comunidades onde a noiva e o noivo residiam, fornecendo, assim, àqueles que soubessem de qualquer impedimento para o casamento a oportunidade ampla de se apresentar. Se perdessem essas oportunidades, a cerimônia do casamento em si fornecia-lhes uma oportunidade última de falar ou de calar-se para sempre.

Havia pastores e sacerdotes que, por uma taxa, concordavam em oficializar casamentos clandestinos. Cidades maiores, como Londres, por exemplo, ofereciam esse anonimato por intermédio de clérigos conhecidos por sua flexibilidade. Até os clérigos locais, dependendo da ocasião, como também a troco de certa quantia de dinheiro, eram conhecidos por fechar os olhos aos casamentos celebrados de manhã bem cedo ou bem tarde da noite, distantes dos olhos inquiridores da comunidade. No entanto, eles oficializavam esses casamentos correndo algum risco em relação à sua posição, uma vez que tais cerimônias clandestinas violavam a lei da igreja.

Os casamentos eram assuntos públicos, que envolviam não apenas a união de um homem e uma mulher, mas duas famílias inteiras e suas respectivas comunidades. A noiva e o noivo deveriam casar-se de forma que garantissem a saúde e a continuidade não apenas de ambas as casas e famílias, mas também da igreja e da comunidade civil.

Até hoje, não há dúvida de que a fuga com o namorado produz um casamento válido, mas com risco considerável para o futuro bem-estar do casal e de seus filhos. A noiva e o noivo que fazem isso querem evitar, intencionalmente, a coreografia do ritual do casamento, o qual, em grande parte, busca assegurar maior oportunidade para uma união harmoniosa de dois sistemas familiares e suas respectivas comunidades. Apesar de todas as piadas feitas à custa da mãe da noiva, não há como fugir dela depois da cerimônia, e os casamentos apresentam uma excelente oportunidade para lidar com as primeiras tensões desse casamento em um contexto que viabiliza uma possibilidade maior de sucesso. Os convites são enviados; os presentes, comprados; as férias, alteradas; pense em como seria embaraçoso adiar ou cancelar o grande evento. Ao demonstrar, mais uma vez, que a cerimônia de casamento une duas comunidades inteiras e não apenas o noivo e a noiva, muitos dos primeiros reformadores (incluindo Calvino, Knox bem como o primeiro *Livro de adoração* escocês) realizavam o casamento no contexto da adoração conjunta no dia do Senhor, logo antes do sermão.[5] Cranmer também começa a cerimônia com a simples instrução de que "as pessoas que contrairão matrimônio devem vir ao corpo da igreja, com os amigos e vizinhos", e todas as coisas são feitas "à vista do Senhor e diante de sua congregação".

> Queridos e amados amigos, nós nos reunimos hoje aqui à vista de Deus e diante de sua congregação para unir esse homem e essa mulher pelos laços sagrados do matrimônio, que é uma união que deve ser honrada, pois foi instituída por Deus no paraíso, à época da inocência do homem, e que significa para nós a união mística entre Cristo e a sua igreja: foi essa celebração sagrada que Cristo adornou e embelezou com sua presença e nela fez seu primeiro milagre, em Caná, da Galiléia, e foi ordenado por Paulo que essa celebração fosse honrada por todos os homens; portanto, não se deve firmar esses laços nem

aceitá-los de forma inadvertida, leviana ou arbitrária, apenas para satisfazer os desejos e apetites carnais do homem como as bestas brutas que não têm compreensão: ao contrário, devem ser aceitos de forma reverente, discreta, ponderada, sóbria e em temor a Deus.

Palavras de praxe

A cerimônia de casamento, da mesma forma que é prática comum no batismo e na ceia do Senhor, inicia também com a citação dos precedentes bíblicos para esse culto de adoração, e em cada um dos casos esse fundamento bíblico é mencionado como as "palavras de praxe". Embora os pais da reforma rejeitem a posição de sacramento reivindicada para o casamento pela Igreja Católica Romana, os casamentos protestantes continuam a ser celebrados na igreja,[6] os quais são introduzidos por um breve sumário dos fundamentos escriturais para o casamento.

"O matrimônio [...] é uma união que deve ser honrada, pois foi instituída por Deus no paraíso, à época da inocência do homem." Portanto, faz parte do plano perfeito de Deus, não de algum compromisso de segunda ordem, surgido após a queda. Que tema maravilhoso para apresentar em uma época na qual o casamento está sendo redefinido na lei civil, em que sua estabilidade e sua heterossexualidade são negadas! Ao apontar para a assembléia reunida que a instituição do casamento aconteceu no "paraíso", quando o homem ainda era "inocente", ajuda-nos a relembrar que o casamento, desde o princípio, tem sido heterossexual e que todos os atributos do casamento foram preservados ao longo do tempo, pois não são produtos do pecado, mas dons graciosos do Pai que "faz raiar o seu sol sobre maus e bons" (Mt 5.45).

Nem a heterossexualidade, nem a monogamia para a vida toda, nem a autoridade do marido são princípios ordenados apenas às pessoas em aliança com Deus; antes, ao terem sido instituídos no jardim do Éden, eles são ordenados a toda a humanidade. Embora não possamos esperar que aqueles sem o Espírito de Deus demonstrem em seu casamento o amor abnegado e sacrificial de Cristo pela sua igreja, não podemos ceder aos esforços atuais para privar o casamento de suas características fundamentais, conforme ordenadas por Deus. O poeta francês Charles Peguy escreveu: "Jamais saberemos quantos atos de covardia foram motivados pelo medo de aparentar não ser suficientemente progressista".[7]

É ordenado a todos os povos e nações que o marido seja a autoridade no casamento monogâmico, e que este dure a vida toda e seja heterossexual. Os juízes, os legisladores e os cidadãos cristãos têm de trabalhar não apenas para proteger essas verdades das transgressões das leis civis, mas também proclamá-las francamente nas praças públicas como testemunhas fiéis do Senhor e da sua verdade.

Advertência

Ao avisar sobre "o desejo e apetite carnais do homem como as bestas brutas que não têm compreensão", a cerimônia lembra àqueles reunidos que o homem foi feito à imagem de Deus e que esse passo do casamento para a vida toda deve ser dado com toda a cautela e em "temor a Deus". Há momentos para lembrar os cristãos da autoridade de Deus e das conseqüências do ato de lidar levianamente com as suas leis. A Bíblia alerta sobre o perigo de fazer votos de forma leviana,[8] e hoje os votos matrimoniais precisam, novamente, ser feitos no contexto da admoestação das Sagradas Escrituras: "Terrível coisa é cair nas mãos do Deus vivo!" (Hb 10.31).

Muitos casamentos realizados nas igrejas evangélicas são caracterizados mais pela eloqüência, pelo romantismo e pelo sentimentalismo do que pela sobriedade e pela reverência aqui ordenadas. Por certo, há tempo e local para as celebrações alegres, mas qualquer pessoa casada, há mais do que apenas alguns dias, já reconhece, ao fazer esses votos, que precisa cunhar neles as responsabilidades e tarefas que, desse momento em diante, serão suas parceiras constantes. Esse culto de adoração tem de ser caracterizado por lembranças firmes e sérias dos atributos transcendentes de Deus e de nossa dependência necessária nele para a fidelidade.

Assim que a noiva e o noivo saem da cerimônia religiosa, a festa pode começar, e espera-se que ela seja afetuosa e alegre como o casamento em Caná, em que o nosso Senhor estava presente. E embora a alegria esteja também presente na cerimônia, a nota principal ali deve ser a reverência santa conforme meditamos sobre a natureza dos votos que estão sendo feitos. Que todos nós nos ajoelhemos diante de Deus, reconhecendo nosso pecado e implorando a ele que nos dê a graça para obedecer àquilo que nos ordena.

> Considerando devidamente as causas pelas quais o matrimônio foi ordenado. Primeiro, a procriação, em que os filhos devem ser criados no temor do Senhor e devem louvar a Deus. Segundo, ele foi ordenado como remédio contra o pecado e para evitar a fornicação, para que as pessoas casadas possam viver castamente no matrimônio e possam permanecer membros imaculados do corpo de Cristo. Terceiro, o convívio, a ajuda e o conforto mútuos que um deve proporcionar ao outro, tanto na prosperidade quanto na adversidade. Conforme esses laços sagrados, estas duas pessoas aqui presentes são agora unidas em matrimônio.

Os três propósitos do casamento

Parte de uma abordagem sábia e reverente ao casamento leva, na cerimônia, à recitação da intenção de Deus para essa união. Historicamente, a igreja reconhece três propósitos ensinados na Bíblia, os quais aparecem nas declarações de fé protestantes há muitos séculos. Aqui elas são resumidas pela *Confissão de fé de Westminster*:

> O matrimônio foi ordenado para o mútuo auxílio de marido e mulher, para a propagação da raça humana por uma sucessão legítima e da Igreja por uma descendência consagrada, e para impedir a impureza.[9]

É desencorajador observar tantas cerimônias contemporâneas de casamento que não têm qualquer afirmação desses propósitos. No passado, um desses propósitos foi ocasionalmente deixado fora da cerimônia, não por causa de qualquer oposição a seus fundamentos bíblicos; ao contrário, alguns líderes eclesiásticos, em razão de escrúpulos com relação às referências explícitas à sexualidade, deixaram de mencionar: "para impedir a impureza".[10] Mas, mesmo assim, ninguém jamais imaginaria deixar fora da cerimônia todas as menções dos propósitos que Deus ordenou para o matrimônio. Nos dias de hoje, há um tipo diferente de ataque aos propósitos do casamento, e esse ataque parece ter o poder de resistir.

Enquanto servia como pastor na principal Igreja Presbiteriana (EUA), eu estava estudando nosso *Livro de confissões* e descobri que o capítulo sobre o casamento da *Confissão de Westminster* fora alterado; em 1953, havia sido apagada toda referência à "propagação da raça humana [...] e da igreja por uma descendência consagrada".[11] Desde que fiz essa descoberta, tenho pensado com freqüência se nossa relutância para afirmar os propósitos bíblicos do casamento não está ligada a nosso mal-estar com a posição que a fertilidade ocupa no plano de Deus para a sexualidade.

Por décadas, discursos bombásticos têm sido proferidos contra os cristãos pelo teor de sua crença de que o único propósito legítimo da intimidade sexual é a procriação, e muitos estudiosos afirmam que os pais da Igreja acreditavam que o sexo era desprezível. Adicione a isso pressões seculares para diminuir a fertilidade em face da ameaça de superpopulação, e os cristãos comumente abandonam qualquer menção ao mandamento de Deus: "Sejam férteis e multipliquem-se!", dado no jardim do Éden, bem como a Noé depois do Dilúvio e, posteriormente, a Israel.[12]

Jamais devemos envergonhar-nos com a verdade de Deus, menos ainda nessa área em que a sabedoria humana foi tão claramente refutada. É amplamente reconhecido que a verdadeira ameaça do mundo ocidental de hoje reside na subpopulação, e ninguém está pronto para fazer uma previsão de onde e quando exatamente a taxa de fertilidade cessará seu declínio vertiginoso.[13] Um artigo recente no *The Atlantic Monthly* começou com as seguintes palavras: "Daqui a cinqüenta anos, a população do mundo estará decrescendo, e não há previsão para o fim desse processo [...]. Essa visão está-se tornando amplamente aceita entre os especialistas em população, embora o público continue a focalizar a ameaça do crescimento descontrolado da população".[14]

O plano de Deus é que o sexo não seja considerado principalmente como uma forma legítima de prazer, mas, ao contrário, como uma forma de Deus trazer o marido e a esposa a uma maior união e, por meio disso, propagar (para ele) "uma descendência consagrada" (Ml 2.15). Dessa forma, a fertilidade afirma-se legitimamente como um dos três propósitos do casamento revelados na Bíblia, e os pastores, quando repetem cada um desses propósitos durante a cerimônia de casamento, não estão errados.

> Portanto, se alguém tiver alguma causa justa pela qual eles não possam unir-se legitimamente em matrimônio, que fale agora ou cale-se para sempre.
>
> E também dirigindo-se às pessoas que ele unirá em matrimônio, deverá dizer:
>
> Exijo, e responsabilizo-os por isso (uma vez que responderão por seus atos no temível dia do julgamento, quando os segredos de todo coração serão revelados), que se algum de vocês saiba de algum impedimento pelo qual [a noiva e o noivo] não possam unir-se legitimamente em matrimônio, que confesse agora. Estejam bem certos de que muitos dos que se unem de forma diferente da permitida pela Palavra de Deus não são unidos por Deus nem o casamento deles é legítimo.
>
> E, no dia do casamento, se algum homem alegar qualquer impedimento pelo qual [a noiva e o noivo] não possam unir-se em matrimônio; e com certeza assim afiançar às partes, ou der algo em caução no valor total de tais acusações se a pessoa que for casar afirmar ali que prove sua alegação; então a solenidade pode ser adiada até omomento em que a verdade seja provada.[15]

Leitura final dos proclamas

O pastor fornece, nesse ponto, uma última oportunidade para que os "impedimentos" ao casamento sejam apresentados com o aviso solene de que, embora esses impedimentos possam estar ocultos aos olhos humanos, Deus vê tudo, e qualquer questão secreta — tal como uma promessa de casamento anterior feita em privacidade a outra pessoa que não seja aquela com quem está para se casar — ficará evidenciada no "temível dia do juízo, quando os segredos de todo coração serão revelados".

Por que não se faz uma advertência semelhante hoje? É porque a fornicação não existe em nossas congregações? É porque os rapazes e moças não mais prometem o amor para a vida toda como um prelúdio para os prazeres secretos? É porque as promessas não mais são importantes?

Independentemente da razão, quando um pastor examina a cerimônia de casamento e observa essas palavras estranhas que introduzem uma observação tão terrível em um dia feliz, ele decide rapidamente retirar isso da cerimônia, para grande alívio de todos. Quem, em seu perfeito estado de sanidade, realmente espera um noivo ou uma noiva anunciar uma aliança anterior que os impeça de assumir uma nova? E quem deseja para qualquer noiva o destino de Jane Eyre que, no altar, descobre que o noivo já é casado?

Da perspectiva romântica bastante limitada de Hollywood, essa parte da cerimônia não tem nenhum propósito de dar ao verdadeiro amor uma última oportunidade para falar ou calar-se para sempre. Assim, no final do filme *Enquanto você dormia*, todos nós suspiramos de alívio quando a personagem de Sandra Bullock desistiu de um casamento sem amor para casar-se com seu verdadeiro amor.

Para que não haja nenhuma confusão, o celebrante deve prosseguir e advertir a congregação de que os noivos que se unem "de forma distinta daquela permitida pela Palavra de Deus não são unidos por Deus nem o casamento deles é legítimo". Ou durante a afirmação ou durante o casamento propriamente dito, tenho o hábito de adicionar uma simples explicação em relação a essa parte da cerimônia: independentemente do que os legisladores e os juízes de qualquer Estado ou país decretaram, é a lei de Deus — não a do homem — a palavra final quanto à legalidade de qualquer casamento. Em nossos dias, em que existe divórcio amigável e "uniões" homossexuais, um lembrete de que as leis civis estão subordinadas às leis de Deus é algo apropriado e sábio.

> Se nenhum impedimento for alegado, então o celebrante deve dizer para o homem:
>
> Em nome de Deus, você recebe esta mulher para ser sua esposa, para viver conforme os mandamentos de Deus para o santo matrimônio? Você promete amá-la, confortá-la, honrá-la, respeitá-la na saúde e na doença? E promete renunciar a todas as outras para manter-se fiel a ela por todos os dias de sua vida?
>
> O homem deve responder: Sim.
>
> Então o celebrante deve dizer para a mulher:
>
> Em nome de Deus, você recebe este homem para ser seu marido, para viver conforme os mandamentos de Deus para o santo matrimônio? Você promete amá-lo, confortá-lo, honrá-lo, respeitá-lo na saúde e na doença? E promete renunciar a todos os outros para manter-se fiel a ele por todos os dias de sua vida?
>
> A mulher deve responder: Sim.
>
> Declaração de consentimento

Parece-me que os votos são sempre trocados duas vezes durante a cerimônia do casamento; primeiro aqui, em que é perguntado à noiva e ao noivo se aceitam um ao outro; depois, novamente os votos são trocados alguns minutos mais tarde. Por que a duplicação das promessas?

Ao longo dos séculos, os casamentos consistiam, conforme a concepção vigente, em três elementos não negociáveis: aprovação paterna; o consentimento espontâneo do noivo e da noiva à proclamação dos impedimentos no casamento; e as promessas mútuas, que finalizavam o casamento. Outros elementos foram adicionados, e alguns subtraídos, de acordo com a necessidade da época, mas esses três permaneceram constantes. De forma geral, a permissão dos pais e o consentimento espontâneo do noivo e da noiva eram uma função do contrato de casamento, ao passo que as promessas mútuas significavam o casamento em si, e imediatamente após se declarava o casamento consumado.

Foi entre o contrato de casamento e o casamento que, pelo poder do Espírito Santo, Maria, mãe de Jesus, concebeu. Por isso, durante toda a Idade Média era comum que o contrato de casamento precedesse o casamento cerca de doze meses. O que aconteceu com a cerimônia de contrato de casamento hoje?

A cerimônia de noivado foi comprimida na própria celebração do matrimônio, tomando a forma da declaração de consentimento, quando se pergunta à noiva e ao noivo se estão se casando de livre e espontânea vontade e se realmente têm a intenção de firmar o vínculo. A grande diferença entre a declaração de consentimento e os votos propriamente ditos é que, na primeira, é o celebrante quem faz a pergunta e os noivos respondem e, na segunda, a declaração é feita pelos noivos.

Por isso, até recentemente o processo do consentimento dos pais no casamento, como também o compromisso assumido por homem e mulher juntos de que trocarão esses votos em algum momento futuro, eram conhecidos como contrato de casamento. Mais recentemente, porém, o contrato de casamento foi dividido em duas partes: o noivado, em que os compromissos são muito menores do que no contrato de casamento; e a declaração de consentimento, que agora foi introduzida no início da cerimônia de casamento.

Depois o celebrante deverá dizer: "Quem dá esta mulher em casamento a este homem?".

Transferência de autoridade

Nos casamentos de hoje, há uma ironia evidente na continuação desta pergunta: "Quem dá esta mulher em casamento a este homem?". Embora consideremos que conseguimos lidar com esse arcaísmo ao pedir que o pai responda: "A mãe dela e eu", essa questão, na verdade, vai contra a vertente de nosso individualismo, nosso *ethos* igualitário. Afinal, quem pode dar em casamento a noiva, mas não o noivo?

Como em muitas partes da cerimônia, aqui também as gerações passadas nos transferem seu entendimento bíblico de que o papel do pai está no cerne do lar cristão. O pai Abraão enviou seu servo para procurar uma noiva para seu filho, Isaque, assim como a lei de Moisés decreta que pais e maridos têm o poder de veto sobre os votos de suas filhas e esposas (v. Nm 30.1-9).

Essas leis tornam impossível a uma filha contratar seu casamento contra a vontade do pai e, ainda hoje, quando um pai dá a mão da filha em casamento com as palavras "sua mãe e eu", conscientemente ou não, ele está deixando clara para a comunidade congregacional sua autoridade bíblica. A partir desse momento, o pai transfere a autoridade paterna para o novo homem na vida de sua filha, o marido, que será o "cabeça"[16] da nova casa.

Ao estudar os elementos essenciais do contrato de casamento judeu desde o século V a.C., John J. Collins resumiu-os da seguinte maneira:

> O contrato era um acordo formal entre o noivo e a pessoa que tinha autoridade sobre a noiva [...] [e] o contrato de casamento era acertado com o pai ou a pessoa com autoridade para isso, mesmo quando a noiva fosse madura.[17]

De maneira semelhante, na Idade Média "as mulheres eram 'dadas' em casamento por seu pai ou um amigo adulto, numa silenciosa, mas potente, simbologia da transferência de autoridade".[18] O ministro puritano Richard Greenham considerou essa parte da "um costume saudável na igreja e uma cerimônia tolerável [...] tanto para mostrar a autoridade do pai em relação a ela quanto para testemunhar seu consentimento em entregá-la".[19]

Embora não valha a pena preocupar-se com as minúcias do teor dessa transferência, uma vez que, em sentido real, a mãe da noiva também está renunciando — na verdade, precisa renunciar — a sua autoridade em relação à filha a partir do instante do casamento, é importante destacar aos familiares da noiva que essas palavras têm precedentes bíblicos e comunicam verdades importantes das Escrituras que dizem respeito tanto à necessidade quanto à natureza da autoridade no lar cristão. A propósito desse assunto, não é animador para os que têm compromissos bíblicos observar a renovação da prática dos homens de se dirigirem ao pai de suas escolhidas para pedir a mão da filha em casamento, mesmo antes de garantir a anuência de sua amada e de colocar-lhe um anel no dedo?

É curiosos observar que os reformadores normalmente se referiam à necessidade da permissão paterna para o casamento quando explanavam o quinto mandamento. Por exemplo, observe a pergunta que Francis Turretin dirigiu a seu público numa de suas explanações sobre o quinto mandamento: "A pergunta é: os filhos podem livrar-se da sujeição e obediência devida aos pais e afastar-se da autoridade paterna? [...] Nós negamos isso".[20]

O celebrante recebe a mulher das mãos de seu pai ou amigo: em seguida, o homem toma a mulher pela mão direita e depois os dois fazem um ao outro a promessa de fidelidade:

O homem fala primeiro:

Em nome de Deus, eu, _______, te recebo, _______, para seres a minha esposa de hoje em diante, para conservar-te na alegria e na tristeza, na riqueza e na pobreza, na saúde e na doença, para te amar e cuidar de ti, até que a morte nos separe. E para isso, dou-te a minha palavra e fé.

Em seguida, eles soltam as mãos, e a mulher pega novamente o homem pela mão direita e diz:

Em nome de Deus, eu, _______, te recebo, _______, para seres o meu marido de hoje em diante, para conservar-te na alegria e na tristeza, na riqueza e na pobreza, na saúde e na doença, para te amar e cuidar de ti, até que a morte nos separe. E para isso, dou-te a minha palavra e fé.

Troca de votos

Os votos são o cerne do casamento, e nesse tópico, antes de mais nada, é imperativo que a noiva e o noivo captem o sentido de que ambos não estão se engajando num ato romântico em que a criatividade tem significado preponderante, mas que estão, ao contrário, submetendo-se às épocas que existiram ao longo da história, seguindo, assim, os passos dos que vieram antes deles. Faz algumas décadas que está na moda os casais escreverem suas declarações de consentimento e votos. Esses esforços, no entanto, são pálidos em comparação com aqueles transmitidos a nós por Cranmer e seus predecessores. Considere as seguintes promessas feitas em casamentos de celebridades:[21]

_______, você se dá totalmente para amar _______ procurando fazer o que estiver a seu alcance para ajudá-la(o) a sentir-se feliz e segura(o), tratando-a(o) com gentileza, compreensão e respeito por toda sua vida?

(Kurt Cobain e Courtney Love)

Eu, _______, recebo você _______ como minha (meu) legítima(o) esposa/(marido) para amá-la(o) e estimá-la(o) deste dia em diante.

(Dudley Moore e Heather Thomas)

Eu, _______, recebo você como minha(meu) legítima(o) esposa/(marido), para tê-la(o) e apoiá-la(o) como uma(um) parceira(o) igual em minha vida, a quem dou meu mais profundo amor e respeito. Abro humildemente meu coração a você como um santuário de afeto e paz em que possa encontrar apoio e um refúgio de amor.

(Tom Selleck)

Podem-se dizer duas palavras a respeito desses votos: não têm profundidade e servem para ambos os sexos. Embora cada um de nós já tenha expressado sentimentos semelhantes ao marido ou à mulher, compreende-se que são mais apropriados para cartões de aniversário e aniversário de casamento do que para um voto matrimonial. Obviamente, todos nós queremos "ajudá-la(o) a sentir-se feliz e segura(o)", "tratando-a(o) com gentileza, compreensão e respeito" como um "igual" e abrir "humildemente o coração", mas esse sentimento é lamentavelmente impróprio para manter o fogo do lar aceso ao longo dos anos, quando se mora com um marido alcoólatra ou uma esposa que padece do mal de Alzheimer.

Em tempos como estes, fica claro o significado das palavras "conservar-te na alegria e na tristeza, na riqueza e na pobreza, na saúde e na doença, para te amar e cuidar de ti, até que a morte nos separe. E para isso, eu te dou a minha palavra e fé" — e não há nada que substitua tal declaração.

Como tanto meus pais quanto os de minha esposa foram ordenados para o ministério pastoral, minha esposa e eu ficamos felizes em pedir-lhes que co-oficiassem nossa cerimônia de casamento. Mais ou menos um dia antes do casamento, meu pai veio até mim, em particular, e disse-me que esperava que prometêssemos publicamente que nunca consideraríamos o divórcio como opção em nosso casamento. Depois, ele acrescentou que, se eu não estivesse disposto a prometer-lhe isso, ele não poderia aceitar oficializar meu casamento. Fui imediatamente procurar Mary Lee para contar-lhe o que meu pai dissera.

— Bem, obviamente não esperamos nos divorciar, mas quem sabe o que vai acontecer daqui a muitos anos? — ela replicou.

— Se não fizermos essa promessa, ele não nos casará — expliquei.

Aquela promessa foi feita 26 anos atrás e, ao longo dos anos, repetimos essa história muitas vezes para os casais que enfrentavam problemas no casamento. Somos muito gratos a meu pai, que teve a sabedoria de exigir que fizéssemos publicamente essa promessa de fidelidade para a vida toda, comprometendo-nos a nunca considerar o divórcio como opção. Como todos os casamentos, também o nosso atravessou momentos difíceis; no entanto, independentemente de quão acaloradas fossem as discussões e de quão profundos fossem os momentos de desespero, estávamos livres de qualquer pensamento ou ameaça de divórcio, em razão de nossa promessa pública. Que estabilidade nos foi dada ao ter essa opção totalmente removida de nosso repertório! (E gostaria de acrescentar que os casamentos descobrem um bom número de seus maiores tesouros apenas com o transcorrer do tempo... décadas depois, e não cinco, dez ou mesmo 15 anos.)

A palavra "obedecer"

Existe, no entanto, uma parte da cerimônia de matrimônio de Cranmer que meu pai nunca mencionou e que ainda hoje raramente faz parte sequer da cerimônia mais tradicional. Falo da inserção da promessa de "obediência" que, historicamente, diferenciou a declaração de consentimento e os votos da noiva dos votos do noivo.

Fui ordenado no ministério pastoral em 1983 e oficiei um grande número de cerimônias de casamento antes de tomar conhecimento dessa diferença. Então, em 1995, preparava-me para a celebração do casamento de um casal que se daria em breve, quando a noiva, depois de examinar as partes da cerimônia, perguntou-me se eu faria alguma objeção em acrescentar a seguinte promessa a seus votos matrimoniais: obedecer ao marido.

Fui pego de surpresa. Respondi-lhe que examinaria a questão. Foi assim que comecei meu estudo sobre as cerimônias de casamento. Quanto mais lia, mais ficava convencido de que simplesmente não havia justificativa bíblica para a exclusão da palavra "obedecer" da declaração de consentimento e dos votos da noiva. Qualquer resumo dos ensinamentos bíblicos referentes às responsabilidades da esposa e do marido, de um para o outro, tem de começar com a responsabilidade do marido em "amar" a esposa e a responsabilidade da esposa em "obedecer" o marido. Por essa razão, os ritos cristãos de casamento ao longo da história têm votos para a noiva, que reconhece sua responsabilidade bíblica de honrar o marido e de obedecer-lhe. Após o pedido dessa jovem mulher piedosa, fiz que a promessa de "obedecer" retornasse a seu local de direito, e até hoje toda cerimônia de casamento que oficio inclui a palavra "obedecer" nos votos da noiva.

Sermão

No final da cerimônia, Cranmer inclui um breve resumo dos ensinamentos bíblicos sobre o casamento, os quais o pastor, conforme a instrução, deve ler em voz alta, se por acaso não tiver preparado nenhum outro sermão. Essa homilia não faz nada além de reafirmar os ensinamentos bíblicos de Efésios 5, Colossenses 3 e 1Pedro 3 referentes à responsabilidade do marido de amar a mulher e da mulher de submeter-se ao marido. Que revolução haveria nas famílias cristãs se os pastores proclamassem novamente esses temas bíblicos com a mesma simplicidade! Deveríamos sentir um remorso considerável ao lembrar do número de vezes que exortamos o marido a amar a esposa, enquanto negligenciamos mencionar a concomitante tarefa bíblica de a esposa reverenciar o marido, submetendo-se e obedecendo a ele.

CONCLUSÃO

Reflita nos mandamentos explícitos que Moisés, ao falar em nome de Deus, deu aos filhos de Israel. Eram mandamentos que diziam respeito à responsabilidade deles em continuar com a tradição da Páscoa. Cada parte da comemoração deveria ser mantida intacta, não de forma irrefletida. Ao contrário, toda comemoração e todo ritual tinham de ser acompanhados da explicação completa do significado daquela tradição, que deveria ser passada adiante com disciplina e profundo propósito de pai para filha e de pai para filho:

> Obedeçam a estas instruções como decreto perpétuo para vocês e para os seus descendentes. Quando entrarem na terra que o SENHOR prometeu lhes dar, celebrem essa cerimônia. Quando os seus filhos lhes perguntarem: "O que significa esta cerimônia?", respondam-lhes: É o sacrifício da Páscoa ao SENHOR, que passou sobre as casas dos israelitas no Egito e poupou nossas casas quando matou os egípcios (Êx 12.24-27).

Hoje, como estamos passando adiante as verdades da Palavra de Deus relacionadas à instituição divina do casamento? Mantemos o padrão das palavras firmes em relação aos votos solenes, à perversidade do divórcio, à bênção da fertilidade e dos filhos, à responsabilidade de honrar pai e mãe e às responsabilidades específicas dos maridos e das esposas?

Pergunte a qualquer pessoa nas ruas o que um pastor faz, e ela dirá: "casamentos, enterros e pregação". Pergunte a qualquer pastor nas ruas de qual dessas tarefas ele menos gosta, e ele responderá: "o casamento". Tenho dois irmãos que também são pastores, e meu irmão David adquiriu o hábito de perguntar a grupos de pastores qual é a tarefa de que menos gostam. Ele relata que a maioria deles responde: "casamentos".

Por quê? A razão disso são os lares desfeitos; a ostentação e o orgulho; o materialismo; a preocupação com a aparência, e não com a essência; o enfoque no sentimento, em vez de na verdade; as expectativas irreais; o fato de que nos casamentos, tanto quanto em qualquer outro aspecto do ministério pastoral, pedem-nos que façamos coisas que infringem ou violam nossa consciência. E igualmente até nossa pregação não fica imune, pois sofre com a expectativa de que tudo o que for proferido durante a cerimônia seja totalmente inócuo.

No entanto, a dificuldade da tarefa não serve de desculpa para o trabalhador não cumpri-la. Por causa do ataque em alta escala em nossa sociedade contra as principais doutrinas que regem essa instituição divina (fertilidade, heterossexualidade, monogamia e autoridade paterna), seria de surpreender que nós, pastores, achássemos esse aspecto do trabalho tão desanimador a ponto de desempenhar nossas obrigações com tão pouca vitalidade?

Precisamos restabelecer a compreensão bíblica do casamento, renovando e restaurando essa cerimônia de tal forma que qualquer parte dela objetive honrar e agradar a Deus — não o homem ou, mais provavelmente, a mãe da noiva. Ao salientar a solenidade dessa cerimônia em que os votos são feitos, Dietrich Bonhoeffer escreve:

> O amor é o grande legado de vocês, mas o casamento é mais do que algo apenas pessoal: é uma condição, uma missão. Assim como a coroa, não meramente o poder, faz o rei, assim também o casamento, não meramente o amor de um pelo outro, é que os une diante de Deus e dos homens. Não é o amor de vocês que sustenta o casamento, mas, de agora em diante, o casamento é que sustenta o amor de vocês.[22]

Deus é quem decretou que não é bom para o homem ficar sozinho, como também foi ele quem fez a mulher da costela do homem para ser sua ajudadora, amada e apreciada por ele enquanto vivessem. Se for para esse amor sobreviver aos verões do casamento, como também a seus muitos invernos, ele sempre reviverá esse momento em que a noiva e o noivo tiveram a honra e a dignidade, na presença de Deus e de muitas testemunhas, de submeter a si mesmos à seriedade dos votos para melhor desempenhar suas responsabilidades. A partir desse instante, o casal se lembrará de que sua responsabilidade primeira não é consigo mesmo mas com todos os que testemunharam esses votos, mais particularmente com Deus, que decreta que o que ele uniu nenhum homem separe.

BIBLIOGRAFIA

BALDWIN, Claude-Marie. Marriage in Calvin's Sermons, *Calviniana*, Robert V. Schnucker, ed. V. 10: *Sixteenth Century Essays and Studies*, Kirksville: Sixteenth Century Journal Publishers, Inc., 1988, p. 121-129.

BENES, Peter, org. *Families and Children, The Dublin Seminar for New England Folklife Annual Proceedings 1985*. Boston: Boston University, 1987.

CLARK, Gillian. *Women in Late Antiquity:* Pagan and Christian Lifestyles. Oxford: Clarendon Press, 1993.

CRESSY, David. *Birth, Marriage, and Death:* Ritual, Religion, and the Life Cycle in Tudor and Stuart England. Oxford: Oxford University Press, 1997.

DANIEL-ROPS, Henri. *Daily Life in the Times of Jesus*. Ann Arbor: Servant Books, 1962.

DAVIES, Horton. *The Worship of the English Puritans*. Westminster, England: Dacre Press: 1948; reimpresso Morgan: Soli Deo Gloria Publications, 1997.

EMMISON, F. G. *Elizabethan Life:* Morals and the Church Courts. Chelmsford: Essex County Council, 1973.

Genevan Book of Order: The Form of Prayers and Ministration of the Sacraments etc. used in the English Congregation at Geneva: and approved by the famous and godly learned man, Iohn Caluyn. Geneva: 1556. Mais conhecido como *John Knox's Genevan Service Book*.

JEREMIAS, Joachim. *Jerusalem in the Time of Jesus*. Filadélfia: Fortress Press, 1969.

OVARD, Mark. *Do-It-Yourself Ceremony Selections, Plus the Vows of the Sstars!* Dallas–Fort Worth: DFWX.com, 1998. Disponível em: http://www.dfwx.com/177selections.htm. Acessado em: 18 dez. 1999.

STEVENSON, Kenneth. *Nuptial Blessing:* A Study of Christian Marriage Rites. Nova York: Oxford University Press, 1983.

TAYLOR, Denise. *Seventeenth Century Wedding Customs*. Living History Reference Books Series. Bristol: Stuart Press, 1997.

THOMPSON, Roger. *Sex in Middlesex:* Popular Mores in a Massachusetts County, 1649-1699. Amherst: University of Massachusetts Press, 1986.

TURRETIN, Francis. *Institutes of Elenctic Theology*, 3 v. Phillipsburg: Presbyterian and Reformed Publishing Company, 1994, p. 2:104-111.

Form for the Confirmation of Marriage Before the Church, *The Psalter With Doctrinal Standards, Liturgy, Church Order, and Added Chorale Section*. Grand Rapids: William B. Eerdmans, 1999.

The Directory for the Public Worship of God, *Westminster Confession of Faith*, 1646. Reimpresso, Glasgow: Free Presbyterian Publications, 1994.

NOTAS

1. Judith MARTIN, In Church Weddings, Who's in Charge?, *St. Louis Post Dispatch*, 11 abr. 2001.
2. "Há evidência [...] de que cobrir a noiva com um véu era parte da cerimônia de casamento. Em Acadiano, em sua cerimônia de casamento a noiva era chamada de *kallatu kutumtu*, 'a noiva coberta com um véu'". Nahum M. SARNA, *The JPS Torah Commentary:* Genesis, Philadelphia: The Jewish Publication Soceity, 1989, p. 170. Também, "Rebeca, assim que viu o homem no campo vindo ao encontro de sua comitiva, desceu do camelo para recebê-lo, conforme o costume oriental, da forma mais respeitosa possível". C. F. KEIL e F. DELITZSCH, *Commentary on the Old Testament*, 10 v. V. 1: *The Pentateuch*, trad. J. Martin (três volumes reimpressos em um), Grand Rapids: Eerdmans, 1973, p. 261.
3. Veja Kenneth STEVENSON, *Nuptial Blessing:* A Study of Christian Marriage Rites, New York: Oxford University Press, 1983, p. 134-152.
4. Este texto é uma compilação de textos da http://justus.anglican.org/resources/bcp/BCP1549.htm e http://www.recus.org/BCP/1662bcp.htm. Para facilitar a leitura, algumas palavras e grafias foram alteradas.
5. Apud David CRESSY, *Birth, Marriage, and Death:* Ritual, Religion, and the Life-Cycle in Tudor and Stuart England, London: Oxford University Press, 1997, p. 295.
6. STEVENSON, *Nuptial Blessing*, p. 130.
7. Um pequeno número de protestantes procurou negar à igreja qualquer papel nos casamentos, mas o testemunho avassalador da igreja é que é

apropriado para os casais repetirem seus votos no corpo de Cristo, em que um pastor oficializa e pede a bênção de Deus. Cf. Horton DAVIES, *The Worship of the English Puritans*, Morgan: Soli Deo Gloria Publications, 1997, em várias passagens, especialmente p. 44-45, 55.

8. Apud Joe SOBRAN em artigo escrito por ele, *The Real News of the Month*, ago. 2001, v. 8, n. 8.
9. "Se um de vocês fizer um voto ao SENHOR, o seu Deus, não demore a cumpri-lo, pois o SENHOR, o seu Deus, certamente lhe pedirá contas, e você será culpado de pecado se não o cumprir. Mas se você não fizer o voto, de nada será culpado. Faça tudo para cumprir o que os seus lábios prometeram, pois com a sua própria boca você fez, espontaneamente, o seu voto ao SENHOR, o seu Deus (Dt 23.21-23).
10. *Confissão de Fé de Westminster*, XIV:2.
11. STEVENSON, *Nuptial Blessing*, p. 151-152.
12. Em 1983, houve a conciliação da ruptura entre os presbiterianos do Norte e do Sul, ocorrida por causa da guerra civil. As duas ramificações uniram-se novamente e adotaram o nome de Igreja Presbiteriana (EUA). Uma curiosidade decorrente da reunião das duas facções foi a publicação de um novo *Livro de confissões* da nova denominação: nele o capítulo sobre o casamento, na *Confissão de Westminster*, foi dividido em duas colunas paralelas, em que uma enumerava os três propósitos históricos para o casamento, e a outra, apenas dois. Essa era a coluna herdada dos presbiterianos nortistas, na qual faltava o propósito da procriação.
13. Gn 1.22,28; 8.17; 9.1,7; 35.11.
14. "A previsão do economista britânico Thomas Malthus de que o crescimento populacional está prestes a suplantar a produção de alimentos, condenando sociedades à miséria e à fome perpétuas, é muito mais do que apenas um erro evidente. Tem sido uma fonte permanente de erro e de mistificação ao longo de todo esse período de 201 anos, desde que o jovem Malthus lançou essa idéia." Nicholas WADE, Why Malthus Was Mistaken, *The New York Times*, 19 set. 1999, WK5.
15. Max SINGER, The Population Surprise, *The Atlantic Monthly*, ago. 1999, p. 22-25.

16. Aquele que apresentar a acusação contra a legalidade do casamento tem de estar disposto a arcar com o custo do adiamento, caso sua alegação não seja confirmada.
17. Para uma discussão útil sobre o significado da palavra grega traduzida por "cabeça", em Efésios 5, veja Wayne GRUDEM, The Meaning of *Kephale* ("head"): An Evaluation of New Evidence, Real and Alleged, *Journal of the Evangelical Theological Society* 44, 2001, p. 25-65.
18. Marriage, Divorce, and Family in Second Temple Judaism, *Families in Ancient Israel*, Leo Purdue, Joseph Blenkinsopp, John Collins, e Carol Meyers, eds., Louisville: Westminster John Knox, 1997, p. 108-109.
19. CRESSEY, *Birth, Marriage, and Death*, p. 337.
20. Ibid., p. 340.
21. *Institutes of Elenctic Theology*, 3 v., trad. George Musgrave Giger, ed. James T. Dennison, Phillipsburg: P & R Publishing, 1994, 2:105.
22. Esses votos são encontrados em http://www.dfwx.com.
23. Apud Richard John NEUHAUS, The Public Square: A Continuing Survey of Religion and Public Life, *First Things*, maio 2001, n. 113, p. 79-80.

9

Disciplina da igreja: ferramenta de Deus para preservar e restaurar casamentos

KEN SANDE

A disciplina redentora da igreja é extremamente necessária, mas nos dias de hoje, lamentavelmente, é negligenciada. Em conseqüência, milhares de casamentos que poderiam ter sido preservados terminam em divórcio.

O potencial da disciplina para salvar casamentos pode ser bem ilustrado por uma história a mim relatada por um jovem pastor.

Esse pastor foi criticado por reunir sua igreja para disciplinar um homem que estava se divorciando da esposa sem nenhum fundamento bíblico. O homem endureceu o coração, abandonou a igreja e prosseguiu com o divórcio. Para tornar as coisas ainda piores, uma vez que o pastor anterior evitara a disciplina, a congregação era imatura nessa área e considerava a disciplina como judiciosa e destituída de amor.

Depois de uma reunião da congregação, particularmente exaustiva e em que muitas pessoas criticaram a liderança do pastor no referido assunto, um homem disse ao pastor desanimado:

— Pastor, não volte atrás nisso. A disciplina da igreja salvou meu casamento.

O pastor coçou a cabeça e disse:

— John, jamais o disciplinamos. Nem sabia que seu casamento enfrentava problemas.

— Há um ano estava enfrentando problemas — John explicou. — Foi na época em que disciplinou Max, porque ele não queria terminar o caso amoroso com a secretária. Estava começando a me envolver com alguém do trabalho. Quando vi o que aconteceu com Max, aquilo me abalou tanto que terminei o relacionamento e confessei meu pecado a minha esposa. Ela me perdoou, e nós finalmente começamos o aconselhamento de que precisávamos para tratar os problemas de nosso casamento.

Essa história revela tanto o poder redentor da disciplina da igreja quanto a armadilha em que caímos quando procuramos medir sua eficácia. Temos a tendência de medir o êxito de acordo com a reação da pessoa que enfrentou a disciplina e de como nossa igreja a suportou. Se o ofensor reage bem e nossa igreja aceita o processo, dizemos que fomos bem-sucedidos, mas se o ofensor sai da igreja ou muitas pessoas fazem objeção a essa disciplina, concluímos: "não deu certo!".

Entretanto, erramos de duas maneiras. Para começar, tentamos medir o êxito com relação ao resultado. Se não virmos arrependimento imediato na pessoa que está sendo disciplinada e se não sentirmos o apoio generalizado da congregação, pensamos que falhamos. Esquecemo-nos, porém, de que Deus não mede o sucesso segundo os resultados imediatos. De forma diferente da nossa, o Senhor define o sucesso quanto à fidelidade a sua Palavra, independentemente de resultados ou de conseqüências imediatas (v. Hb 11).

Falhamos também porque apenas olhamos para os efeitos a curto prazo e visíveis da disciplina. Conforme revela a história de abertura, jamais podemos conhecer essa faceta da eternidade e quantos casamentos são salvos, pois as pessoas nos bancos testemunham a disciplina em ação e, desse modo, são desafiadas a arrepender-se de seu pecado antes que este se torne público.

Se a fidelidade à Palavra de Deus é a medida certa para o êxito, então muitas igrejas falham tremendamente aos olhos de Deus quando se trata de obedecer a seus mandamentos, claros e insistentes, que mandam restaurar, por meio da disciplina redentora na igreja, os santos que se desviaram. Neste capítulo observaremos cuidadosamente esse problema e, em seguida, analisaremos as maneiras para restaurar esse ministério vital da igreja, principalmente quando se trata da preservação e da restauração de casamentos que enfrentam batalhas.

O DIVÓRCIO CRESCE VERTIGINOSAMENTE NA IGREJA

No século passado, a taxa de divórcios nos Estados Unidos cresceu mais de 400%. Tragicamente, dentro da igreja seguiu-se essa tendência de nossa sociedade. Uma pesquisa recente de George Barna revelou que a taxa de divórcios entre os cristãos nascidos de novo é assustadoramente alta.[1]

Esses são dados impressionantes! Os cristãos deveriam estar no topo da lista das pessoas que esperaríamos fossem fiéis a seus votos e lutassem pelo casamento. Sabemos que Deus instituiu o casamento como aliança para a vida toda. Compreendemos as implicações do pecado e podemos valer-nos do poder do evangelho. Temos muito para nos motivar e fortalecer, no entanto, nossos casamentos estão fracassando com a mesma freqüência e da mesma forma que os do mundo! Os efeitos desse fracasso estrondoso na igreja toda são enormes. As famílias cristãs estão-se desintegrando diante de nossos olhos, muitas vezes pelas amargas batalhas judiciais que deixam feridas para a vida toda. Milhares de crianças cristãs ficam privadas da segurança e da orientação unificada que Deus queria que os pais lhes oferecessem. Em vez disso, aprendem bem cedo na vida que os votos feitos a Deus são menos importantes que a busca do prazer individual. Muitos adultos e crianças que passaram pela experiência do divórcio abandonam a igreja. O tempo todo damos ao mundo outra desculpa conveniente que — diante de nossa tentativa de lhe falar da graça redentora de Deus — serve apenas para rotular os cristãos de hipócritas e para levar os outros a rir em nossa cara.[2]

OS QUATRO GRAMPOS SE FORAM

A negligência da igreja em lutar pelos casamentos chega no pior momento possível. O casamento sempre foi um tipo de panela de pressão. Dois pecadores unem-se para compartilhar as experiências de vida e, pouco tempo depois da lua-de-mel, seus desejos pecaminosos começam a entrar em conflito (cf. Tg 4.1-3). A erupção dos conflitos produz calor e pressão que ameaçam fazer o casamento explodir.

Durante muito e já há algum tempo, havia quatro "grampos" que ajudavam a prender a "tampa da panela de pressão" até que as pessoas esfriassem a cabeça e decidissem cuidar de suas diferenças. Para conseguir o divórcio, era preciso transpor os obstáculos legais, a desgraça social, a pressão financeira e o posicionamento da igreja. Esses quatro fatores trabalhavam juntos para desacelerar a ira das pessoas, forçando-as a calcular os custos e motivando-as a tentar mais uma vez superar os problemas conjugais. Em conseqüência, apesar de muitos casamentos passarem por momentos de grande decepção e ira, a tampa em geral ficava firme tempo suficiente para que as pessoas esperassem passar as emoções intensas e começassem a pensar nos benefícios do trabalho conjunto para salvar o casamento. Desse modo, a maioria dos casais nos Estados Unidos terminava a vida com o primeiro parceiro, normalmente agradecendo a Deus a graça de tê-los ajudado a transpor os percalços ao longo do caminho.

Infelizmente, embora os casamentos modernos ainda sejam como panelas de pressão, esses quatro grampos desapareceram. As leis que permitem o divórcio amigável removeram as barreiras legais para a separação. A sociedade não presta atenção, de uma forma ou de outra, nas pessoas que mantêm seus votos matrimoniais. Muitas mulheres já têm uma renda fora do lar, e os maridos raramente têm de pagar pensão para a vida toda. Pior de tudo, muitas igrejas de hoje permanecem caladas quando seus membros se dirigem à vara da família, em vez de lutarem com amor, mas com firmeza, pela restauração desses casamentos.

Um número cada vez maior de pessoas pensa já que é tempo de recolocar esses grampos em seus respectivos lugares. Sociólogos, legisladores e feministas começam a enfrentar os desastrosos custos financeiros e sociais impostos pelo divórcio. Em decorrência disso, alguns estados reconsideram suas leis de divórcio amigável, enquanto outros experimentam novas leis que permitem aos casais ter a opção de fazer uma aliança matrimonial mais compromissada. No entanto, essas mudanças ocorrem vagarosa e esporadicamente. Há apenas uma instituição que pode agir pronta e decisivamente para restaurar um desses grampos vitais, e essa instituição é a Igreja. Se apenas esse grampo pudesse ser recolocado na panela de pressão, um grande número de casamentos poderia ser salvo do divórcio.

MINISTRANDO ÀS PESSOAS EM PROCESSO DE DIVÓRCIO

Há quatro qualidades que os líderes da igreja, pela graça de Deus, precisam exercitar, caso queiram salvar seu povo do divórcio. O mais importante é que eles precisam de enorme (1) *compaixão*. Quando o casamento enfrenta anos de dificuldades, isso significa que as pessoas têm lutado constantemente com o pecado e a falta de estímulo. Algumas delas estão calejadas e com o coração endurecido, outras estão cansadas e desesperançadas. É muito fácil condenar as primeiras e fazer exortações simplistas às últimas. O Senhor, repetidamente, teve de me convencer dessas atitudes, levando-me a orar: "Deus, essa atitude impedirá que eu ministre a esse homem ou a essa mulher. Por favor, dê-me a compaixão que Jesus tinha pelos perdidos e cansados". Apenas quando nos revestimos da compaixão de Cristo é que podemos obedecer efetivamente às instruções eternas de aconselhamento, fornecidas em 1Tessalonicenses 5.14,15:

> Exortamos vocês, irmãos, a que advirtam os ociosos, confortem os desanimados, auxiliem os fracos, sejam pacientes para com todos. Tenham cuidado para que ninguém retribua o mal com o mal, mas sejam sempre bondosos uns para com os outros e para com todos.

A intervenção no divórcio também exige (2) *a convicção proveniente do conhecimento*. Muitos pastores não estão dispostos a levantar-se contra o divórcio, pois ou esqueceram como a Bíblia apóia firmemente a santidade do casamento, ou não acreditam que Deus abençoará seu trabalho para lutar em favor dos casamentos. Assim, eles merecem a admoestação que Jesus fez aos saduceus: "... Vocês estão enganados porque não conhecem as Escrituras nem o poder de Deus!" (Mt 22.29). Se você quiser entrar na batalha contra o divórcio, precisa mergulhar na Bíblia e desenvolver a firme convicção daquilo que Deus diz em relação ao divórcio. Depois, você precisa desenvolver uma política clara e inequívoca sobre o casamento, o divórcio e o novo casamento. Por fim, você precisa ensinar isso a seus membros, a fim de que conheçam o que Deus e a igreja desejam que eles façam. Esse ensinamento é particularmente importante para corrigir as idéias seculares acerca do casamento e do divórcio, as quais se infiltraram em lares cristãos por todos os meios de comunicação. Nosso povo precisa desesperadamente de orientação clara sobre esse assunto.

Conforme Jesus advertiu os saduceus, apenas o conhecimento não é suficiente. Você também precisa ter (3) *fé*, ou seja, crer que Deus apoiará os mandamentos da sua Palavra com o poder do Espírito Santo. O medo resulta em diversas objeções ao exercício da disciplina: "as pessoas ficarão iradas"; "elas o acusarão de legalista"; "isso não funciona"; "é uma perda de tempo"; "você pode ser processado". Um dos grandes desapontamentos em meu trabalho com as igrejas é ouvir líderes dizerem o seguinte: "sei que a Bíblia diz isso, mas...". Nenhum cristão jamais deve pôr nenhum "mas" depois de: "isto é o que a Palavra de Deus diz"! A única coisa que devemos afirmar é: "as Escrituras dizem isso, e é dessa forma que faremos". De fato, temos de ser cuidadosos e atenciosos, mas jamais podemos permitir que o medo do homem nos leve a fazer concessões desonrosas com a Palavra de Deus. Precisamos pedir a Deus que nos dê fé para prosseguir acreditando que ele abençoará nossa obediência. A Bíblia diz: "Portanto, meus amados irmãos, mantenham-se firmes, e que nada os abale. Sejam sempre dedicados à obra do Senhor, pois vocês sabem que, no Senhor, o trabalho de vocês não será inútil" (1Co 15.58).

A quarta qualidade — também afim com a compaixão, a convicção (proveniente do conhecimento) e a fé — é a *prudência*. A intervenção no divórcio também implica riscos legais. Esses riscos podem ser substancialmente reduzidos se a igreja der passos preventivos para que sua casa esteja legalmente em ordem antes que a crise surja (Pv 22.3). Dentre outras coisas, isso envolve a atualização de seu regimento interno e de orientações referentes à disciplina na igreja, para que tratem das ciladas criadas em casos judiciais recentes que ampliaram aos membros da igreja as possibilidades de processar sua congregação. Não tenho conhecimento de um único estatuto denominacional sequer referente à ordem da igreja que se tenha mantido atualizado com essas mudanças legais, como também vi muito poucos estatutos e regimentos de igreja que não estivessem totalmente desatualizados nessa área. Em virtude dessa negligência, a maioria das igrejas fica desnecessariamente exposta a processos legais, quando exercitam a disciplina. Agora é o momento, antes que a tempestade desabe em nossa igreja, de atualizar as políticas e os documentos essenciais. Um pouco de prevenção hoje (que será descrita detalhadamente mais tarde) pode economizar literalmente milhares de reais em despesas jurídicas amanhã.

DISCIPLINA FORMATIVA E CORRETIVA

Quando as pessoas escutam a frase *disciplina na igreja*, elas geralmente pensam em um processo formal que pode resultar na excomunhão ou expulsão da igreja. Mas, na verdade, essa é apenas uma pequena porção do que a disciplina engloba. A Bíblia chama-nos a conceber disciplina de modo mais amplo e normalmente informal. Isso me levou a desenvolver a seguinte definição para a disciplina na igreja: *a igreja envolve-se com a vida das pessoas para levá-las à maturidade por meio do ensinamento da Palavra de Deus e para torná-las responsáveis em relação às verdades da Bíblia.* Essa definição pode ser dividida em duas categorias específicas de disciplina: a formativa e a corretiva.

A *disciplina formativa* abrange os ministérios de ensino e comunhão da igreja, os quais ajudam os crentes a crescer em maturidade. Ela inclui a pregação, a escola dominical, o estudo e a oração pessoais, a comunhão, os pequenos grupos e todas as outras atividades rotineiras da igreja que possibilitem que os crentes cresçam no conhecimento de Deus, inspirando-os a seguir o seu caminho (v. 2Tm 4.2; Hb 10.24,25; Tg 5.16).

A igreja pode utilizar a disciplina formativa para fortalecer e preservar os casamentos, ao fornecer o ensino detalhado do plano de Deus para o matrimônio, para que as pessoas se alimentem da Palavra e amadureçam e, ainda, para que saibam lidar com problemas que surgem nos relacionamentos conjugais. Por meio da escola dominical e de pequenos grupos de estudos bíblicos, a igreja pode prover oportunidades para que seus membros discutam questões e dificuldades pessoais. O aconselhamento pré-marital obrigatório pode ajudar os casais a deliberadamente preparar-se para os desafios do casamento. E por meio da comunhão informal os jovens casais podem aprender com os mais velhos, uma vez que estes modelam atitudes e habilidades que levam a um casamento sólido.

Já a *disciplina corretiva* é praticada com menor freqüência e somente quando o cristão se desvia de Deus e precisa de ajuda para voltar ao caminho. Conforme Paulo explicou aos gálatas: "Irmãos, se alguém for surpreendido em algum pecado, vocês, que são espirituais, deverão restaurá-lo com mansidão. Cuide-se, porém, cada um para que também não seja tentado" (Gl 6.1). Jesus lançou a estrutura geral para a disciplina corretiva em Mateus 18.12-20:

> "O que vocês acham? Se alguém possui cem ovelhas, e uma delas se perde, não deixará as noventa e nove nos montes, indo procurar a que se perdeu? E se conseguir encontrá-la, garanto-lhes que ele ficará mais contente com aquela ovelha do que com as noventa e nove que não se perderam. Da mesma forma, o Pai de vocês, que está nos céus, não quer que nenhum destes pequeninos se perca.
>
> "Se o seu irmão pecar contra você, vá e, a sós com ele, mostre-lhe o erro. Se ele o ouvir, você ganhou seu irmão. Mas se ele não o ouvir, leve consigo mais um ou dois outros, de modo que 'qualquer acusação seja confirmada pelo depoimento de duas ou três testemunhas'. Se ele se recusar a ouvi-los, conte à igreja; e se ele se recusar a ouvir também a igreja, trate-o como pagão ou publicano.
>
> "Digo-lhes a verdade: Tudo o que vocês ligarem na terra terá sido ligado no céu, e tudo o que vocês desligarem na terra terá sido desligado no céu.
>
> "Também lhes digo que se dois de vocês concordarem na terra em qualquer assunto sobre o qual pedirem, isso lhes será feito por meu Pai que está nos céus. Pois onde se reunirem dois ou três em meu nome, ali eu estou no meio deles".

Conforme essa e outras passagens relacionadas ensinam, a disciplina corretiva tem três propósitos principais. O primeiro é *restaurar os cristãos caídos ao benefício de Deus e à comunhão com sua igreja* (v. Mt 18.12-14; 2Co 2.5-11; 7.8,10; Gl 6.1,2; Tg 5.19,20). O segundo é *guardar e preservar a honra a Deus* (v. Rm 2.24; 1Co 10.31). E o terceiro propósito é *proteger a pureza da igreja* (v. Rm 16.17; 1Co 5.6; 1Tm 5.19,20). Como veremos, a disciplina corretiva geralmente inicia de forma particular, mas pode envolver quantas pessoas forem necessárias para alcançar o arrependimento e a restauração

(v. Mt 18.15-20; Gl 6.1,2; Cl 3.16; Tg 5.19,20; 1Co 5.1-13; 2Ts 3.14,15; 2Tm 4.2; Hb 13.17). O restante do capítulo tratará do exercício da disciplina corretiva.

O "TERRENO ESCORREGADIO" DO CONFLITO

É muito mais fácil administrar e receber a disciplina corretiva se esta já foi ensinada às pessoas — antes assim do que ter de fazê-lo. O problema é que muitos cristãos têm uma aversão instantânea ao conceito de disciplina, pois pensam a esse respeito apenas em termos formais e extremos, como a exclusão da igreja. Uma maneira de transpor essa aversão é demonstrar que a disciplina formal na igreja é apenas uma pequena parte de um processo mais amplo e mais informal para promover a disciplina e resolver conflitos. O trabalho dos Peacemaker® Ministries desenvolveu um diagrama simples que pode tornar esse processo de aprendizagem mais fácil. Ele é chamado de o "terreno escorregadio" do conflito.[3]

Esse diagrama ilustra as várias maneiras pelas quais as pessoas reagem ao conflito. Do lado esquerdo da curva estão as reações de "escape": negação, fuga e até suicídio. Na maioria dos casos, escapar de um conflito apenas faz que as coisas fiquem piores. Às vezes, é adequado fugir de um conflito para buscar ajuda ou evitar um perigo iminente, mas na maioria dos casos o escape apenas adia a resolução apropriada do problema. Infelizmente, essa é a forma de muitas pessoas reagirem ao conflito: deixar o emprego, mudar de igreja, propor divórcio. Dessa forma, elas até podem ter alívio temporário, mas em geral carregam seus problemas para os relacionamentos futuros.

Do lado direito da curva do diagrama estão as reações de "ataque", manifestadas quando as pessoas estão mais interessadas em vencer um conflito que em preservar o relacionamento. Essas reações podem implicar: litígio, agressão (verbal ou física) e até assassinato, todas geralmente proibidas pelas Escrituras[4] (v. 1Co 6.1-8; Ef 4.29; Êx 20.13). Sem dúvida, as reações de ataque são quase sempre destrutivas para os relacionamentos.

Em vez de escapar ou de atacar, é ordenado aos cristãos que reajam ao conflito de seis maneiras construtivas, demonstradas no alto da curva do "terreno escorregadio". Essas formas de reagir incluem três reações de "apaziguamento pessoal": tolerância em relação às ofensas menores (Pv 19.11); discussão de ofensas pessoais muito sérias para ser ignoradas, as quais implicam confissão, confrontação e perdão (Mt 5.23,24; 18.15); e negociação de questões essenciais (Fp 2.3,4). Se esse apaziguamento pessoal não resolver o problema, podemos pedir a ajuda de outras pessoas para o "apaziguamento mediado", que inclui mediação (Mt 18.16), arbitramento (1Co 6.1-8) e disciplina na igreja (Mt 18.17-20).

Quando a congregação é bem treinada nesses conceitos e habilidades, muitos conflitos entre os membros, até mesmo os de caráter matrimonial, podem ser resolvidos por meio da disciplina corretiva informal, sem o envolvimento direto dos líderes.[5] Quando os membros estão com problemas, eles podem procurar uns aos outros mais facilmente e tentar resolvê-los entre si. Além disso, quando eles virem alguém em uma situação danosa, saberão que é apropriado, de acordo com a Bíblia, conversar sobre o problema com a pessoa em questão. Apenas isso pode prevenir muitos divórcios na igreja. Estive envolvido com vários casos de divórcio em que, muitas vezes, um amigo do casal depois comenta:

— Achei que ele estava se tornando muito próximo daquela mulher lá no trabalho, mas concluí que isso não me dizia respeito.

Se ensinasse a seu rebanho que Deus ordena ir até o outro ao observar que está para cair em pecado, muitas condutas questionáveis seriam confrontadas e corrigidas antes de causar maiores prejuízos.

Enquanto você transmite esses conceitos, lembre a seu povo que, quem for incapaz de lidar com seus conflitos sozinho, deve buscar assistência. Patsy é uma mulher que conseguiu fazer isso de forma corajosa. Ela praticamente arrastou uma amiga para meu gabinete pastoral. A amiga, casada, confidenciou a Patsy que estava se envolvendo com um homem no trabalho. Como Patsy foi incapaz de convencer a amiga a pôr fim naquele relacionamento, pediu que ela fosse até mim. Quando esta se recusou, Patsy convidou-a para almoçar. Quando passavam em frente do prédio onde eu me encontrava, Patsy disse:

— Preciso entrar aqui.

Quando chegaram à entrada do gabinete pastoral, e a outra mulher leu a identificação na porta, recusou-se a entrar. Patsy agarrou-a pelo braço e a empurrou para dentro do gabinete. Segurando firmemente a amiga, ela disse:

— Ken, precisamos conversar com você.

Fui pego totalmente desprevenido, mas Deus deu-me as palavras para encorajar aquela jovem mulher a sentar-se e contar-me o que estava acontecendo. Embora o início da conversa tenha sido um tanto estranho, parece que ela percebeu que Deus lhe estava dando uma última oportunidade para evitar um caso de adultério.

Em virtude de nossa conversa, ela desmanchou o relacionamento e iniciou um aconselhamento com o marido. Anos mais tarde, vieram ao meu encontro, em uma igreja que eu visitava, para agradecer-me novamente o fato de ter sido usado por Deus para ajudá-los naquele momento crítico que atravessaram. Ambos estavam acompanhados de dois adolescentes, e a esposa segurava um bebê nos braços. Ela disse:

— Estas crianças são a recompensa de Deus por termos permanecido juntos.

Posso apenas agradecer a Deus a sua benevolência, em que incluo Patsy, cujo amor e cuja coragem contribuíram para que eu me envolvesse na vida de outra pessoa em um momento tão grave.

Portanto, treine seu pessoal para que sejam pacificadores! Eles são seus melhores obreiros. Estão em contato com os membros da igreja em seus lares, na vizinhança, nos estudos bíblicos e nos locais de trabalho; portanto, eles são os primeiros a ver sinais de conflito e problemas conjugais. Se todos receberam o ensino de como reagir biblicamente aos conflitos, eles são, muitas vezes, capazes de lidar com problemas no estágio inicial, evitando, assim, a necessidade de disciplina formal na igreja e preservando relacionamentos preciosos em sua família e na igreja.

ESTABELEÇA UMA DIRETRIZ SOBRE O DIVÓRCIO

Um dos mais valiosos dons que a igreja pode conceder a seu povo é a orientação bíblica clara sobre a natureza e a continuidade do casamento. Isso necessariamente exigirá o desenvolvimento de uma postura de princípios com relação às situações em que um cristão pode legitimamente pedir divórcio. Essa não é uma questão fácil de responder, o que, por sua vez, leva muitos cristãos sinceros a divergir em sua resposta. Alguns acreditam que o divórcio não é permissível em nenhuma circunstância, ao passo que outros o aceitariam se um dos cônjuges não mais ama o outro, tampouco se realiza mais com este. Pessoalmente, acredito que há pelo menos duas razões legítimas para o divórcio. A primeira é o adultério, em que um cônjuge é sexualmente infiel ao outro (v. Mt 5.31,32). A segunda é o abandono, ou seja, o cônjuge descrente abandona fisicamente o casamento e indica que ele não quer mais fazer parte dessa união (v. 1Co 7.15,16).

Abusos no casamento apresentam desafios específicos. Algumas pessoas, ao se referir ao amor de Deus pela justiça e à preocupação divina com o oprimido, argumentam que o abuso também constitui um fundamento para o divórcio. Ainda não me convenci desse argumento, mas certamente reconheço a necessidade para que a igreja tome medidas sérias no tratamento do abuso. Isso pode envolver a disciplina formal na igreja e, até mesmo, pedir a ajuda das autoridades civis para proteger a família, forçando o agressor a encarar a gravidade de seu pecado.

Muitos livros disponíveis hoje discutem vários pontos de vista sobre quais seriam os fundamentos para o divórcio. Infelizmente, há tanta diversidade nesse assunto que, depois de muita leitura, ainda se fica sem o devido esclarecimento a respeito do que a Bíblia ensina. Em meio a tantos livros conflitantes, descobri dois títulos que, biblicamente falando, parecem ser as fontes mais rigorosas e práticas. Um deles é um livro de Jay Adams; *Marriage, Divorce, and Remarriage* [Casamento, divórcio e novo casamento].[6] O outro é um estudo detalhado realizado por Alfred Poirier, intitulado "What the Bible Says About Divorce and Remarriage".[7] Essas duas fontes oferecem um excelente ponto de partida teológico para que a igreja desenvolva diretrizes sobre o casamento e o divórcio.

RETARDANDO O DIVÓRCIO

Se um casal em sua igreja caminha em direção ao divórcio, você deve tentar desacelerar o processo para que haja tempo para uma disciplina corretiva informal. O primeiro passo nesse processo, e o mais importante, é orar pela intervenção de Deus. Seja específico e bíblico. Por exemplo, se o cônjuge que deseja o divórcio estiver envolvido em um caso amoroso, você poderá recorrer ao livro de Oséias, enquanto ora: "Senhor, bloqueie o caminho dessa mulher com espinheiros. Que o tempo que ela passa com este homem seja desagradável a ela". Você também pode orar a Deus para agir conforme Davi descreve no salmo 32: "Senhor, faça com que a sua mão pese sobre ela; que as forças dela se esgotem no calor do verão; que o corpo dela definhe. E toda vez que ela sair de perto desse homem faça-a sentir-se suja e infeliz". Essa não é uma oração de ódio; é uma oração amorosa, pois está pedindo a Deus que traga as conseqüências temporárias para essa mulher, a fim de salvá-la de conseqüências mais sérias, que duram até o fim da vida.

Como muitos divórcios começam de forma impulsiva ou em decorrência da raiva, os atrasos nesse processo, com freqüência, trabalham em favor da reconciliação. Quando as pessoas esfriam os ânimos, são capazes de reconsiderar sua decisão, principalmente se ainda não houve grandes danos pessoais e de ordem legal. Se ainda não deram entrada nos papéis, você pode apelar ao casal para que interrompa o processo por alguns dias ou semanas, enquanto reconsideram suas ações. Se já deram início à papelada, você pode pedir ao outro cônjuge que solicite a seu advogado desaceleração do processo, ao não apresentar as respostas requeridas até a data limite para isso, bem como ao usar outras táticas legítimas para retardar o divórcio. É possível que você não queira adiar o processo por muito tempo, ou talvez enfrente uma reação furiosa da parte que pede o divórcio, mas um bom advogado, muitas vezes, consegue ganhar várias semanas e até meses, período em que você pode encontrar outra saída que não o divórcio.

Você deve ter consciência de que há um potencial nesse atraso do processo do divórcio. Se alguém quer sair de um casamento, ele pode imediatamente sentir-se culpado e, por conseqüência, ser mais generoso na partilha dos bens, na pensão ou no apoio aos filhos. À medida que o tempo passa, especialmente se um deles fica irritado, parte dessa culpa pode ser dissipada e seu coração fica mais endurecido e menos generoso com relação à pessoa de quem ele está se divorciando. Portanto, você tem de orar por sabedoria para saber se é provável que esse atraso traga uma reviravolta no processo em direção à reconciliação ou exacerbe o endurecimento do coração.

Durante o atraso, você deve procurar a pessoa que deseja o divórcio a fim de tentar ministrar a ele ou ela, de modo pessoal e informal, aquilo que, não raro, faz com que a disciplina formal seja desnecessária. Seu objetivo é que a pessoa perceba que você realmente se importa com ela e que é capaz de ajudar nessa crise. Se a pessoa não estiver inclinada a escutá-lo, mantendo apenas o respeito por sua autoridade espiritual, você terá de apelar para seu interesse pessoal. Há muitas coisas possíveis de dizer para induzir alguém a conversar com quem o aconselha. Você pode demonstrar interesse sincero pelo bem-estar da pessoa, pela dor pela qual ela ou ele deve estar passando ou pelo efeito que isso deve ter sobre os filhos.

Algumas vezes, persuadi alguém a conversar comigo apenas ao dizer algo parecido com isto:

— Sei que você está determinado a continuar com o processo de divórcio e acha que não há possibilidade de seu casamento ser salvo. Mesmo que isso seja verdade, eu gostaria de seu auxílio para ajudar seu marido a compreender onde ele ultrapassou os limites. Ele está disposto a continuar com o aconselhamento independentemente daquilo que você faça. Ele quer lidar com as questões em sua vida que contribuíram para acabar com o casamento. Ele me contou uma série de coisas, mas sei que ele não consegue ser totalmente objetivo. Sei que não há ninguém que possa me dizer de forma precisa o que ele fez de errado para você. Será que você viria até aqui me visitar para conversar a esse respeito? Nós nem precisamos conversar sobre você. Apenas me diga em que você acha que ele precisa mudar.

Descobri que muitas pessoas estariam dispostas a conversar comigo nessas condições. À medida que conversamos, oro continuamente a Deus que edifique a confiança entre nós. Depois de gastar algum tempo para recolher a informação sobre o cônjuge, digo:

— Agradeço-lhe a gentileza de ter vindo, você descortinou uma série de coisas úteis para mim. Fico feliz em perceber que algumas das questões que você mencionou são as que seu marido já havia descrito e nas quais estamos trabalhando.

Ao dizer isso, quero mostrar a essa pessoa que há esperança, que é possível que ele mude. Depois, em geral, digo de forma gentil:

— Sabe, na maioria dos casos com os quais me envolvo, existe normalmente conflitos dos dois lados. Você provavelmente está consciente de algumas coisas que fez para contribuir também para essa situação. Você não tem de falar sobre essas coisas, mas, se quiser, eu ficaria feliz em escutá-la.

A pessoa comumente hesita, e nesse momento digo:

— Se seu casamento terminar, é provável que você algum dia venha a encontrar alguém. Se você não tratar de suas atitudes e hábitos agora, você os levará também para esse futuro relacionamento. Talvez agora seja um bom momento para tratar deles.

Também tento levar as pessoas ao aconselhamento com o objetivo de encorajá-las a pensar em seus filhos. Posso ser bastante franco e comentar:

— O que você dirá para sua filha daqui a 18 anos quando ela perguntar: "Mamãe, seu divórcio virou minha vida de cabeça para baixo. Você tomou essa atitude por impulsividade ou realmente lutou pela salvação do casamento com papai?".

Dependendo de quanto acho que a pessoa esteja receptiva, posso retratar vividamente aquilo que acontecerá se o casal chegar ao divórcio. Pela própria natureza do pecado — especialmente nesses casos —, as pessoas estão olhando somente para o próprio umbigo e não enxergam um palmo adiante do nariz. Elas pensam apenas no prazer ou no alívio que querem agora, não nas conseqüências, a longo prazo, dessas escolhas. Portanto, uma de suas tarefas é questionar amorosamente, para que o Espírito Santo ecoe na mente desses cônjuges depois que saem do gabinete pastoral. Se Deus quiser, aqueles ecos finalmente vão estimular um exame honesto da alma e vão afastar o casal do divórcio.

EDIFICANDO ESPERANÇA PELA CONFISSÃO

Embora várias coisas possam causar o divórcio, penso que a desesperança é o fator que empurra muitas pessoas a tomar uma atitude irrefletida. Elas suportaram anos de frustração e desapontamento na esperança de que as coisas, de alguma forma, melhorassem. Depois, certo dia, tudo acontece, e elas desistem de ter esperança. Essas pessoas afirmam:

— Por que devo continuar a sentir-me infeliz, se não há esperança de que as coisas melhorem?

Cem anos atrás, por causa do compromisso, as pessoas não desistiam de casamentos sem esperança. Nos dias de hoje, porém, mesmo entre os cristãos o compromisso geralmente não é suficiente para fazê-los atravessar os tempos difíceis. Portanto, um dos passos mais importantes para evitar o divórcio é reestruturar a esperança o mais rapidamente possível. Pense na esperança da mesma forma que o médico pensa em transfusão para alguém que perdeu uma grande quantidade de sangue: a não ser que esse elemento essencial seja rapidamente restaurado, o paciente (ou o casamento) morrerá, e não haverá mais nada a fazer.

Imagine, por exemplo, que você esteja trabalhando com uma esposa que decidiu abandonar o marido. Quando ela contou isso ao marido, ele ficou arrasado. Ao tentar fazer que ela mudasse de idéia, ele lhe disse:

— Sei que não fui um bom marido, mas estou realmente disposto a trabalhar para mudar. Por favor, fique!

— Já ouvi essas promessas antes — a esposa responde. — Você já disse isso muitas vezes, mas nunca mudou. Não vou manter um casamento sem esperanças para o resto de minha vida.

A confissão esquiva do marido demonstra que ele não tem a menor idéia do que precisa fazer para mudar. Promessas vazias e generalizações não farão que as coisas mudem. A melhor maneira de ele persuadir a esposa a lhe dar outra oportunidade é expor de forma clara a intenção de verdadeiramente enfrentar seus pecados, além de demonstrar que está sendo honesto em buscar uma mudança concreta para transformar-se no marido que Deus deseja que ele seja.

Isso requer aconselhamento sério e urgente. Por meio da aplicação da Palavra de Deus, revestida de oração, e da ação do Espírito Santo, o marido precisa ver como seus desejos egoístas lhe governaram o coração e destruíram seu casamento (v. Mt 15.19; Tg 4.1-3). Ele precisa ser quebrantado verdadeiramente diante de Deus. Tem de identificar claramente os desejos pecaminosos e padrões de comportamento — o egoísmo, a idolatria e o orgulho — que contribuíram para a desintegração do relacionamento do casal. E ele precisa fazer isso sem tentar diminuir sua culpa, ao focalizar todas as maneiras pelas quais a esposa contribuiu para os problemas de ambos.

Enquanto ele começa a tratar de seus pecados, você pode ajudálo a planejar como confessá-los à esposa de forma específica e detalhada. Certifique-se de que ele compreende o propósito de sua confissão, a qual não é feita para manipular a esposa nem para forçá-la a voltar para ele, embora vocês devam orar juntos para que Deus utilize isso a fim de dar a ela esperança. Ele tem de confessar porque é culpado, e Deus ordena isso, independentemente de como a esposa reagir às suas tentativas. Uma maneira de fazer isso é utilizar o que eu chamo de "As sete características da confissão":

- Trate de todos os envolvidos (Sl 41.4; Lc 19.8).
- Evite dizer "se", "mas" ou "talvez" (Sl 51).
- Admita especificamente seus erros.
- Reconheça a ferida (expresse sua tristeza sincera pela forma como afetou seu cônjuge).
- Aceite as conseqüências de seus atos (Lc 15.19; Nm 5.5-7; Lc 19.8).
- Modifique seu comportamento (Ef 4.22-32).
- Peça perdão (Gn 50.17).

Eu examinaria cada elemento da confissão com o marido, ajudando-o a preparar sua confissão e até mesmo revendo-a passo-a-passo com ele. Se o coração dele for verdadeiramente quebrantado diante do Senhor, e se ele for preparado de maneira apropriada, o marido fará à esposa uma confissão totalmente distinta da que fez antes. Em vez da resposta vaga: "não fui um bom marido", ele dirá:

— Connie, pequei contra Deus e contra você. Não vivo de acordo com a norma que Deus me deu. O Senhor disse-me que devo amar você como Cristo amou sua igreja, não cheguei nem perto disso. Amei a mim mesmo e a meus desejos muito mais do que amei você ou a Deus. Meu trabalho tornou-se um ídolo para mim e entreguei-me a ele. Negligenciei você e faltei com minha palavra repetidamente. Não cumpri os votos que lhe fiz. Deixei todo o fardo da educação dos filhos para você, pois sou muito egoísta para desligar a televisão e ajudar. Consigo entender o motivo de você se sentir tão ferida e desapontada e sei por que você se sente como se jamais pudesse ser feliz comigo. Fui injusto com você de muitas formas...

Muitas vezes, quando estou com um casal e escuto o marido fazer essa confissão, observo a cor voltar à face da esposa. Em muitos casos, a aparência de frieza e desesperança é substituída por uma expressão mais suave. À medida que ela escuta as palavras do marido, o Espírito Santo vai usando-as para devolver a esperança ao coração da esposa. Ela começa a perceber que algo realmente está diferente e começa a acreditar que as coisas podem mudar de verdade.

Conforme a esperança é reacendida, por vezes o cônjuge decepcionado passa a ficar disposto a adiar o divórcio, bem como a tentar resolver os problemas que contaminaram o casamento. Raramente, esse é um processo rápido. Os desejos pecaminosos e os padrões de comportamento que levam as pessoas a cogitar o divórcio, em geral, exigem semanas ou meses de aconselhamento, a fim de que haja total compreensão do problema e a mudança ocorra. Assim, pelo menos, eles estão caminhando na direção correta. E, ao mesmo tempo que Deus trabalha por intermédio da igreja, a maioria dos casais consegue experimentar uma reconciliação genuína e uma melhora constante no relacionamento.

O GUIA DO DIABO SOBRE DIVÓRCIO

Quando algumas pessoas estão bastante determinadas a abandonar um casamento desagradável, nenhuma confissão do cônjuge impedirá que desacelerem o processo. O cônjuge desejoso do divórcio em geral utiliza várias desculpas para justificar seu procedimento e decisão. Já escutei as mesmas desculpas com tanta freqüência que cheguei até a imaginar que Satanás já publicou um guia sobre como justificar o divórcio. As desculpas consistem naquilo que pode ser chamado de "mitologia popular do divórcio".[8] Se você quer acabar com os divórcios, deve-se preparar para dar respostas a essas desculpas.

Mito número 1. Quando já não existe amor no casamento, é melhor divorciar-se. Embora essa seja a fala do mundo, é plenamente aceita pelos cristãos. Os pastores têm de tratar disso francamente para ajudar os casais a ver que o fundamento do casamento não é o sentimento de amor. No plano de Deus, *compromisso* é a base do casamento, e o amor, o fruto.

Mito número 2. É melhor para os filhos passar pela experiência do divórcio do que viver com pais que brigam o tempo todo. Embora pais que estejam em um casamento realmente infeliz possam sinceramente acreditar nisso, muitas vezes essa não passa de uma racionalização superficial. Uma forma de testar a sinceridade das pessoas é pedir-lhes que leiam o livro de Judith Wallerstein, *The Unexpected Legacy of Divorce* [A herança imprevista do divórcio], que claramente mostra os muitos efeitos prejudiciais do divórcio. Se ainda quiserem se divorciar depois de ler os fatos no livro, essas pessoas terão de admitir que não se preocupam com os filhos, mas com os próprios desejos egoístas.

Mito número 3. Deus me guiou a este divórcio. Escuto repetidamente as pessoas dizerem:

— Sei que a Bíblia ensina que o divórcio habitualmente não é o que Deus deseja para nós, mas nesse caso sinto a paz verdadeira, a qual me foi dada por Deus, de que essa é a atitude correta a ser tomada.

Essa afirmação revela um problema implícito nos ensinos populares sobre orientação espiritual, os quais desconsideram os ensinamentos claros da Bíblia. Essa visão de orientação tem de ser claramente exposta e refutada. Uma forma de fazer isso é ajudar as pessoas a perceber que o sentimento de paz interior não significa sinal conclusivo da aprovação de Deus. Em geral, pergunto às pessoas se acham que Jesus sentiu essa paz interior no Getsêmani. Se tentarem responder afirmativamente, abro os Evangelhos e ajudo-as a ver que, na verdade, ele tremia em virtude da apreensão e da agonia. Se tivesse saído pelo outro lado do jardim, ele poderia ter tido uma grande sensação de alívio por escapar da crucificação, mas, se assim fizesse, daria as costas para o que Deus desejava para a sua vida. Da mesma forma, o divórcio pode prometer alívio imediato, mas a longo prazo, normalmente, é contrário ao desejo de Deus.

Mito número 4. Certamente um Deus amoroso não gostaria que alguém ficasse em uma situação tão infeliz. Esse mito fundamenta-se no pressuposto humanista de que o propósito de Deus para nossa vida gira em torno de mim e de minha felicidade.[9] Uma forma de expor isso é pedir que a pessoa a quem aconselhamos esclareça o significado desta afirmação: "um Deus amoroso não gostaria que as pessoas sofressem dessa maneira". Peça que ela imagine que voltou dois mil anos no tempo, à época da perseguição da igreja em Roma. A igreja local pediu que ela fosse ao Coliseu e aconselhasse os cristãos prestes a serem jogados aos leões. Essa pessoa realmente diria a eles: "por certo, um Deus amoroso não gostaria que os cristãos sofressem dessa maneira"? O que teria acontecido com a igreja primitiva se os cristãos acreditassem nessa máxima? Esse tipo de visualização ajudará as pessoas a começarem a compreender que acreditam em uma mentira.

É fundamental ajudar quem sofre a perceber que Deus tem algo muito mais importante em mente para o seu povo do que apenas uma vida agradável. O seu propósito é que nos assemelhemos ao seu Filho (Rm 8.28,29). A Bíblia ensina que isso exige poda, quebrantamento e purificação para queimar as impurezas de nossa vida, e muitas vezes isso é feito na fornalha do sofrimento. Peça que a pessoa leia Hebreus 11 ou 1Pedro. A Bíblia contém muitas passagens sobre o valor e propósito do sofrimento; podemos utilizá-las para ajudar as pessoas em situações dolorosas.

Mito número 5. Sei que é errado, mas Deus é um Deus de perdão. Se você já fez muito aconselhamento pastoral, já escutou essa afirmação várias vezes. Seu antídoto está em Deuteronômio 29.19-21, em que Moisés adverte os israelitas duramente (paráfrase do autor): "se você acha que pode pecar deliberadamente e depois dizer palavras mágicas para que Deus lhe perdoe, a ira e o zelo do SENHOR se acenderão contra você!". Pecar deliberadamente é amedrontador. Mostre às pessoas o exemplo do rei Davi, que pecou intencionalmente contra Deus. O Senhor lhe perdoou, mas as conseqüências desse pecado fizeram que Davi se angustiasse pelo resto da vida. "Por isso, a espada nunca se afastará de sua família" (2Sm 12.10). O filho de Davi morreu logo depois de nascer, e os outros filhos continuaram a se matar. Davi teve de sofrer isso na consciência até o dia de sua morte.

E como as pessoas sabem que Deus realmente lhes dará um coração arrependido depois que persistiram na desobediência deliberada (v. Hb 3.7-13; 12.16,17; Ef 4.30; Pv 28.14)? Como podem estar certas de que Deus não lhes virará a face, retirando as bênçãos de sua vida (Hb 10.31; 1Pe 3.7,11,12)?

Outra maneira de destruir esse mito é pedir que a pessoa imagine que precisa de dinheiro. Então, ela decide roubar um banco. Rouba o dinheiro e depois sai correndo e entra em um beco. Fica claro que ela conseguiu escapar. A seguir, ela coloca o dinheiro no chão e diz: "Deus, estou arrependida, pois errei ao roubar aquele banco. Por favor, perdoe-me. Obrigada, ó Senhor". Pergunte a essa pessoa se acha que poderia pegar o dinheiro e ir embora tranqüilamente. A maioria das pessoas admitirá que não. Qual é a evidência do arrependimento genuíno? É desfazer o dano do erro cometido, nesse caso, e devolver o dinheiro ao local de origem. De alguma forma, o arrependimento verdadeiro para o divórcio, quando considerado pecado, não são palavras vazias, mas contornar a situação e voltar atrás para consertar a situação.

Essas são apenas algumas das desculpas comuns nas quais as pessoas se apóiam para tentar justificar o divórcio. Cada uma delas tem de ser tratada direta e amoroamente, com base bíblica, para que os verdadeiros motivos sejam revelados, e as pessoas retornem a Deus em busca de ajuda.

PASSANDO PARA A DISCIPLINA FORMAL

Por mais amorosos e persuasivos que sejamos, algumas pessoas ignoram todas as nossas tentativas de ajudá-las a se reconciliar com o cônjuge e a desistir do divórcio sem fundamento bíblico. Quando isso acontece, é necessário passar da disciplina informal para a formal (v. Mt 18.16,17).

A disciplina formal pode ter diferentes abordagens, dependendo da diretriz da igreja. Na maioria dos casos, quando uma pessoa busca o divórcio sem fundamento bíblico, a disciplina formal exige que os líderes espirituais da igreja advirtam essa pessoa de que enfrentará tal disciplina caso recuse a se reconciliar com o cônjuge e insista no divórcio. Essa advertência deve ser transmitida de forma amorosa mas firme, de preferência pessoalmente. Se a pessoa se recusar a reconhecer essa admoestação ou a dar-lhe atenção, ela pode ser repetida verbalmente e por escrito.[10]

Em alguns casos, a pessoa apenas endurecerá o coração e recusará qualquer notificação futura da igreja. Contudo, em muitos casos, Deus utilizará a advertência para abalar a convicção da pessoa, a fim de que ela perceba a gravidade de suas ações. Quando alguém percebe que corre o risco de verdadeiramente enfrentar a disciplina formal, o que pode levar à exclusão da igreja, em geral interrompe o processo de divórcio e considera a possibilidade de procurar aconselhamento marital para resolver os problemas do casamento. Se esse for o caso, a igreja logo deve dar encorajamento, assim como assumir a responsabilidade e utilizar quaisquer recursos necessários para auxiliar o casal a reconstruir o casamento.

BUSCAR E RESTAURAR A OVELHA PERDIDA

O que a igreja pode fazer quando um membro persiste em buscar o divórcio e até abandonar a igreja? A maneira fácil de encarar essa situação é dizer: "bem, nós tentamos", e desistir. Mas essa não deve ser a atitude que o verdadeiro pastor do rebanho deve tomar. Conforme Jesus diz em Mateus 18.12: "O que acham vocês? Se alguém possui cem ovelhas, e uma delas se perde, não deixará as noventa e nove nos montes, indo procurar a que se perdeu?".

Uma igreja da Costa Oeste dos Estados Unidos dá um belo exemplo de como buscar uma ovelha desgarrada. Cindy — nome fictício — era membro da igreja e tivera um caso amoroso havia alguns meses. Ela abandonou o marido e desistiu de fazer parte da igreja. As diretrizes da igreja não permitiam que isso a levasse à disciplina formal, mas os líderes encorajaram os membros da igreja a continuar à procura de Cindy. Quando alguns membros a viam em uma lavanderia ou na loja da esquina, eles a abordavam e diziam: "-Cindy, como é bom ver você por aqui, estou orando por você"; ou "quero apenas dar um abraço em você, Cindy. Você bem sabe, nunca é tarde demais. Nós amamos você. Volte". A atitude amorosa era expressa claramente, e eles sempre diziam: "volte, arrependa-se".

Depois de quatro meses, Cindy já não podia mais resistir. Ela procurou o pastor e disse-lhe:

— Minha consciência está me matando! Será que já é tarde para voltar à igreja?

O pastor garantiu-lhe que não era tarde. Ela terminou o caso amoroso. Depois, ela e o marido começaram o aconselhamento com o pastor e alguns presbíteros a fim de terem certeza de que Cindy estava genuinamente arrependida.

Eu estava na igreja no dia em que a congregação aceitou a reconciliação de Cindy. O pastor fez uma bela introdução, com as seguintes palavras:

— Muitos de vocês oraram por Cindy, e fico feliz de dizer-lhes hoje que ela voltou para nós. Os presbíteros e eu conversamos com ela nas últimas semanas. Cindy tem algo a lhes dizer agora. O pastor ajudou-a a redigir uma declaração muito discreta. Ela não mencionou o adultério especificamente, pois havia crianças na congregação, mas a maioria das pessoas sabia do que se tratava. Fez uma bela confissão e agradeceu a Deus o amor daquela igreja, que não havia desistido dela. Agradeceu a Deus a maneira pela qual o amor do Senhor, por intermédio daqueles irmãos e irmãs, a trouxe de volta. Confessou seu pecado e renovou o compromisso com o Senhor.

Depois, o pastor ficou em pé e disse: — Cindy foi restaurada ao corpo da igreja. Os presbíteros aceitaram sua confissão, e ela foi perdoada. Foi perdoada por nós, e isso significa que vocês também precisam perdoar-lhe. Se algum de vocês a deixar de lado, eu virei até vocês e falarei sobre o pecado da ausência de perdão.

Dessa forma, os líderes da igreja dão um recado à congregação. Foi a respeito disso que Paulo escreveu em 2Coríntios 2.8-11. Ele instruiu a igreja de Corinto a reafirmar seu amor pela pessoa que havia sido excluída, "a fim de que Satanás não tivesse vantagem sobre nós; pois não ignoramos as suas intenções" (v. 11).

Em seguida, o pastor orou por Cindy. E assim que ele disse: "amém", as pessoas vibraram e correram para a frente do santuário para abraçar Cindy. Ela fora completamente restaurada à família da igreja. Esse processo foi o cumprimento vívido dos ensinamentos de Jesus em Lucas 15.4-7:

> "Qual de vocês que, possuindo cem ovelhas, e perdendo uma, não deixa as noventa e nove no campo e vai atrás da ovelha perdida, até encontrá-la? E quando a encontra, coloca-a alegremente nos ombros e vai para casa. Ao chegar, reúne seus amigos e vizinhos e diz: 'Alegrem-se comigo, pois encontrei minha ovelha perdida'. Eu lhes digo que, da mesma forma, haverá mais alegria no céu por um pecador que se arrepende do que por noventa e nove justos que não precisam arrepender-se.

Esse é o tipo de domingo em que você gostaria que os descrentes visitassem sua igreja, para que pudessem observar o evangelho em ação diante dos próprios olhos!

PONDO ORDEM EM SUA CASA

A disciplina na igreja pode ter enormes repercussões de cunho legal. Se os líderes da igreja interferirem na vida dos membros e apresentarem os assuntos disciplinares diante da congregação (conforme as igrejas fizeram ao longo da história), um membro descontente pode tentar processar a igreja por difamação, danos morais e invasão de privacidade. A igreja pode reduzir notavelmente sua vulnerabilidade a esses processos, se conseguir organizar a casa sob a perspectiva legal, antes de aplicar a disciplina.

A coisa mais importante a fazer, do ponto de vista legal, é obter "consentimento formal" de sua congregação para as práticas disciplinares. Isso exige que os membros sejam totalmente informados de sua política de disciplina e que eles concordem em se submeter a essa diretriz.

O processo de educar sua congregação e obter dela consentimento formal é descrito com detalhes em Managing Conflict in Your Church, recurso disponível nos Peacemaker® Ministries. Os passos básicos desse processo incluem:

- Forneça aos membros instruções detalhadas sobre o fundamento bíblico e o processo de disciplina corretiva na igreja.
- Reveja suas diretrizes e orientação para a disciplina da igreja, a fim de, explicitamente, estabelecer o compromisso da igreja com essa disciplina. Em particular, especifique se você informará os membros do problema, se dará continuidade ao processo disciplinar mesmo se alguém tentar renunciar à igreja e se compartilhará informações relevantes com a igreja para a qual a pessoa que está sendo disciplinada tenta fugir.[11]
- Obtenha apoio e consentimento para esse conjunto de diretrizes por meio de um processo formador cuidadoso, com amplas discussões abertas e reuniões com a membresia.
- Informe todos os membros de seus compromissos disciplinares por meio de uma série de palestras aos novos membros.

- Lembre a congregação de sua compreensão e de seu compromisso com relação a essas políticas anualmente, se possível em um "domingo de reconciliação", quando o sermão e os testemunhos celebram a bondade de Deus para com o seu povo por meio da bênção advinda da disciplina corretiva e formativa na igreja.

Esse processo demanda tempo e esforço, mas pode assegurar a proteção e a liberdade de que a igreja precisa para providenciar a disciplina redentora que seus membros às vezes necessitam. Uma igreja, cuja casa está em ordem tanto bíblica quanto legalmente, não terá de olhar, cheia de temor, por cima dos ombros sempre que buscar restaurar as ovelhas perdidas. Ao contrário, será capaz de ministrar ousada e confiantemente, enquanto trabalha para restaurar os relacionamentos desfeitos e proteger seu rebanho do divórcio.

OS CRISTÃOS PEDEM DISCIPLINA

Muitos líderes de igreja temem que o ensino explícito da disciplina na igreja leve membros potenciais a não permanecer na igreja. Estou convencido de que o oposto é verdadeiro. Já falei com muitos cristãos profundamente desapontados com a falta de disciplina em sua igreja, cuja mensagem passada para adultos e crianças é a de que a obediência a Deus é opcional e depende de decisão individual. Muitas dessas pessoas desiludidas estavam buscando uma igreja que leva a santificação a sério e ama seu povo suficientemente para fazer que assumam sua responsabilidade perante a Palavra de Deus.

De forma similar, já vimos que a igreja, quando ensina e modela a disciplina bíblica de forma amorosa e por meio dos princípios bíblicos, tem retorno direto — os cristãos sinceros respondem a isso com apreciação e com respeito por seus líderes. Essa resposta é bem ilustrada em um bilhete escrito por um menino de 12 anos e dirigido a seus presbíteros, após o término de uma série de palestras sobre a comunidade de membros, as quais incluíam instruções detalhadas sobre disciplina na igreja.

> Pertencer a uma igreja que pratica a disciplina significa muito para mim. Significa que me sinto seguro, pois alguém está cuidando de mim e está alerta para tentar impedir que eu me desvie. O fato de que meu irmão e eu sempre estamos em conflito me faz perceber que uma igreja com muitos membros também terá conflitos. Sempre que resolvo um conflito com meu irmão, sinto-me muito bem por estar reatando nossa união. Nesse sentido, entendo como a disciplina na igreja é vital para o crescimento espiritual tanto da igreja quanto de seus membros.

Parece-me que esse garoto tinha uma perspectiva bíblica mais fiel sobre a disciplina na igreja do que muitos cristãos adultos. Portanto, em minha mais sincera oração, peço que os líderes da igreja façam duas coisas simples. Primeiro, que abram sua Bíblia e estudem os muitos trechos citados neste capítulo para saber o que Deus ensina sobre disciplina. Em segundo lugar, que confiem em Deus e obedeçam ao que ele ordena.

O exercício obediente e amoroso da disciplina na igreja em casamentos desfeitos pode dar aos casais a motivação e ajuda de que precisam para desacelerar, contabilizar os custos, lembrar as promessas de Deus e olhar para o Senhor, não para um juiz, a fim de solucionar os problemas matrimoniais. E não importa quanto seu casamento pareça estar morto, eles podem experimentar a maravilhosa verdade de que servimos a um Deus que se deleita em ressuscitar os mortos para benefício do seu povo e a glória e louvor do seu nome!

NOTAS

1. The Barna Research Group, Ltd., 6 ago. 2001, Pesquisa sobre divórcio, casamento e novo casamento. A pesquisa de Barna diz: "Cristãos nascidos de novo têm a mesma probabilidade de se divorciar do que adultos que não nasceram de novo. Do total, 33% de todos os casados que nasceram de novo tiveram a experiência do divórcio, o que é

estatisticamente idêntico à incidência de 34% entre os adultos que não nasceram de novo" (www.barna.org, survey on divorce, 6 ago. 2001). Entretanto, esses 33% incluem um número significativo daqueles que, *depois* de um divórcio, abraçaram a fé ou vieram à igreja em busca de cura. A pesquisa não diz nada sobre a *probabilidade* de os cristãos nascidos de novo se divorciarem *depois* que se convertem. No entanto, a porcentagem é assustadoramente alta.

2. O problema do divórcio e de seu impacto nas famílias de nossa sociedade é assustador. Não temos a capacidade de medir todos os seus efeitos em nossa sociedade, mas o que podemos medir é aterrador. O estudo Children of Divorce, de Judith Wallerstein, demonstra que o divórcio comumente é prejudicial e, com freqüência, catastrófico para as crianças. O impacto pode ser observado na forma de problemas comportamentais e acadêmicos, promiscuidade, uso de drogas, crimes e dificuldade em relacionamentos duradouros. Veja Judith WALLERSTEIN, Sandra BLAKESLEE e Julia LEWIS, *The Unexpected Legacy of Divorce:* a Twenty-Five Year Landmark Study, Westport: Hyperion Press, 2001. Quando os pastores não lutam pelos casamentos, as ovelhas quase sempre sofrem.
3. Copiado de Ken SANDE, *The Peacemaker:* A Biblical Guide to Resolving Personal Conflict, Grand Rapids: Baker Books, 2001.
4. Digo "são geralmente proibidas", pois há algumas circunstâncias específicas nas quais é apropriado usar os meios físicos para a defesa pessoal ou apelar aos tribunais civis para reparar os danos (veja Rm 13.1-6). Para uma discussão mais detalhada sobre o "terreno escorregadio" e de quando é apropriado utilizar uma resposta específica ao conflito, veja *The Peacemaker:* A Biblical Guide to Resolving Personal Conflict.
5. Os Peacemaker® Ministries desenvolveram recursos para as escolas dominicais e estudos bíblicos para pequenos grupos a fim de ajudar você a ensinar esses princípios em sua congregação.
6. Grand Rapids: Zondervan, 1980.
7. Este estudo está disponível em Peacemaker Ministries, www.HisPeace.org ou pelo telefone 800-711-7118.

8. R. C. SPROUL, *The Intimate Marriage,* Wheaton: Tyndale House, 1986, obra em que o autor faz uma excelente descrição desses mitos.
9. Para ter acesso a uma excelente discussão sobre o assunto, veja Gary THOMAS, *Sacred Marriage:* What If God Designed Marriage to Make Us Holy More Than to Make Us Happy?, Grand Rapids: Zondervan, 2000.
10. Para uma discussão mais detalhada sobre como lidar com o processo disciplinar, veja *Managing Conflict in Your Church*, disponível por meio dos Peacemaker Ministers, www.HisPeace.org ou 800-711-7118.
11. Conforme explicado detalhadamente em *Managing Conflict in Your Church*, todos esses passos estão de acordo com Mateus 18.12-20, bem como são algumas vezes necessários para obter apoio necessário no sentido de levar o membro a se arrepender e retornar à igreja.

III

Os desafios atuais

10

Liderança masculina e bom senso feminino

C. J. MAHANEY

Os engenheiros de uma importante empresa estavam perplexos. Um grande conjunto de máquinas havia quebrado, e eles não sabiam o motivo. Isso aconteceu no início do século XX, quando a era industrial avançava a todo vapor, portanto esse acidente não poderia acontecer em uma empresa tão poderosa.

Como os engenheiros não sabiam ao certo por onde começar a resolver o problema, chamaram Charles Steinmetz, um recém-aposentado da empresa, cuja genialidade na área elétrica fazia parte da bagagem lendária da companhia. Steinmetz chegou e caminhou lentamente em volta das máquinas, fazendo vários testes. Tirou um pedaço de giz do bolso e marcou um componente específico de determinada máquina com um "X".

Quando os engenheiros desmontaram o componente, constataram que o problema era exatamente ali. Dias mais tarde, a companhia recebeu uma conta de dez mil dólares de Steinmetz, uma quantia aparentemente absurda. Decidiram devolver a conta a Steinmetz pedindo que ele especificasse os custos. Depois de alguns dias, receberam a nota especificada, em que se lia:

1. fazer um sinal com giz – $ 1,00
2. saber onde fazer o sinal – $ 9.999,00[1]

O "X" IDENTIFICA O LOCAL

Harry está sentado no gabinete pastoral, pressionando os dedos nos braços do sofá. Ao lado dele, a esposa, Jill, com as mãos cruzadas, olha para o carpete silenciosamente. Embora a poucos centímetros um do outro, não há entre eles o menor contato.

Essa é a primeira vez que se encontraram para aconselhar-se com Alan, um jovem pastor. Há quarenta minutos, ele está tentando extrair informações sobre a história dos seis anos de casamento. O processo provou ser mais revelador do que Harry e Jill imaginavam. No entanto, está claro para Alan que marido e esposa amam o Senhor e um ao outro, como também dedicam a devida consideração às Sagradas Escrituras e têm demonstrado que são servos persistentes na igreja desde que se uniram a ela dois anos antes.

Depois de dois outros encontros, o problema central do casamento de Harry e Jill tornou-se evidente. Não é bonito, mas também não é incomum: Jill não segue as orientações de Harry.

Durante o noivado, quando inúmeras decisões práticas tinham de ser tomadas, as sugestões de Harry tanto para a cerimônia quanto para a recepção geralmente eram descartadas por Jill. Afinal, ela demonstrava mais habilidade artística e conhecimento administrativo. Quando Harry tomava uma decisão, ela algumas vezes seguia sua orientação, mas sem alegria nem entusiasmo. Em outros momentos, quando concordava com a idéia de Harry, ele depois descobria que Jill, "após considerar o assunto" e pedir a opinião alheia, acabava seguindo a própria decisão. Nessas ocasiões, Harry algumas vezes discutia a atitude dela, mas as coisas normalmente permaneciam da mesma forma, e ele apenas expunha seus questionamentos e preocupações. Nesse meio tempo, Jill continuava a fazer o que achava melhor.

Esse padrão foi estabelecido antes do casamento e mudou muito pouco na vida conjugal. É comum Harry iniciar as discussões com Jill sobre a vida espiritual deles, os compromissos, o orçamento e as crianças. No entanto, a não ser que ele tome decisões claras e decisivas, normalmente Jill faz o que lhe agrada. Quando Harry toma uma decisão clara, em geral Jill acaba dando a contra-ordem. Quando estão a sós, ela sempre encontra uma razão para fazer as coisas de modo diferente.

A essa altura do encontro, o pastor Alan não tinha muita certeza no modo de dar continuidade ao aconselhamento. Ele necessitava da orientação de outro pastor, um homem mais experiente, alguém como Charles Steinmetz, que poderia identificar com precisão o problema. Se ele viesse em seu auxílio, o que você lhe diria? Em que local desse maquinário tão complexo, que é o casamento, você marcaria o X?

Jill claramente se recusa a seguir as orientações de Harry. No entanto, o casamento é um sistema ordenado e planejado por Deus, e algumas vezes não é focalizando a atenção no ponto que mais obviamente aparenta estar quebrado que se consegue consertá-lo. De fato, de acordo com a Bíblia, o local apropriado para marcar o X nesse caso não é a mulher, mas o marido. Isso não significa, de forma alguma, uma desculpa para o pecado da esposa. Ao contrário, serve para observar a ênfase bíblica na importância da liderança do marido no casamento.

Quando o problema em um casamento for precisamente descrito pela frase: "a esposa recusa-se a seguir o marido", o pastor sábio e conselheiro focaliza sua atenção inicialmente no marido. Assim que Harry compreender seu papel bíblico e exercitar a própria liderança com graça e sabedoria, este será o momento em que o pecado de Jill tem de tornar-se um tópico mais central no aconselhamento. Até esse momento, o X recai sobre Harry. Na verdade, a maior parte deste capítulo será dedicada a Harry, não porque o pecado de Jill seja insignificante, mas porque o ato de seguir a orientação do marido, sem uma boa liderança, torna-se muito mais difícil.

A seguir, listo cinco sugestões para ajudar o marido, cada uma acompanhada de algumas palavras de aconselhamento à esposa. O objetivo do conselho é dar condições ao marido de servir a esposa de forma que se estabeleça a posição dela para receber de Deus a graça de arrepender-se e, sinceramente, iniciar o processo de mudança.

1. Ajude-o a focalizar o evangelho.

O material cristão mais popular que trata do tópico do casamento (pelo menos, em minha experiência de leitura) possui todo ele, infelizmente, uma teologia deficiente. A maior preocupação é a forma pela qual esse conjunto de obras lida com o evangelho. Normalmente, elas assumem o evangelho como ponto pacífico, bem como o descrevem de maneira imprecisa e o aplicam de modo equivocado ou simplesmente o ignoram. Pode existir maior desserviço a qualquer cristão que, de modo sincero, deseja melhorar seu casamento?

Jamais devemos partir do pressuposto de que aqueles a quem aconselhamos têm compreensão satisfatória do evangelho ou o valorizam suficientemente. O apóstolo Paulo nunca partiu desse pressuposto. Sempre imaginou o contrário! Em cada uma de suas cartas que se encontram na Bíblia — sem levar em conta a quem se dirigia, remetendo-se quer a uma igreja jovem, quer a uma igreja madura, quer a um líder aprovado —, os ensinamentos de Paulo sempre procediam da cruz e se relacionavam a ela. *Paulo sempre partiu do pressuposto de que seus leitores precisavam ser clara e especificamente lembrados do conteúdo do evangelho.*

Quando a igreja de Corinto estava se desviando da centralidade do evangelho, ao ser seduzida pela sabedoria humana, Paulo reiteradamente fez que a atenção deles se voltasse para o evangelho. Próximo do encerramento de uma de suas cartas, ele escreveu: "Irmãos, quero lembrar-lhes o evangelho [...]. Pois o que primeiramente lhes transmiti foi o que recebi: que Cristo morreu pelos nossos pecados, segundo as Escrituras" (1Co 15.1,3).

O evangelho era de importância fundamental na pregação de Paulo. Quando ensinava e aconselhava os cristãos em suas cartas, o apóstolo mostrava que o evangelho era de suma importância. Sem dúvida, o evangelho também deve ser de suma importância em nosso aconselhamento.

Por que é que nos desviamos tão prontamente do evangelho? Acho que parte da razão para isso está no fato de que nossa orientação diária é subjetiva, não objetiva. Ou seja, vivemos conforme nossos sentimentos em vez de em conformidade com a verdade. Sinclair Ferguson afirma: "A orientação evangélica é interna e subjetiva. Ficamos em uma posição muito melhor quando olhamos para nosso interior, não para o exterior. Precisamos gastar nossa energia admirando, experimentando, descobrindo e glorificando Jesus Cristo". De modo semelhante, Martinho Lutero escreveu que o evangelho é "inteiramente exterior a nós". Não permita que quem o procura para aconselhamento se preocupe consigo mesmo. Ele precisa olhar para fora de si e examinar a magnífica cruz. Incentive-o a gastar energia diariamente "admirando, experimentando, descobrindo e glorificando Jesus Cristo".

Deveríamos prestar atenção às seguintes palavras de David Powlison, editor do Journal of Biblical Counseling: "Jamais degenere seus conselhos por não associá-los ao evangelho de Jesus Cristo crucificado — as boas-novas de que ele está vivo, presente, ativo e que retornará. [...] Os bons princípios esvaziados de Cristo — "descristificados", para expressar de forma estranha, mas precisa — podem apenas funcionar como uma espécie de auto-ajuda".[2]

Oferecer a esse marido aconselhamento sem fundamento no evangelho é o mesmo que empurrá-lo para o legalismo, outra tendência diária dos cristãos. O legalismo implica procurar perdão e justificação diante de Deus, bem como a aceitação de Deus, por meio da obediência somente. O legalismo troca, em essência, minhas obras pela obra acabada de Jesus. O legalismo significa auto-expiação e o cúmulo da arrogância. É viver como se a cruz de Cristo fosse desnecessária ou insuficiente. Quando aconselhar um homem cuja esposa não o segue, faça regularmente as perguntas a seguir para verificar o grau de legalismo.

1. Ele está mais consciente de seu pecado passado do que da obra acabada da cruz?
2. Ele acha, crê ou sente que Deus está desapontado e insatisfeito com ele?
3. Ele parte do pressuposto de que a aceitação dele perante Deus depende de obediência?
4. Ele está sempre se condenando?
5. Falta-lhe alegria?

É importante fazer essas perguntas porque, se o marido for legalista, ficará preocupado e arrasado com os próprios pecados, com os pecados da esposa e com as correspondentes conseqüências desses pecados. Ou, de outra forma, suas tentativas de servir a esposa e de convencê-la apenas alimentarão sua crença de que ele está contribuindo para que se apresente diante de Deus. Ou seja, ele se tornará ou mais condenado ou mais justo e legalista. Para protegê-lo tanto do legalismo quanto da condenação, esforço-me para ter certeza de que aquele indivíduo, nesse processo de aconselhamento, obtenha e mantenha uma compreensão clara das doutrinas da justificação e santificação. Muitas vezes, pude verificar que as seguintes frases demonstram ser bastante úteis:

- Justificação significa ser *declarado* justo. Santificação significa *tornar-se* justo.
- A justificação é *objetiva* e ato unilateral de Deus; relaciona-se com a nossa posição diante de Deus. A santificação é *subjetiva* e um processo no qual estamos diariamente envolvidos; relaciona-se com a nossa prática diante de Deus.
- A justificação é *completa*, total e imediata no momento da conversão. A santificação é *progressiva*, pois inicia no momento em que nos convertemos e continua até o momento que voltamos para o Senhor.

Essas duas doutrinas são distintas, embora inseparáveis, pois Deus nunca justifica sem também santificar. Certifique-se de que a pessoa a quem você presta aconselhamento enxerga claramente esses frutos preciosos do evangelho. Dessa forma, você a preparará para receber a graça de Deus.

2. Ajude-o a aprofundar a compreensão da doutrina do pecado.

Alguns meses mais tarde, Harry retorna sozinho ao gabinete pastoral de Alan. Houve um incidente entre ele e Jill. É lamentável como isso aconteceu, mas não totalmente surpreendente.

Nos últimos meses, Harry tem mostrado menos entusiasmo para fazer as coisas com Jill, que, por sua vez, está feliz por poder tomar suas decisões e buscar atividades que não necessariamente incluam o marido. Ele ainda toma decisões sobre as questões da família, mas se ela discorda, ele não discute essas decisões, pois "de qualquer forma ela fará da maneira que achar melhor".

Certo dia, ele chega à sua casa e descobre que Jill não fez os telefonemas que ele lhe pedira. Ao contrário, ela levou as crianças para comprar roupas, utilizando o dinheiro que ele havia reservado para outras coisas. Harry refugia-se no computador, conformando-se com a falta de submissão da esposa.

Apesar disso, Harry sabe que a situação é inaceitável. Então, ele decide que ambos precisam passar um fim de semana a sós e longe da casa. Ele busca um refúgio romântico nas redondezas e faz planos e reservas. Quando ele conta a Jill, ela questiona a sabedoria dessa idéia. E quem tomará conta das crianças? E quem fará todas as coisas que ela precisa na casa? E o orçamento doméstico?

Num piscar de olhos, Harry tem um rompante de raiva. Ele a confronta e a chama de egoísta, insensível e insubmissa. Começa um discurso a respeito de quanto ele tentou, quanto deu de si e o quão pouco ela correspondia a isso.

— Isso é muito frustrante, diz a Alan. E continua: — Sei que não deveria ter tido aquele rompante, sei que isso é pecado, mas o problema central não está melhorando em nada. Ela simplesmente não se submete a minha autoridade e liderança. Não posso liderar se ela não me seguir!

Em algum momento, qualquer homem que estivesse na posição de Harry teria a tentação de pensar e agir da mesma forma que ele. E qualquer homem que assim faça estará tão longe da verdade quanto Harry.

Qual é o problema? Harry deve ser lembrado — repetidamente, se necessário — da doutrina do pecado remanescente e da santificação progressiva. Ele precisa perceber que o pecado não foi criado pela esposa dele. Por exemplo, ela nunca o faz ficar bravo. Ela não pode fazer isso porque não tem a capacidade de pôr ira no coração do marido. Indiscutivelmente, o pecado remanescente, que habita nele, já está lá. A ira *já* habita no coração dele! Como também o orgulho, a cobiça, o egoísmo e muito, muito mais! Quando ele está com a esposa, ela não o leva a pecar, o que acontece é apenas isto: o pecado dele é *revelado*. Deus utiliza a esposa para que o marido se torne ativamente consciente de sua pecaminosidade. Esse é um ato da divina misericórdia.

O romancista George Orwell escreveu certa vez: "Submergimos a tal profundidade que a reafirmação do óbvio é a primeira tarefa do homem inteligente". Orwell não era cristão, mas sua afirmação tem grande relevância para os conselheiros nos dias de hoje. De minha perspectiva limitada, a freqüente aceitação não crítica do movimento terapêutico entre evangélicos, na verdade, obscureceu o óbvio. E o óbvio é isto: *a raiz de nossos problemas é o pecado, nosso problema mais sério.* Diante do que afirmou J. C. Ryle: "Perspectivas indistintas ou vagas em relação ao pecado são, hoje, a origem da maioria dos erros, das heresias e das falsas doutrinas", acredito que essas perspectivas indistintas e vagas referentes ao pecado ainda hoje sobejam na igreja.

De forma geral, a literatura cristã popular que estudo situa a fonte de nossos problemas muito mais prontamente nos pais, no passado e nas dores de alguém do que na depravação que lhe é inerente.

A não ser que você tenha um firme fundamento bíblico, o conteúdo dessa literatura certamente convencerá você de que a baixa auto-estima e necessidades não supridas são o problema, em vez de apontar o pecado que habita em nós.[3]

Na Bíblia, não há nenhuma perspectiva vaga ou indistinta em relação ao pecado. O Salvador mesmo disse:

> "... O que sai do homem é que o torna 'impuro'. Pois do interior do coração dos homens vêm os maus pensamentos, as imoralidades sexuais, os roubos, os homicídios, os adultérios, as cobiças, as maldades, o engano, a devassidão, a inveja, a calúnia, a arrogância e a insensatez. Todos esses males vêm de dentro e tornam o homem 'impuro'" (Mc 7.20-23).

Mesmo quando nosso Salvador aconselha os seus discípulos, ele não se desvia da doutrina do pecado. "Se vocês, apesar de serem maus, sabem dar boas coisas aos seus filhos, quanto mais o Pai que está nos céus dará o Espírito Santo a quem o pedir!" (Lc 11.13).

Assim que somos regenerados, nós nos tornamos libertos da punição do pecado e de seu poder dominante, mas não da presença e da influência contínua do pecado. O pecado não mais reina, mas permanece. Se cedermos ao pecado e agirmos conscientemente de forma pecaminosa, mesmo como cristãos, o pecado ganha mais influência sobre nós (Rm 6.12-16), e esse pecado entristece o Espírito Santo (Ef 4.30) e pode resultar na disciplina paterna de Deus (Hb 12.5-11; v. também Ap 3.19). Portanto, devemos sempre procurar agir de forma que agrade a Deus (2Co 5.9; Ef 5.10; Cl 3.20; Hb 13.21). Essas diferenciações precisam ser compreendidas por parte da pessoa que você aconselha, e ela tem de perceber como isso se aplica em duas áreas distintas: em sua linguagem e nos desejos do coração.

As palavras que falamos. Em sessões de aconselhamento, a influência do movimento terapêutico na linguagem deve ser monitorada mais cuidadosa e gentilmente, embora precise ser confrontada com ousadia. As categorias bíblicas de pecado incluem alguns termos moralmente negativos, como orgulho, egoísmo, cobiça, preguiça, descrença e rebelião. No entanto, como nossa capacidade para a decepção pessoal não acaba em conversão, a tendência do marido será a de utilizar descrições e categorias moralmente neutras para suas atitudes e respostas em relação à esposa. Nessa categoria é comum encontrar frases como "eu estava lutando", "eu reagi", "sou inseguro", "fiquei na defensiva", "sou supersensível", "fiquei frustrado", "eu desisti" e "sou perfeccionista".

Não estou afirmando que algumas palavras e frases utilizadas para expressar o comportamento humano não tenham utilidade *descritiva*. Algumas vezes, porém, elas podem ajudar a comunicar (a alguém que não foi testemunha ocular do evento) algo a respeito daquilo que aconteceu. Contudo, a utilidade dessas palavras e frases acaba aí.

Tais termos são inúteis para explicar causa e efeito. Alguém geralmente fica na "defensiva" (um sintoma) *porque* é orgulhoso (raiz do pecado). Alguém geralmente "se retrai" *porque* é egoísta e insensível. Os termos moralmente neutros são largamente empregados em nossa cultura, pois eles minimizam, ou mesmo negam, a noção de culpa (pecado). Esses termos, quando forjados ou escolhidos pela psicologia secular, emergem de um paradigma que rejeita amplamente o conceito de culpabilidade. Como esses termos foram difundidos em toda nossa sociedade pelos meios de comunicação de massa e pela maioria das instituições educacionais, carregam uma autoridade e uma legitimidade implícitas, permitindo assim que alguém aja de maneira pecaminosa sem que seja considerado pecador. Eles não passam de simples evasivas e desculpas que mascaram como sofisticadas as observações sobre a condição humana. O conselheiro deve ouvir esses termos e recebê-los como dados que podem ajudá-lo a descrever um evento e, depois — ao rejeitar explicitamente sua função como atenuante da culpa —, a sondar o que está por trás deles, a fim de identificar a raiz do pecado.

As coisas que amamos. Com freqüência, a linguagem da pessoa sob aconselhamento revela seus ídolos, pois a boca fala daquilo que está cheio o coração. Um homem na posição de Harry quase será tentado a permitir que até um desejo proveniente de Deus — o desejo de que a esposa siga a liderança dele — torne-se um desejo excessivo e pecaminoso.[4]

> A idolatria é o problema mais discutido na Bíblia. No entanto, para os cristãos de hoje, é uma das noções menos significativas. Os ídolos não estão apenas nos altares pagãos, mas no coração e na mente dos bem instruídos. Um ídolo é algo que está na criação e que ganha proporções a ponto de funcionar como deus. Todas as coisas, as mais distintas, são ídolos em potencial, dependendo apenas de nossas atitudes e ações em relação a elas [...]. A idolatria pode não envolver a recusa explícita da existência ou do caráter de Deus. Ela pode aparecer na forma de uma dedicação excessiva a algo que, em si mesmo, é perfeitamente bom [...]. Um ídolo pode ser um objeto físico, uma propriedade, uma pessoa, uma atividade, um papel que se desempenha, uma instituição, uma esperança, uma imagem, uma idéia, um prazer, um herói, qualquer coisa que possa servir de substituto de Deus.[5]

Minha definição favorita de idolatria é a de Calvino: "O mal em nosso desejo não repousa naquilo que queremos, mas no fato de o querermos em demasia".

Como conselheiro desse marido, você tem de ajudá-lo regularmente a considerar o que ocorre no coração dele. Você precisa ajudá-lo a guardar o coração, a fim de que o desejo nele depositado não se transforme em um ídolo, mesmo quando esse desejo é algo bom, como querer que a esposa aceite alegremente seu papel bíblico. Quando tal desejo, mais do que a obediência a Deus e a fé no Senhor, controla os pensamentos e ações dessa pessoa, então ela ultrapassou o limite e caiu na idolatria. Assim, você deve ajudá-lo a arrepender-se e a retornar.

Graça para mudar. À medida que você ajudar esse marido a compreender e a aplicar a doutrina do pecado e da santificação, será possível observar nele quatro mudanças distintas. Em primeiro lugar, ele crescerá em *humildade*. A doutrina do pecado permitirá que esse homem siga o exemplo de humildade de Paulo e perceba a si mesmo como o pior dos pecadores (1Tm 1.15).

William Law afirmou: "Podemos condenar justamente a nós mesmos como os piores pecadores que conhecemos porque conhecemos melhor a insensatez de nosso coração do que a dos outros. Portanto, todo pecador conhece mais os agravos da própria culpa do que os de outras pessoas e, por conseguinte, pode justamente perceber a si mesmo como o pior pecador que conhece".

Se esse marido não percebe a si mesmo como o pior pecador, provavelmente ele se convencerá de que a esposa é a pior pecadora — uma receita para o fracasso do relacionamento. Sem a humildade proveniente da aplicação da doutrina do pecado a si mesmo, esse casal não fará nenhum progresso significativo e duradouro no relacionamento conjugal.

Na segunda mudança, a doutrina do pecado produzirá nesse marido a *convicção do pecado*. Ele experimentará a tristeza proveniente de Deus, a qual o levará ao verdadeiro arrependimento.

Assim que o marido experimentar a convicção do pecado, surgirá a terceira mudança: a doutrina do pecado produzirá a *confissão do pecado*. A confissão deve ser feita, antes de tudo, para Deus, mas depois, se apropriado, à esposa. A confissão genuína deve ser sincera, breve e clara. A sinceridade é crítica, pois muitas vezes, quando não estamos suficientemente convencidos de nosso pecado, nós realmente não confessamos nem clamamos por perdão. Pelo contrário, explicamos, damos desculpas e apelamos para a compreensão.

Por fim, a quarta mudança: a doutrina do pecado e da santificação produzirá *mudança genuína* nesse marido. Seu crescimento em maturidade espiritual e a humildade genuína ficarão evidentes para todos, a começar pela esposa.

Enfatizar a doutrina do pecado remanescente é apelar para o conhecimento de nós mesmos conforme definido por Deus. Não se trata aqui nem de especulação nem de introspecção humanas. Tampouco é conhecimento de si mesmo, conforme definido pela psicologia moderna. Isso é conhecimento de si mesmo conforme definido por Deus na Bíblia.

Será crucial para esse marido, ao buscar servir a esposa e liderá-la, que seja capaz de reconhecer a tentação, identificar o pecado e a idolatria, mortificar o pecado e, por fim, cultivar a retidão. À medida que você conseguir ajudá-lo a compreender a doutrina do pecado e da santificação progressiva, ele perceberá que o Deus soberano está usando a esposa como um meio fundamental de santificação em sua vida. Deus a usará para ajudá-lo a discernir o coração e revelar seu pecado, a fim de que ele possa compreender de que forma precisa crescer para, por meio da fé, alcançar o caráter divino.

A doutrina do pecado remanescente e da santificação progressiva será uma ajuda inestimável e imensurável para esse marido. A doutrina permitirá que ele perceba que a intenção primeira de Deus é conformá-lo à imagem de Jesus Cristo, sem levar em consideração se a esposa se tornará em uma seguidora fiel da liderança do marido ou não.

3. Ensine a ele o significado da liderança bíblica.

Para ajudar esse marido, em sua condição de conselheiro, você precisa estar certo de que ele compreende a definição de liderança bíblica. Essa é a única maneira de ele compreender tudo o que Deus espera dele no papel de cabeça de sua esposa — e deve entender que Deus o fortalece para assim agir. Como esse tópico é tratado em vários outros trechos deste livro, quero apenas enfatizar um único ponto.[6]

A pessoa que você aconselha tem de memorizar e meditar o trecho de Efésios 5.25-33, para que comece a aplicá-lo. (Ele *não* deve meditar sobre os versículos de 22 a 24.) É nos versículos de 25 a 33 que Paulo descreve o amor e dá um exemplo conclusivo do amor de Cristo pela igreja. Em uma palavra, esse amor é sacrifício. Ao procurar ajudar esse marido, eu lhe perguntaria o que ele poderia fazer pela esposa, todos os dias e todas as semanas, que verdadeiramente fosse definido como sacrifício, pois dessa maneira ele poderia seguir o modelo do amor do Salvador pela igreja.

4. Encoraje-o a perdoar.

Quando eu era adolescente, meu dentista me disse que necessitava extrair três dentes de siso. Bem, se mal podia suportar uma limpeza de dentes durante as consultas, então a perspectiva de submeter-me a uma cirurgia bucal era simplesmente impensável. Optei por um plano de adiamento indefinido, uma estratégia brilhante, bem simples de implementar, que não envolvia nenhuma dor física e, aparentemente, não acarretava nenhuma conseqüência significativa.

Quando tinha quase 40 anos de idade, e os dentes de siso ainda estavam intactos, meu dentista começou a falar-me da possibilidade de um câncer em potencial. Isso me chamou a atenção; portanto, decidi buscar minha última opção não cirúrgica viável. Na verdade, comecei a orar pedindo a Deus que removesse os dentes de siso de forma sobrenatural: "Meu Deus, remova meus dentes de siso para sua glória", clamava eu. Ele não os removeu.

Bem, certo dia, lá estava eu, com praticamente 40 anos, sentado, com outras pessoas, na sala de espera do cirurgião bucal. Formávamos um grupo bastante interessante, pois até que eu abrisse a porta e ali entrasse, a média de idade naquela sala era de, provavelmente, 14 anos.

Pouco depois (antes da hora, na verdade), fui levado para o espaço reservado daquele consultório, até chegar a uma sala pequena com diversos instrumentos de aparência desumana. Recebi a instrução para sentar-me na cadeira. Logo em seguida, chega o cirurgião com as "vestimentas de batalha": — Muito bem, temos três hoje, sr. Mahaney — anuncia bruscamente. Tento decidir se a aparente alegria dele é realmente algo bom, enquanto ele segura a radiografia contra a luz e examina-a de forma engraçada, dizendo: — Veja bem, o da direita inferior pode ser um grande desafio, não dá para distinguir entre ele e a mandíbula. A seguir, ele fez uma pergunta que jamais esquecerei: — Você quer anestesia? Ou prefere novocaína?

Fiquei surpreso com o questionamento. Afinal, a pergunta tinha de ser retórica, não é mesmo? No entanto, ele ainda estava olhando para mim, à espera de uma resposta. Eu respondi, da forma mais sincera possível e do fundo do coração: "sim", como jamais o proferira. A seguir, para dar continuidade, ele pergunta: — Você quer local ou geral? Com grande determinação, respondi: — Ah, pelo menos a nacional, por favor. Na verdade, quero todas as drogas legalmente permitidas. Não se ofenda, doutor, mas não quero nem me lembrar que já o encontrei, nem mesmo de como voltar a este prédio. Será que isto é possível? É permitido por lei?

Vivemos uma época em que a cirurgia não precisa ser acompanhada de dor. A mulher que dá à luz pode optar por uma anestesia peridural. Os raios *laser* podem delicadamente remover camadas de um olho, e o olho não sente praticamente nada. Alguns pacientes que se submetem à cirurgia cerebral ficam conscientes durante a operação. A ciência médica tem à disposição inúmeros anestésicos que não deixam que sintamos dor em situações que, de outra forma, seriam experiências insuportavelmente dolorosas. Não seria bom que houvesse uma anestesia para os *relacionamentos*?

Fui capaz de adiar a inevitável remoção dos dentes de siso (esta, claramente, uma palavra usada de forma incorreta em meu caso) por pelo menos 25 anos. O marido que você está aconselhando não será capaz de adiar a dor proveniente do relacionamento. Haverá momentos em que ele perceberá que a esposa está pecando contra ele a cada 25 minutos, se não a cada 25 segundos. Alguns dos pecados dela infligirão verdadeira dor a ele, e você precisa prepará-lo para o inevitável — pois quando o inevitável acontecer, ele será tentado a ceder à amargura e à retaliação por causa do sentimento de justiça pessoal que nele habita (e em você, em mim e em todos, no que diz respeito a esse assunto).

Você tem de ajudar esse marido a perceber que, pela graça de Deus, há algo melhor do que anestesia geral para o relacionamento, bem como algo infinitamente melhor do que a retaliação — a saber, o perdão. Esse homem foi chamado a perdoar a esposa de forma plena, sem reservas, e de modo irrestrito, da mesma forma que os pecados dele foram perdoados por Deus. "... Perdoem como o Senhor lhes perdoou" (Cl 3.13). Ele deve familiarizar-se com a essência da mensagem de Mateus 18: aqueles a quem foi perdoado o imensurável jamais devem relutar em perdoar o relativamente trivial.

Certo domingo, no encerramento de uma reunião em nossa igreja, um homem compartilhou comigo um relato muito triste e angustiante de sua infância. A pior parte referia-se à maneira pela qual o pai se relacionava com ele. Depois, ele me disse:

— Sei exatamente o que você me dirá —, mas em tom de humildade, como se buscasse uma forma de conhecer minha perspectiva. — Você me dirá que eu tenho a responsabilidade de perdoar ao meu pai. De tomar, pela graça, uma decisão intencional de perdoar-lhe. Sei que é isso que você me dirá.

— Não. Esse não é o melhor começo — respondi a ele. O homem ficou surpreso e um pouco perplexo. Disse-lhe: — Ao tentar ajudá-lo, tentaria primeiro buscar convencê-lo da gravidade de seus pecados contra Deus, os quais são muito mais sérios do que quaisquer pecados que seu pai cometera contra você. Não estou tentando minimizar os pecados de seu pai, mas a perspectiva bíblica é a de que seus pecados são muito mais sérios do que qualquer pecado que tenha sido cometido contra você. E eu diria que você seria capaz de perdoar ao seu pai se primeiro reconhecesse quanto foi perdoado por Deus.

Para alguém que busca meu perdão, tenho uma resposta habitual, que se assemelha a isto: "à luz de todos os meus pecados perdoados por Deus, é um privilégio e alegria perdoar-lhe o pecado que você cometeu contra mim". Utilizo esse ponto de vista porque o enfoque está em meus pecados e em quanto fui perdoado, ao mesmo tempo que afirma a importância da confissão.

A tarefa do conselheiro é ajudar o marido a compreender a magnitude do perdão de Deus em relação a ele. De outra forma, sempre que pecarem contra ele, o senso de justiça pessoal se manifestará por meio da amargura e do ressentimento. Quando permito que meu senso de justiça pessoal se manifeste, estou afirmando que o pecado cometido contra mim é muito mais grave do que meus pecados contra Deus. No entanto, a Bíblia é clara. Como somos as pessoas que mais foram perdoadas no mundo, devemos tornar-nos as pessoas que mais perdoam no mundo. Você deve trabalhar com esse marido a fim de prepará-lo não apenas para os pecados inevitáveis da esposa contra ele, mas também para dar-lhe uma avaliação bíblica do próprio pecado e do pecado cometido pela esposa. Dessa forma, ele pode receber o perdão de Deus, assim como pode tornar-se consciente do quão maravilhosa é a graça. E depois, sem nenhuma relutância ou hesitação, ele pode estender esse perdão para a esposa.

Nesses 25 anos em que estive envolvido com o aconselhamento pastoral, o perdão tem sido a raiz do problema na esmagadora maioria dos casos. Não há substituto para o perdão. Não há alternativa para o perdão. E o verdadeiro perdão começa no reconhecimento de quanto fomos perdoados por Deus.

5. Encoraje-o a glorificar a Deus.

Em todo aconselhamento que você oferecer a esse homem, seu objetivo é provê-lo do necessário para levar uma vida que glorifique a Deus. "Assim, quer vocês comam, bebam ou façam qualquer outra coisa, façam tudo para a glória de Deus" (1Co 10.31).

De início, procure identificar a motivação primordial dele para participar do aconselhamento. Quem, na opinião do marido, será o foco no aconselhamento? O aconselhamento pode estar acontecendo, de certa maneira, *por causa* da esposa. No entanto, o marido não deve ver a esposa como o foco. Pode ser que, durante o processo, seja ele quem mais precisa mudar. Mas, também nesse caso, ele não deve ver a si mesmo como o foco do aconselhamento.

Esse homem deve reconhecer que todo o processo diz respeito, fundamentalmente, *a Deus*. Incentive-o a alinhar a sua motivação com o propósito de Deus. Essa motivação tem de ser centrada em Deus e na glorificação do Senhor, não na esposa, muito menos em si mesmo. Ele tem de buscar agradar e glorificar a Deus, não condenar nem mudar a esposa.

Em parte, isso significa que a restauração do relacionamento com a esposa não pode ser a principal paixão e prioridade do marido. Se assim for, ele será um idólatra e se você permitir que ele mantenha essa perspectiva, seu aconselhamento apenas cultivará a idolatria dele. Portanto, você terá de ajudá-lo a discernir os motivos pessoais. A seguir, se necessário, deverá ajudá-lo a rever seus motivos conforme os desejos de Deus e o objetivo primeiro de todo homem: glorificar a Deus e desfrutar para sempre do Senhor. Tal como escreveu o puritano Thomas Watson: "A glória de Deus é o fio de prata que deve alinhavar todas as nossas ações".

Quando a motivação do marido for glorificar a Deus, ele estará menos vulnerável a qualquer manipulação ou intimidação — o que a Bíblia define como temor do homem — que a esposa possa querer impor a ele. Quando sua motivação for glorificar a Deus, ele estará protegido do impulso de reagir de forma pecaminosa, caso ela não responda apropriadamente a seus cuidados, serviço e liderança. Nesses dois casos, ele pode sentir-se satisfeito e seguro, pois sabe que Deus se agradará de seus motivos e de sua obediência, independentemente do comportamento da esposa.

Por fim, se está decidido a glorificar a Deus, ele estará menos propenso a buscar nela ou exigir dela aquilo que apenas Deus pode fornecer. Ele ficará satisfeito com Deus e buscará apenas cuidar da esposa.

Deus assim ordenou o casamento: o cabeça do lar biblicamente ordenado deve ser o ponto focal de todo aconselhamento verdadeiramente cristão. Em minha experiência, a norma é que a esposa, por fim, responde à liderança humilde do marido. E você certamente deve encorajá-lo com as promessas de Deus e com o caráter divino.

Entretanto, se você estiver convencido de que esse marido está exercendo sua liderança com graça e sabedoria, e se você também tiver oportunidade de conversar com a esposa, então o que você poderá dizer a ela a respeito de submissão? Ou se a esposa vier até você e lhe disser que deseja ser obediente à Palavra de Deus, mas não tem certeza do que isso significa, o que você diria a ela sobre submissão à liderança do marido? Apresento aqui algumas sugestões de aconselhamento às esposas dentro do tópico submissão.

ACONSELHAMENTO PARA AS ESPOSAS

A visão bíblica de submissão

É um fato surpreendente que toda passagem do Novo Testamento que discute o papel da mulher em relação ao marido exige que ela se submeta a ele (Ef 5.22-24; Cl 3.18; 1Pe 3.1; Tt 2.5), ao passo que nenhuma passagem indica o inverso, ou seja, que o marido devesse subordinar-se à esposa. Qualquer leitura cuidadosa e honesta das Sagradas Escrituras é obrigada a concluir que a submissão ao marido foi ordenada à esposa.

Sem dúvida, poucas palavras são mais antagônicas à mentalidade feminista do que *submissão*. Não devemos nos surpreender se o curso natural da sabedoria humana levar a opiniões diretamente opostas às da Bíblia. Visto que essa esposa, provavelmente de uma forma ou de outra, foi exposta ao pensamento feminista durante toda a vida, talvez seja necessário que ela perceba que as conotações e implicações seculares de submissão são bastante distintas da maneira positiva e coerente pela qual esse termo é usado na Bíblia.

Igualdade plena. Tanto na criação quanto na redenção, a esposa é totalmente igualada ao marido com relação a seu valor e a sua dignidade. A verdadeira submissão em uma esposa reconhece o marido como a autoridade ordenada por Deus e não tem nada que ver com sentimento de inferioridade.

Alegria na obediência. A submissão bíblica é atitude inteligente, voluntária e alegre, atitude essa adotada pela fé. Ela flui da felicidade em obedecer às Sagradas Escrituras, que modelam a submissão voluntária do Filho de Deus ao seu Pai, como também do Espírito Santo ao Pai e ao Filho, embora todas as três pessoas da Trindade sejam iguais.

Especificidade limitada. A esposa é chamada a submeter-se ao marido, e apenas ao marido — não a qualquer outro homem ou homens em geral.

Autoridade restrita. A submissão é "ao Senhor" (Ef 5.22). A única autoridade absoluta sobre a esposa é o Senhor, e uma esposa é verdadeiramente dependente apenas de Deus, não do marido. A mulher não deve obedecer a qualquer instrução do marido se, ao proceder assim, estiver violando os ensinamentos da Bíblia.

Obrigação divina. Que os maridos observem cuidadosamente que esse mandamento de submissão é proveniente de Deus; não é algo que o marido possa exigir. O marido é chamado a ensinar, lembrar e encorajar a esposa com relação a esse mandamento. Ele, ao exercitar toda a graça, amor e humildade, tem de recusar a acomodar-se a qualquer coisa menor do que isso. No entanto, a função do marido não é impor a Lei de Deus.

A submissão e o mandamento divino

A esposa cristã que procura honrar a Deus no casamento será direcionada, inspirada e preparada pela clara compreensão de Efésios 5.22-24. Essa passagem ensina que os respectivos papéis de marido e esposa são enraizados nos papéis distintos de Cristo e de sua igreja. O casamento foi planejado para ser um reflexo do mandamento divino em que a submissão da esposa no casamento reflete a submissão da igreja a Cristo. Ajude a esposa a perceber que, em nenhum caso, a submissão é mútua. Cristo não se submete à igreja, mas a igreja sujeita-se a ele, da mesma forma que o marido não se submete à esposa. Esses papéis não estão abertos à redefinição nem a qualquer nova interpretação, tampouco a um ajuste. Qualquer mudança representa um desvio do propósito divino, fazendo que o casamento deixasse de ser um reflexo do relacionamento entre Cristo e a igreja. Deixe que a esposa que ama a Deus e a sua Palavra acolha no coração o fato de que, ao se submeter ao marido, ela está retratando ao mundo um reflexo da realidade divina e eterna.

A compreensão bíblica do respeito

Além da submissão, Efésios 5.33 acrescenta que a esposa tem de "respeitar" o marido. Quando Jill pensa no marido, Harry, os pensamentos dela são caracterizados pelo respeito? É triste perceber que muitas esposas, quando são lembradas dessa passagem, têm a tentação de responder de forma que possa violar esse mandamento!

Parte dessa confusão certamente tem origem na falsa crença de que o respeito é essencialmente uma emoção — nesse caso, resultando da visão subjetiva da esposa de quão bem o marido desempenha seu papel multifacetado. No entanto, o respeito é um mandamento das Sagradas Escrituras fundamentado na *posição* do marido, não em seu desempenho.

A autoridade é um conceito tecido ao longo de toda a Bíblia. O marido é o cabeça da mulher em virtude de uma ordem divina imutável, não em razão de escolha, preferência ou poder de qualquer ser humano. A esposa é chamada a respeitar o marido porque, independentemente das deficiências deste, é ele o cabeça (cf. Ef 5.23).

Pouco tempo atrás, havia um presidente dos Estados Unidos que vivia e se comportava de tal forma que era impossível para mim *sentir* respeito por ele. No entanto, fiz todo o esforço possível para que ele ocupasse essa posição de respeito; procurei pensar nele e falar sobre ele de maneira respeitosa, pois, afinal de contas, ele ocupava uma posição de autoridade bíblica que exigia um comportamento adequado de minha parte. O mandamento de Deus pelo qual a esposa tem de tratar o marido com todo o "respeito", da mesma forma, não deve ser acompanhado de qualificativos — e à luz dessa verdade, a falta de respeito para com o marido significa desobediência *e* desrespeito a Deus.

Apresento a seguir quatro formas práticas pelas quais a esposa poderá aplicar o mandamento bíblico que lhe determina o respeito ao marido.

Representação. Ela jamais deve falar negativamente dele para outras pessoas. O marido não deve preocupar-se com o que a esposa possa falar aos outros sobre ele ou o casamento deles. Se alguma vez ela precisar identificar uma dessas deficiências a outra pessoa, sua atitude não deve pegar o marido de surpresa; o assunto já deve ter surgido entre eles, e ele deve sentir-se mais confortável com o fato de que sua deficiência será mais amplamente conhecida.

Consulta. Ela não deve buscar o aconselhamento alheio em assuntos importantes, pelo menos até que os tenha discutido com o marido. Se ela discordar da posição dele e desejar aconselhamento sobre a questão, ela deve, respeitosamente, torná-lo ciente de suas intenções. (V. a seguir o tópico intitulado "Quando a esposa discorda do marido".)

Atenção. Quando o marido fala, ela deve escutá-lo atenciosamente, buscando manter um contato visual regular e abstendo-se de corrigi-lo quanto a detalhes menores.

Encorajamento. Ela deve adotar o hábito de encorajá-lo regularmente com relação ao seu papel de marido e expressar verbalmente seu respeito por ele. Quando apropriado, a esposa deve fazer isso na frente dos filhos e em público. No que se refere ao encorajamento verbal, ela deve compreender que as Escrituras não fazem exceção ao temperamento, à educação ou ao condicionamento cultural. Se o encorajamento verbal e as expressões de respeito não lhe parecem algo natural, talvez ela possa receber encorajamento ao saber que esses exercícios melhorarão sua atitude em relação ao marido, permitindo que ela fique mais consciente das áreas até então negligenciadas ou às quais possa não ter dado a devida importância.

QUANDO A ESPOSA DISCORDA DO MARIDO

Haverá momentos em que a esposa, talvez por uma boa causa, discorde da decisão tomada pelo marido ou do direcionamento que ele escolheu para a família. Sendo semelhante ao marido e na condição de sua ajudadora — uma dádiva de Deus a ele —, de que forma a esposa poderia recorrer da decisão do marido ou mesmo desafiá-la e ainda assim honrar as Sagradas Escrituras? A chave para isso está na comunicação honesta de suas preocupações, bem como ao mesmo tempo, em todo o processo, jamais ter o propósito — pela graça — de abandonar ativa e intencionalmente sua atitude de submissão e respeito para com ele. À medida que a esposa apresenta suas preocupações ao marido, ela pode fazer isso de forma bíblica e honrada ao comunicar-lhe o seguinte:

- Sua avaliação de que ele está assumindo a liderança, mesmo quando ela discorda da direção que ele toma.
- O apoio a ele em sua decisão final, qualquer que seja essa decisão (desde que, obviamente, isso não represente uma violação da Bíblia).
- A confiança em que Deus lidera sua família por intermédio do marido, e seu apoio à liderança dele.

Ao mesmo tempo que você prestar aconselhamento a esse casal, permaneça concentrado para observar a glória de Deus manifestada por meio de suas vidas. Assim, você os preparará para a experiência da restauração verdadeira, profunda e em todos os aspectos do casamento, que só Deus pode realizar. Enquanto você conduz o marido ao evangelho, ensine a ele novamente a doutrina do pecado, definindo seu papel como o líder escolhido de Deus para o lar, encorajando-o a entender a obrigatoriedade do perdão. Desse modo, você irá ajudá-lo com conselhos totalmente fundamentados nas Sagradas Escrituras. Conforme você auxilia a esposa a compreender a beleza e o privilégio inestimáveis do papel a que foi chamada — um modelo da noiva de Cristo —, você a ajudará a se posicionar para receber o precioso dom da graça que é entregue apenas aos humildes.

Finalmente, à medida que aumentar a satisfação de ambos, sua união demonstrará cada vez mais a glória e a bondade daquele que estabeleceu o casamento exatamente para esse propósito.

NOTAS

1. Clifton FADIMAN, *The Little, Brown Book of Anecdotes*, Boston: Little, Brown, 1985, p. 523.

2. "Who is God?", *Journal of Biblical Counseling*, v. 17, n. 2, inverno de 1999, p. 16.
3. Sobre esse tópico do pecado que habita em nós, tenho de recomendar os escritos dos puritanos. Eles foram caluniados pelas pessoas ignorantes e não piedosas, mas tinham uma paixão por Deus e uma demonstração impressionante de maturidade. Por que precisamos dos puritanos? J. I. PACKER afirma: "A resposta, em apenas uma palavra, é maturidade [...]. Os puritanos exemplificaram a maturidade, mas nós, não", *A Quest for Godliness,* Wheaton: Crossway Books, 1990, p. 22. Os puritanos estudaram a doutrina do pecado e da santificação em detalhes e escreveram exaustivamente sobre ela. Eles a aplicaram implacavelmente às suas vidas. Sobre esse tópico, seria difícil apresentar algo melhor do que aquilo que John OWEN escreveu, especialmente no volume VI de *Collected Works*, intitulado *Temptation and Sin.* Uma versão resumida, *Sin and Temptation*, está disponível em brochura[a]. E Kris LUNDGAARD, *The Enemy Within*, que, de acordo com sua declaração, "raptou a obra de Owen", adaptando sua linguagem e trazendo seu pensamento para o inglês de hoje.
4. Eis uma ilustração muito útil de uma versão não publicada de um artigo (cujo titulo é: "Basic Biblical Concepts of Human Motivation") do conselheiro David Powlison, da Christian Counseling and Educational Foundation: "Uma mulher comete adultério e arrepende-se. Ela e o marido reestruturam o casamento dolorosa e pacientemente. Oito meses depois, o homem sente-se incomodado por uma suspeita sutil, e a esposa percebe isso e se sente como se vivesse sob a vigilância da polícia secreta. O marido é afligido por suas suspeitas, pois não tem razões objetivas para elas. 'Eu já lhe perdoei. Nós já reconstruímos nosso casamento. Jamais nos comunicamos tão bem. Por que insisto em continuar com essa desconfiança?'. Por fim, o que emerge é que ele está disposto a perdoar o passado, mas está tentando controlar o futuro. Seus anseios devem ser afirmados da seguinte maneira: 'Quero garantir que a traição jamais acontecerá novamente'. E a intensidade de seus anseios

[a] O leitor tem à disposição em língua portuguesa o título *A mortificação do pecado*, publicado pela Editora Vida. [N. do E.]

começa a contaminar o relacionamento e põe esse homem em uma posição em que avalia e julga continuamente a esposa, em vez de cuidar dela e amá-la. O que ele quer não pode ser garantido deste lado do céu. Ele entende isso. Percebe seu desejo exacerbado de garantir o futuro. Depois, desabafa: 'O que há de errado em querer que minha esposa me ame? O que há de errado em querer que ela permaneça fiel a nosso casamento?'. Não há nada errado com o objeto de seu desejo. No entanto, está tudo errado quando esse desejo governa sua vida. O processo de restauração do casamento deu um grande passo à frente conforme ele compreendeu uma lição que seu Pastor lhe reservara."

5. Os GUINNESS e John SEEL, eds., *No God but God*, Chicago: Moody Press, 1992, p. 32-33.
6. Veja também John PIPER e Wayne GRUDEM, eds., *Recovering Biblical Manhood and Womanhood*, Wheaton: Crossway Books, 1991.

11

Ministério da igreja para pessoas postas à prova pela homossexualidade

BOB DAVIES

Se você é um líder cristão típico, apenas o fato de alguém procurá-lo para aconselhamento e, ao mesmo tempo, admitir a própria homossexualidade é, provavelmente, suficiente para dar-lhe um nó no estômago. Nas últimas duas décadas, certamente já conversei com muitos pastores que passaram por tal situação desconfortável.

Lembro-me do telefonema que recebi de um desses pastores.

— Eu realmente preciso de sua ajuda —, disse ele inicialmente. — Há um sujeito que está vindo para meu gabinete pastoral e deve chegar aqui daqui a vinte minutos, e ele está enfrentando problemas com a homossexualidade. Não tenho a menor idéia de como ajudá-lo.

— Na verdade, tenho boas notícias para você — disse-lhe. — Há respostas. Vou lhe dar um curso intensivo sobre como ajudar esse homem em dez minutos.

Neste capítulo, compartilharei a mesma visão que compartilhei com aquele apreensivo pastor. Até algumas colocações simples poderão capacitá-lo a tratar desse tipo de situação com alguma confiança e compreensão.

MEU PASSADO

Enfrentei problemas com a homossexualidade em minha vida, mas estou bem casado há mais de 15 anos. Neste capítulo, quero levar até você, leitor, uma visão interior do processo que Deus me fez atravessar a fim de trazer-me esperança e cura. Também gastei os últimos vinte anos apoiando outros que enfrentam problemas com esse tipo de questão ou são próximos de alguém que se vê diante de problemas com a homossexualidade.

Essa situação traz-me à memória os seguintes versículos:

> "Bendito seja o Deus e Pai de nosso Senhor Jesus Cristo, Pai das misericórdias e Deus de toda consolação, que nos consola em todas as nossas tribulações, para que, com a consolação que recebemos de Deus, possamos consolar os que estão passando por tribulações" (2Co 1.3,4).

Deus confortou-me em meio às batalhas que enfrentei em relação à homossexualidade. Agora posso mostrar como posso oferecer esse mesmo conforto aos outros.

Tomei consciência pela primeira vez de meus sentimentos homossexuais quando entrei na puberdade, por volta dos 12 anos de idade. Esse é um aspecto importante: "tomei consciência...". Poucos homens e mulheres escolhem conscientemente ter esse tipo de sentimento ou atração. Ao contrário, acredito que eles surgem de conflitos internos profundos, cujas raízes estão no princípio da vida. Muitas pessoas ficam absolutamente petrificadas ao fazer essa descoberta a respeito de si mesmas, tal como fiquei.

Alguns anos mais tarde, lera um texto cujo título era Homossexualidade, em um livro que tratava de sexualidade para adolescentes. Jamais soubera nada sobre esse assunto, contudo, à medida que lia esse livro, os autores pareciam falar daquilo que eu mesmo vinha experimentando por muitos anos.

Ao fazer uma retrospectiva, posso perceber vários problemas que "me iniciaram" nessa experiência de atração homossexual. Primeiro, eu era alto, desajeitado e nada atlético. Quando tinha entre 12 e 13 anos de idade, parece que eu era sempre o último a ser escolhido para qualquer competição esportiva por equipe. Lembro-me do sentimento de profundo embaraço e humilhação quando exposto àquela situação. Sentia-me isolado dos outros meninos. Nunca me ajustava a nada. E senti isso por muitos anos.

À medida que avançava na adolescência, percebi que os garotos e homens mais velhos que me atraíam pareciam ter algo que eu não tinha. Agora, eu sei o que era: a firme confiança em sua masculinidade. Era isso o que me faltava e era exatamente o que eles tinham e que me atraía. Embora eu desejasse o mesmo, não sabia o modo de obtê-lo.

Quando entrei na casa dos 20 anos, fui para a universidade e descobri que havia uma comunidade homossexual bem próxima de minha cidade natal, Vancouver, no Canadá. Naquela época, início da década de 1970, não se conversava muito sobre o assunto. No entanto, os homossexuais sabiam onde se encontrar, e havia alguns poucos bares que atraíam uma grande clientela à noite e nos fins de semana.

Bem, cresci na igreja e fiz meu compromisso com Jesus Cristo na mesma época em que entrava na puberdade. Deus pusera a sua mão sobre minha vida e jamais cedi às práticas homossexuais. Contudo, a agonia interna era ainda muito penosa e severa. Sentia tentações e certamente esperava que essa atração pelo mesmo sexo desaparecesse.

Desviei-me espiritualmente no fim da adolescência, mas quando entrei na casa dos 20 anos, já havia retornado à comunhão, e logo ingressei na universidade para fazer meus estudos bíblicos. Ali, pela primeira vez, comecei a experimentar relacionamentos saudáveis de amizade com o mesmo sexo. Morava em um alojamento para estudantes e tinha muitos amigos, estudantes do sexo masculino. Foi uma experiência fantástica! Jamais tivera tamanha proximidade com outros, e a atração homossexual que sentia, na verdade, retrocedeu nesse período.

No entanto, depois de concluir o curso, enquanto buscava o melhor caminho para minha carreira, defrontei-me face a face com minhas batalhas internas novamente. Depois de um período limitado em missão de curto prazo, senti que o Senhor me desafiava:

"você não pode levar os outros à liberdade até que permita que eu o liberte!". Sabia que teria de lidar com esse conflito interno que, em alguns momentos, diminuíra, mas jamais fora totalmente superado. Era tempo de lidar com minha sexualidade de uma vez por todas. Mas como?

INICIANDO O ACONSELHAMENTO

À procura de respostas, visitei a maior livraria cristã de minha cidade natal e descobri um livro de testemunhos de homens e mulheres que buscavam libertação da homossexualidade por meio de um programa de aconselhamento, associado à Exodus International. Escrevi ao ministro para obter mais informações e senti que Deus me levava a participar de um programa em que seria um residente interno. Mudei-me para a área da baía de São Francisco, em meados de 1979, e comecei a participar de aconselhamento intensivo. O que aprendi naquele ministério mudou minha vida — e meus conflitos sexuais internos.

Durante o processo de aconselhamento, descobri as respostas para algumas questões básicas. De todas elas, uma das mais importantes foi esta: os homossexuais podem realmente mudar?

Sim, eles podem! Uma das crenças mais comuns dentro da comunidade *gay* é a de que a homossexualidade representaria uma condição genética e, portanto, não poderia ser modificada. Isso é algo que se escuta repetidamente até que se torna um pressuposto para os homossexuais e lésbicas ativos.

Como cristão, tenho dois problemas com relação a essa crença. Primeiro, a idéia de que a homossexualidade não pode ser mudada não leva em consideração o poder de Jesus Cristo para transformar vidas. O Senhor mesmo disse: "Para o homem é impossível, mas para Deus todas as coisas são possíveis" (Mt 19.26), e acredito que esse versículo se aplica a todos os problemas "difíceis", incluindo a homossexualidade.

Retornando aos primeiros dias de envolvimento com a Exodus, ali praticávamos bastante o evangelismo nas ruas, em áreas de grande movimento de homossexuais em São Francisco. Essa foi uma experiência que serviu para abrir meus olhos. Descobri, ao conversar com homens que saíam de bares *gays*, um número surpreendente de pessoas nesses locais que cresceram em lares cristãos.

Compartilhava o evangelho com esses homossexuais e gostava de iniciar com a citação de um versículo muito conhecido da Bíblia. Eu iniciava, e eles terminavam para mim! Alguns deles sabiam mais sobre as Escrituras do que eu. No entanto, não sabiam aplicar o evangelho às batalhas sexuais que enfrentavam.

Era quase como se a vida deles estivesse dividida em duas, e essas partes ficassem isoladas uma da outra por um muro muito alto. Talvez pudéssemos rotular esse muro de "descrença" ou até de "ensinamento errado". Esses homossexuais não sabiam aplicar o poder da cruz de Cristo no âmbito sexual.

Isso demonstra uma de nossas maiores lutas como líderes e conselheiros cristãos, ou seja: temos de mostrar às pessoas como aplicar o evangelho às suas mais profundas batalhas. De outra forma, elas apenas terão o conhecimento na mente, mas não no coração, de que a Bíblia é capaz de mudar uma pessoa.

Também comecei a perceber a existência de uma verdadeira mentalidade de "vítima" na comunidade *gay*. Eles tinham o seguinte pressuposto: "é algo que me acompanha desde o nascimento e morrerá comigo. Portanto, não há nada que eu possa fazer quanto a isso". Esses homens e mulheres sentem-se impotentes. O que é uma tragédia — e uma fortaleza — com que teremos de lidar quando essas pessoas entrarem em nossa igreja. Jesus disse que a verdade nos liberta (Jo 8.32), e esse versículo tem uma aplicação poderosa nesse caso.

GENÉTICA?

Separemos um momento para rever os argumentos comuns que apregoam a homossexualidade como algo genético e inato. Mas, antes disso, uma retratação. Depois de vinte anos nesse ministério, sei que não tenho todas as respostas. Não tenho o conhecimento de um geneticista. Portanto, não posso provar de modo cabal que não exista base genética para a homossexualidade.

No entanto, minhas escolhas de estilo de vida não dependem dos últimos estudos científicos. Se — e eu digo *se* — ficar provado que há um gene que leva às tendências homossexuais, tal descoberta não faria que eu mudasse minhas escolhas morais. Ainda escolheria abster-me das atividades homossexuais em razão do que a Palavra de Deus diz a esse respeito.

De qualquer forma, os estudos já amplamente divulgados na mídia não são totalmente convincentes. Pense nisso por um instante: se existissem provas de que a homossexualidade tem base genética, essa notícia seria manchete de primeira página nos principais jornais do mundo. E o debate estaria encerrado. Entretanto, a polêmica continua, e isso demonstra que nenhum lado ofereceu uma prova cabal de seu ponto de vista.

Outro problema que percebo nesses estudos é que, na maioria dos casos, o pesquisador principal é *gay* e tem a intenção de apoiar um ponto de vista. Simon LeVay é um bom exemplo disso. Ele comparou cérebros de homens homossexuais com os de heterossexuais e chegou à conclusão de que as estruturas eram diferentes. Posteriormente, admitiu perante a imprensa que era *gay* e que estava totalmente comprometido com a descoberta de uma explicação biológica para a homossexualidade. Portanto, ele tinha um compromisso muito claro. Isso não anula as descobertas, mas leva-me a examinar novamente suas afirmações. Infelizmente, ao observar os estudos de LeVay, você descobre que os dados não fundamentam nenhuma conclusão firme daquilo que ele se propôs a provar. Mais especificamente, (1) as autópsias realizadas por ele não foram capazes de demonstrar que as alegadas diferenças cerebrais apareceram antes ou depois de um padrão de atividade homossexual; (2) sua amostragem era muito pequena para chegar a conclusões firmes; e, por fim, (3) ele utilizou critérios extremamente imprecisos para classificar alguém de "homossexual" ou "heterossexual".[1]

Por intermédio de nosso ministério, também encontramos muitos dados que contradizem diretamente a teoria do "nascer *gay*". No entanto, você jamais ouviu falar desses estudos. A mídia ignora-os. Por exemplo, um estudo britânico, publicado alguns anos atrás, contradiz especificamente a idéia de que gêmeos idênticos compartilhariam um gene supostamente associado à homossexualidade. Pesquisadores descobriram que, somente em uma pequena minoria dos casos em que um dos gêmeos idênticos era *gay*, o outro também era. Se os genes eram causadores da homossexualidade, por que os gêmeos idênticos não eram ambos sempre *gays* ou ambos sempre heterossexuais? No entanto, não foi isso o que o estudo revelou. Dessa forma, a mídia principal, predominante, ignorou totalmente esse estudo apresentado em uma publicação britânica respeitável.[2]

Tenho observado essa tendência em várias publicações. Estudos que parecem apoiar a homossexualidade como algo inato ganham as principais manchetes; já aqueles que parecem não comprovar tal hipótese são ignorados. Precisamos estar conscientes de que existem trabalhos de pesquisa que continuamente tratam desses dois lados da questão.

Um último aspecto: independentemente daquilo que um estudo revele, ele tem de ser repetido. Isso é apenas um bom fundamento científico. Apenas um único estudo realmente não prova nada. Tais descobertas devem ser duplicadas por outros pesquisadores antes que os resultados do estudo sejam considerados válidos. E nenhum estudo sobre o chamado "gene da homossexualidade" foi refeito até hoje. [O *site* da Exodus oferece muitas outras informações sobre o assunto. Acesse www.exodusnorthamerica.org, clique em "Library" (biblioteca) e, em seguida, "Homosexuality and society" (Homossexualidade e sociedade)].

RAÍZES E CAUSAS

Se as causas da homossexualidade não são genéticas, como podemos explicar essa condição? Embora não consiga provar que as experiências do início da vida causam a homossexualidade, posso dizer-lhes que, após conversar com centenas de homens e mulheres, existem no ambiente alguns fatores extremamente comuns a todos os homossexuais, homens e mulheres. Eis alguns padrões observados nos últimos 25 anos de ministério na Exodus:

Abuso sexual/emocional. Há muitos anos já sabemos que uma avassaladora maioria das mulheres — e um número considerável de homens — que enfrentam questões de lesbianismo e homossexualismo sofreram abuso sexual, geralmente por parte de um homem mais velho. No caso de uma menina pequena, essa experiência aterradora leva-a a associar a masculinidade com a dor, o medo e a mágoa. Creio que essas mulheres crescem e passam a rejeitar os homens, não apenas o homem que abusou delas; desse modo, tal rejeição é direcionada a todos os homens.

Muitas dessas mulheres contaram-me que começaram a se vestir de forma que desviasse a atenção masculina. Usavam roupas folgadas para esconder o desenvolvimento do corpo; evitavam maquiagem e todos os outros sinais de feminilidade que poderiam atrair a atenção indesejada dos homens.

Com relação a meninos pequenos que foram molestados, essas experiências levaram ao questionamento de sua identidade sexual masculina, que, com freqüência, já era titubeante. Esses meninos pensavam: "o que há de errado comigo para que um homem se sinta atraído por mim dessa forma?".

Dificuldade em relacionamentos com crianças da mesma faixa etária e sexo. A maioria dos homens, bem como muitas mulheres, que passaram por nossos ministérios de aconselhamento relata a sensação de que eles se sentiam "diferentes" e "isolados" das outras crianças do mesmo sexo durante a fase de crescimento. Muitas vezes, essas crianças adotavam atividades do sexo oposto (os meninos brincavam de boneca, as meninas brincavam de guerra e subiam em árvores) e passavam o tempo com amigos do sexo oposto. Em meu caso, lembro-me claramente de ficar afastado dos meninos no pátio da escola. Não sabia jogar futebol muito bem; portanto, juntei-me às brincadeiras das meninas como, por exemplo, pular corda. A maioria dos amigos que eu tinha eram meninas. Sentia-me aceito por elas, ao passo que os meninos só me ridicularizavam e me chamavam de nomes do tipo "bonequinha". Assim, na maior parte do tempo eu ficava separado dos garotos de minha faixa etária.

Ausência de laços com adultos do mesmo sexo. Na maior parte dos casos, os homens da Exodus relatam: "Jamais me senti próximo de meu pai". Mesmo aqueles de nós cujo pai estava fisicamente presente no lar sentiam-se de alguma forma afastados dele. "Não me lembro de meu pai me segurar nem dizer que me amava" é um lamento comum. Obviamente, o aumento do número de lares com pais solteiros levou a um surto de meninos e meninas que crescem sem ter ao lado um dos pais do mesmo sexo. Isso não causa a homossexualidade; no entanto, a não ser que o modelo apropriado do papel dos pais esteja presente na vida de uma criança, aquela ausência pode significar uma porta aberta para a tentação homossexual, a fim de satisfazer necessidades emocionais não supridas e próprias de um determinado sexo.

FAZENDO AS ESCOLHAS CERTAS

Portanto, a maioria dos homens e mulheres que vêm a nossa igreja em busca de ajuda dirá: — Jamais escolhi ter esses sentimentos.

É bom reconhecer isso ao dizer: — Sabe, eu tenho consciência disso.

No entanto, precisamos em seguida confrontá-los com as escolhas que terão de fazer: — Que caminho você pretende escolher de hoje em diante?

Esta é a escolha que Deus dá a todos nós: "Hoje invoco os céus e a terra como testemunhas contra vocês, de que coloquei diante de vocês a vida e a morte, a bênção e a maldição. Agora escolham a vida, para que vocês e os seus filhos vivam" (Dt 30.19). Nós *temos* uma escolha, podemos decidir o caminho a tomar de hoje em diante. O homem solteiro com inclinações homossexuais tem o mesmo poder e responsabilidade para se manter sexualmente puro que o homem solteiro com inclinações heterossexuais (isso se aplica igualmente aos homens casados — os conflitos sexuais não cessam quando você põe uma aliança no dedo).

Resistirei aos desejos sexuais impróprios ou acabarei cedendo a eles? Essa é a principal área de desafio com a qual precisamos lidar sempre que buscamos ajudar alguém a superar a mentalidade de "vítima". Deus não se concentra no que ocasionou essas tentações em nossa vida; ele quer saber como responderemos a elas. Lutar e fugir? Ou sucumbir e pecar?

Por intermédio do poder de Jesus Cristo, que trabalha em nossa vida, *temos* uma escolha. Nele já não somos mais vítimas de nosso passado.

Por isso, *dê uma oportunidade à esperança*. Essa é a primeira coisa que digo a qualquer um que telefona para nosso escritório à procura de conselho. Como eles lidarão com a situação? O princípio inicial é sempre este: "dê esperanças". A vida *pode* ser diferente. Por intermédio de Jesus Cristo, podemos dar o primeiro passo para nos distanciar da homossexualidade. Isso não tem de ser uma prisão perpétua.

Se você é pastor, encorajo-o a pregar essa boa-nova. Já escutei muitas pessoas dizerem:

— Cresci em uma igreja. Sempre soube que o comportamento homossexual era pecado. Mas *jamais* escutei algum pastor me oferecer esperança.

Eles se sentaram nos bancos da igreja, semana após semana, mas jamais receberam uma palavra de esperança e encorajamento. Portanto, devemos começar a oferecer uma palavra de esperança àqueles que lutam sozinhos e em silêncio.

Há outra forma de você transmitir esperança: falar de homens e mulheres cujas vidas foram transformadas. Uma das coisas mais poderosas sobre o programa de aconselhamento ligado à Exodus são os homens e mulheres que oferecem seu testemunho como prova de que é possível superar a homossexualidade. Existem praticamente milhares de cristãos que já superaram esse problema com sucesso ou ainda estão no processo de superação.

Em nossa conferência nacional, realizada anualmente, mais de mil representantes compareceram. Imagino que pelo menos dois terços deles são pessoas que tiveram comportamento homossexual e lésbico. Há um tremendo poder quando se reúnem. O mundo nem mesmo reconhece que elas existem, mas ali está um auditório repleto de pessoas renovadas. É muito forte e emocionante testemunhar esse evento.

O QUE DIZEM AS SAGRADAS ESCRITURAS?

Deus deixa claro que as atividades homossexuais não fazem parte do seu plano para a humanidade. Normalmente, cinco trechos da Bíblia são utilizados para justificar essa posição: em Gênesis 19, a história de Sodoma e Gomorra; em Levítico 18.22 e 20.13, a Lei moral; em Romanos 1, principalmente os versículos 26 e 27; em 1Coríntios 6.9-11; e uma passagem paralela de 1Timóteo 1.10.

Eu poderia gastar todo este capítulo revendo essas passagens, além de muitas outras fontes disponíveis e excelentes às quais você pode ter acesso por meio da Exodus International, se precisar de detalhes adicionais. No entanto, há duas questões com as quais você pode deparar quando tratar disso com sua congregação. Em primeiro lugar, algumas pessoas que lutam com a homossexualidade podem cogitar a possibilidade de haver uma brecha nos argumentos bíblicos.

— Talvez Deus não condene realmente esse modo de agir. Talvez haja algum modo pelo qual possa combinar minha fé cristã com uma identidade *gay*.

Essa é a opinião do movimento "cristão pró-*gay*", que nos últimos vinte anos tem-se tornado cada vez mais forte. Quando comecei a trabalhar na Exodus, em 1979, esse movimento era praticamente desconhecido; hoje, seus ensinamentos estão em todos os lugares, abrindo caminho até nas congregações evangélicas. Para obter mais informações sobre esse ponto de vista, recomendo o livro *A Strong Delusion* [Uma grande ilusão], de Joe Dallas, publicado pela Harvest House.

O autor dessa obra pertencia ao corpo de pastores de uma igreja evangélica no sul da Califórnia (EUA). Joe ridicularizava a igreja *gay* local sempre que passava por ela — até que se deixou seduzir pela homossexualidade e começou a visitar aquela congregação *gay* para saber no que eles realmente acreditavam. Por muitos anos, ele se viu preso na armadilha dessa falsa teologia. Além disso, chegou a fazer um treinamento para se tornar ministro na MCC — Metropolitan Community Church, uma denominação pró-*gay*.

À medida que Joe ficava cada vez mais envolvido com esse movimento, ele começava a perceber que lhe faltava algo. Ele não conseguia definir qual era o problema, mas sabia que existia um vazio em sua vida. Certo dia, enquanto assistia a um programa de televisão cristão, escutou um sermão que tratava da perspectiva bíblica em relação à homossexualidade. Assim, ele começou a ter dúvidas sobre o rumo que sua vida tomara. Ele ponderou: "E se eu estiver errado? E se a Bíblia realmente condenar a homossexualidade?". Em pouco tempo, ele voltou à comunhão com os antigos amigos de igreja, e Deus o tirou da MCC. Ele abandonou a conduta homossexual e, por fim, tornou-se o presidente da Exodus International. Hoje, ele participa de palestras no mundo todo e nelas trata da falsa teologia do movimento pró-*gay* e como se opor a seus ensinamentos.

Há uma passagem que quero examinar de forma mais detalhada, pois ela teve forte impacto em minha vida. Se você estiver aconselhando alguém e não tiver certeza de qual passagem compartilhar, encorajo-o a considerar a leitura dos seguintes versículos de 1Coríntios:

> Vocês não sabem que os perversos não herdarão o Reino de Deus? Não se deixem enganar: nem imorais, nem idólatras, nem adúlteros, nem homossexuais passivos ou ativos[b], nem ladrões, nem avarentos, nem alcoólatras, nem caluniadores, nem trapaceiros herdarão o Reino de Deus. Assim foram alguns de vocês. Mas vocês foram lavados, foram santificados, foram justificados no nome do Senhor Jesus Cristo e no Espírito de nosso Deus. (6.9-11)

Essa passagem foi um farol de esperança que transformou minha vida. No final da adolescência, já começava a ler todos os livros de teologia pró-*gay* então disponíveis. Sabia que me sentia atraído por outros homens, mas realmente não conseguia me decidir pelo ponto de vista da Bíblia em relação a essa questão. Assim, fui à biblioteca de minha universidade secular e passei a ler todos os livros que se referissem à Bíblia e à homossexualidade. Infelizmente, todos eles eram de orientação pró-*gay* na interpretação das passagens bíblicas. Queria acreditar de verdade no que aqueles livros me diziam, mas sentia uma resistência interna que não compreendia completamente. Hoje, creio naturalmente que era o Espírito Santo que estava resistindo gentilmente àquelas interpretações equivocadas da Bíblia.

Em algum momento, em meio a essa luta interna, encontrei a passagem que acabo de citar em 1Coríntios. Nela li a mensagem de que os perversos não herdarão o Reino de Deus e que eu não deveria me deixar enganar. Depois, li toda a lista dos tipos de comportamentos (incluindo a homossexualidade) com os quais os crentes de Corinto se haviam envolvido.

Depois eu li: "Assim foram alguns de vocês". Era evidente o tempo verbal no pretérito — "Foram". Percebi que a questão de superar a homossexualidade não era algo novo no cenário. O evangelho não mudara em dois mil anos. Na época de Paulo, as pessoas

[b] "Ou nem *efeminados*. O termo grego refere-se a homens que se submetem a todo tipo de depravação sexual com outros homens." Conforme comentário da Bíblia Sagrada: NVI — São Paulo: Editora Vida, 2000, p. 915. [N. do E]

estavam sendo libertas da prática do homossexualismo, do mesmo modo que ainda o são hoje.

Quando li esse versículo, comecei a ter esperança. Se Deus podia mudá-los, talvez pudesse me modificar também.

Eu amo o versículo 11 dessa passagem: "Mas vocês foram lavados". Apesar do que se escuta hoje, a homossexualidade não é um modo de vida limpo ou puro. "Foram santificados" ou separados: você não pode andar próximo de Deus e estar envolvido com atividades homossexuais. Isso é impossível. "Foram justificados" ou declarados justos. Isso demonstra para mim que a homossexualidade não é a forma correta de viver. "Assim foram alguns de vocês" — desde o século I até hoje, as pessoas têm superado esse pecado, e isso é possível por intermédio do poder de Jesus Cristo.

A PERSPECTIVA MAIOR

Também encorajo você a ter em mente, enquanto estiver aconselhando alguém, o cuidado de olhar não só para essas cinco passagens que tratam da homossexualidade. Precisamos examinar o panorama bíblico daquilo que Deus planejou para homens e mulheres.

Conheço um homem que estava profundamente envolvido com a homossexualidade. No entanto, depois de alguns anos, John viu-se insatisfeito. Ele também enfrentava um problema grave com a bebida pelo fato de freqüentar bares *gays* todas as noites. Foi então que ele fez amizade com um pastor local que era um freguês da copiadora em que John trabalhava. Ele não sabe explicar a razão, mas esse pastor o tratava com amor e respeito, embora John fosse abertamente *gay*.

Certo dia, o pastor perguntou se ele poderia visitar John:

— Posso ir até sua casa? Há algo que quero compartilhar com você.

John suspeitou que estava a ponto de se tornar o novo projeto evangelístico desse homem, mas mesmo assim concordou. Ele estava cada vez mais infeliz com a vida que levava e achou que o pastor talvez tivesse algo para o qual ele pudesse atentar.

Assim, o pastor fez-lhe uma visita, e a conversa deles direcionou-se para uma discussão sobre a Bíblia. No entanto, em vez de discorrer sobre Romanos 1 ou 1Coríntios 6, esse pastor começou a falar a respeito dos dois primeiros capítulos de Gênesis e do plano original de Deus para homens e mulheres. A seguir, o pastor leu Gênesis 1.27:

> Criou Deus o homem à sua imagem,
> à imagem de Deus o criou;
> homem e mulher os criou

Então, ambos leram Gênesis 2.18: "Então o SENHOR Deus declarou: 'Não é bom que o homem esteja só; farei para ele alguém que o auxilie e lhe corresponda'" (Gn 2.18). Deus, assim, criou a mulher.

Aquele foi um desses momentos divinamente poderosos. E as escamas caíram dos olhos de John. Afinal, ele percebeu que a homossexualidade não era o que Deus planejara para ele. Em poucas semanas, tornou-se cristão, e esse pastor e a esposa apoiaram-no na decisão de abandonar a homossexualidade. Hoje, John está muito bem casado e tem dois filhos. Sua vida demonstra que as Escrituras podem ser muito poderosas. Portanto, não fique apenas no compartilhamento de que a homossexualidade é errada; prossiga mostando-lhes qual foi a intenção original de Deus. Considero que isso é bastante útil.

COMO A MUDANÇA PODE OCORRER?

Como conselheiro cristão, acredito que o processo de mudança no qual se abandona a homossexualidade tem início com a salvação. Observei isso em minha própria vida e na vida de muitas outras pessoas. Cerca de 99% das pessoas que contatam nosso ministério, a Exodus International, para buscar ajuda nessa questão são cristãos que nasceram de novo. Por que essas pessoas procuram nosso ministério? Elas nos procuram porque estão experimentando um conflito, profundamente enraizado, entre seus sentimentos homossexuais e a fé bíblica. Esse é o ponto crucial do dilema que leva todas elas a buscar ajuda na Exodus — e provavelmente também está no âmago da batalha que traz pessoas até você em busca de ajuda.

Alguns cristãos ficam surpreendidos ao escutar isso. Eles acham que, se você é um "verdadeiro" cristão, você não terá problemas como o da homossexualidade. Eu discordo desse tipo de pensamento. Conheço vários tipos de cristãos que têm toda espécie de batalhas, incluindo essa. No entanto, visto que somos cristãos e o Espírito Santo está em nossa vida, temos a motivação e o poder para mudar.

Tenha certeza de que a pessoa que busca seu aconselhamento assumiu um compromisso genuíno com Cristo. Não pressuponha que isso seja um fato consumado. Verifique a fé dessa pessoa com ela. É uma fé verdadeira ou teórica? Trata-se de um conhecimento processado na mente ou uma experiência do coração?

Não se surpreenda, entretanto, se a pessoa que estiver lutando com a homossexualidade já tiver feito um compromisso com Cristo em algum momento da vida. Geralmente isso é verdade. Essas pessoas podem estar caminhando distantes de Deus quando vêm buscar ajuda, mas, não raro, já tinham-se tornado cristãos no passado. Portanto, elas apenas necessitam renovar sua fé e compromisso, a fim de que possam ter novo começo com Cristo.

No início de meus 20 e poucos anos, acabei em uma pequena igreja, onde fui afetuosamente acolhido de volta à fé. Renovei o compromisso com Cristo e dediquei-me aos estudos bíblicos em uma universidade por três anos. Crescera na igreja, mas devia estar dormindo nas aulas da escola dominical. Eu realmente era muito ignorante em relação à Bíblia! Mas nessa universidade mergulhávamos nos textos sagrados horas a fio. Aquele período foi maravilhoso! Depois de minha graduação, porém, batalhei por muitos anos para saber qual seria o passo seguinte a dar na vida. Envolvi-me em missões de curta duração por meio do ministério JOCUM (Jovens com uma Missão), então já me preparando para servir no exterior por um longo período.

Todavia, aconteceu aquele culto noturno que jamais esquecerei. Um palestrante visitante compartilhou suas experiências de testemunho em diversos países, em que centenas de pessoas receberam Cristo. Ansiava para que minha vida fosse tão relevante para o Reino de Deus quanto a vida daquele homem.

Depois, como já contei anteriormente, senti o desafio do Espírito Santo: "você não pode levar outros à liberdade até que você mesmo a tenha experimentado". Senti-me contra a parede. Sabia que o Senhor estava apontando para uma parte de minha vida que continuava cuidadosamente escondida da família e dos amigos: o conflito com minha identidade sexual. E eu estava temeroso, realmente temeroso.

Lembro-me de uma experiência, muitos anos atrás, quando estava no final de meu treinamento com o JOCUM. Certo dia, enquanto orava pelo meu futuro, Deus me deu uma visão mental em que eu entregava folhetos em frente de um dos maiores bares *gays* de Vancouver. Pensei: "sem chance, farei qualquer coisa menos isso!".

Soube que o momento para submeter esse lado de minha vida a Cristo havia chegado. Estava enfrentando a questão do senhorio de Cristo. Eu era cristão e conhecia Jesus Cristo pessoalmente, mas estava impedindo que essa parte de minha vida ficasse sob o seu controle. Estava mesmo desejoso de entregar tudo a ele, até mesmo minhas batalhas na área sexual?

Lutei com Deus por muitos dias antes de admitir, em completa exaustão: "tudo bem Senhor, minha vida é sua, totalmente sua; faça comigo o que o Senhor quiser!".

Quase imediatamente, senti que o Senhor queria que eu mudasse para a Califórnia e me envolvesse com um ministério da Exodus, próximo de São Francisco. E foi assim que acabei envolvendo-me com a Exodus International. Esse primeiro passo de obediência, ao entregar minha sexualidade a Cristo, abriu muitas portas para a cura, como também serviu para direcionar minha vida. Isso aconteceu há vinte anos, e desde então continuo na Exodus.

Ceder ao senhorio de Cristo abriu a porta para que experimentasse mais do seu poder de cura em minha vida. Logo que cheguei à região da baía de São Francisco, meu contínuo compromisso de obediência não esmoreceu: um dia e uma decisão de cada vez. Descobri que vivera a maior parte da vida atrás de muralhas, mantendo todos a distância para que não tivessem a oportunidade de conhecer meu "verdadeiro" eu. Agora, Deus me desafiava a andar "na luz" (1Jo 1.7) e a me tornar responsável por outras pessoas. Essa foi uma das coisas mais difíceis que já me pediram.

Veja bem, eu guardara meu segredo, profundo e obscuro, escondido de todos os amigos mais próximos por anos a fio. Assim, vir para a comunhão em uma igreja, em que todos souberam pela primeira vez das mais profundas lutas de minha vida, foi uma mudança marcante. Sentia-me muito estranho. No entanto, as pessoas respondiam a isso com afeto e encorajamento genuínos. Pela primeira vez na vida, senti-me aceito por aquilo que realmente era, não pela imagem do "bom menino cristão" que projetara. E essa comunhão profunda foi para mim um agente transformador de vida.

Deus começou a retirar as raízes encobertas dos problemas que, em primeiro lugar, alimentaram meus desejos homossexuais. A homossexualidade é apenas o sintoma superficial; nossa tarefa como conselheiros é ajudar a pessoa a descobrir as raízes encobertas e, depois, começar a retirá-las.

Correndo o risco de ser extremamente simplista, eu apresento a seguir um resumo, numa frase, do que se trata a homossexualidade masculina — um resumo de tudo o que aprendi nos últimos vinte anos: *a homossexualidade masculina é uma busca de aceitação e aprovação por pessoas do mesmo sexo.* Em geral, os homens *gays* cresceram sentindo-se isolados dos outros meninos. Com freqüência, sentiram-se também distanciados do pai. Da mesma forma, isso aconteceu comigo, e não sei a razão. Toda noite meu pai estava em casa; ele e minha mãe ficaram casados por 54 anos até a morte dele, muitos anos atrás. No entanto, ele não sabia relacionar-se emocionalmente comigo. Ele não demonstrava afeição, e eu não me sentia ligado a ele.

Certo dia, minha mãe me disse que, para meu pai, eu era o filho favorito. Fiquei totalmente perplexo, pois não fazia a menor idéia disso. Embora tivesse certeza de que meu pai demonstrava, a seu modo, amor por mim, eu não era capaz de senti-lo nem de recebê-lo. Era como se vivêssemos em comprimentos de ondas distintos. As ondas de rádio estão a nossa volta, porém, a não ser que tenhamos um receptor, jamais ouviremos os sons. Essa era a forma pela qual eu vivia, afastado de meu pai. Portanto, cresci com uma profunda insegurança em relação a minha masculinidade. Sentia-me tremendamente inferior aos outros meninos. Os outros garotos percebiam isso, portanto acabei tendo dificuldades nos relacionamentos com crianças da mesma faixa etária.

Ao chegar à puberdade, tinha um profundo desejo de relacionar-me com outros homens, mas esse desejo tornou-se sexualizado. É aqui que o inimigo entra em nossa vida com a armadilha. "Você sente atração por aquele homem?", sussurra ele. "Então você certamente é homossexual". Não, isso é uma mentira. Esse menino está apenas buscando a realização de uma necessidade, que lhe foi dada por Deus, de criar laços com indivíduos do sexo masculino. No entanto, a necessidade emocional é distorcida e manifestada em desejo sexual, e a fraude toma conta.

Portanto, essa é a razão pela qual Deus diz não para a homossexualidade. Ela jamais supre a necessidade subjacente. Conheci homens que já tiveram centenas de parceiros sexuais, contudo continuam tão sedentos de vínculos com o mesmo sexo como quando começaram. Tragicamente, muitos deles foram infectados pelo vírus HIV ou contraíram outras doenças na busca frenética por um sentido de vínculo com outros homens. Deus quer suprir essas necessidades, mas não por meio do sexo promíscuo. A homossexualidade jamais suprirá as necessidades profundas do coração. Apenas as amizades verdadeiras e retas com outros homens — e o amor do Pai celestial — podem alcançar essas partes profundas de nosso ser trazendo realização.

E quanto às mulheres? A maior parte das mulheres que comparecem aos nossos centros de aconselhamento sofreu abusos sexuais. Já sabemos disso há muitos anos. Essa parcela ultrapassa os 80%. Bem, não estou dizendo que isso é verdade para todas as lésbicas, pois de fato não tenho tal conhecimento. No entanto, sei que isso é verdade para nossa clientela feminina. Portanto, creio que o lesbianismo representa uma fuga da masculinidade. Essas mulheres estão fugindo emocional e fisicamente da fonte causadora de suas feridas mais profundas. Os homens representam mágoa, dor e medo, e essas mulheres lésbicas não querem ter nada que ver com isso.

Esses são apenas dois exemplos de como lidar com a raiz encoberta dos problemas que estão normalmente presentes na vida daqueles homens e mulheres que lutam com a atração inapropriada pelo mesmo sexo. A dinâmica familiar, em geral, também está presente, como a rejeição ou a ridicularização do sexo da criança. ("Sempre quis que você fosse menina" — um de meus amigos homens escutava constantemente sua mãe lhe dizer isso.) Outra coisa que escuto com freqüência dos homens é o sentimento de aceitação e vínculo com a mãe e as irmãs. Talvez, nesse caso o pai não estivesse presente no lar de forma alguma. Portanto, os garotos foram moldados pela mãe; eles se interessaram pelas atividades desempenhadas pela mãe, como cozinhar, costurar e limpar. Essas não são atividades femininas em si, mas o menino passa a ficar interessado porque viu o envolvimento da mãe em todas elas. Inconscientemente, ele pode até ter copiado o modo de falar e de andar da mãe. Esses meninos crescem com o rótulo de "efeminados", e torna-se realmente uma dura batalha modificar tais hábitos profundamente arraigados, adotados de forma inconsciente desde o início da vida.

Portanto, precisamos gastar um tempo com essas pessoas e pedir a Deus que nos mostre a raiz encoberta dos problemas que precisam ser superados. É aí que a superação da homossexualidade vira uma batalha árdua e complicada. Não há uma saída rápida e fácil. É um esforço que pode levar meses e anos de discipulado e crescimento cristão.

Não busque uma resposta rápida e fácil. Afinal de contas, isso pode revelar-se mais desencorajador do que o gesto de admitir que a batalha é longa e árdua. Antes de fazer parte de um ministério na Exodus, eu procurei aconselhamento com um pastor que achava que a "libertação" era a chave. (Não estou atacando a libertação demoníaca; essa pode ser uma ferramenta de grande ajuda, mas não acredito nela como a resposta total e imediata.) Esse pastor deu-me um livro e pediu que eu o lesse. No final do livro, havia exemplos de orações para proferir em voz alta a fim de ser liberto. Uma dessas orações, supostamente, era capaz de quebrar o poder da homossexualidade na vida da pessoa. Bem, não será que ele fez isso por ser mais fácil? Esse senhor nem mesmo orou por mim — ele bem poderia igualmente ter-me mandado embora para que eu fizesse tudo isso sozinho! Nem precisaria dizer que isso não ajudou em nada.

Já conversei com muitas pessoas que tiveram experiência com esse tipo de aconselhamento "instantâneo". Algumas vezes, parece que isso funciona. Mas quase inevitavelmente esses sentimentos homossexuais retornam — um dia, uma semana ou até meses depois. As raízes encobertas desses problemas não foram tratadas, e a pessoa sente-se arrasada. Normalmente, o resultado é que ela se sente muito envergonhada para voltar a esse conselheiro e admitir que ainda enfrenta conflitos. Esses indivíduos vêem-se em um dilema e, por isso, telefonam para a Exodus em busca de ajuda.

Algumas vezes, essas pessoas acham-se em situação pior do que aquela que viviam antes da tal "libertação". Ficam confusas e desestimuladas. A esperança fora-lhes roubada; às vezes, também perdem o apoio e o ambiente para a prestação de contas na igreja local. Portanto, esse é um problema real que precisamos evitar. Sinto-me desconfortável quando a libertação é apresentada como "a" solução para superar a homossexualidade. Esse é um aspecto dentre muitos; portanto, considere-o de forma apropriada.

GATILHOS DA TENTAÇÃO

Já discutimos os traumas e circunstâncias da primeira infância que, mais tarde na vida, podem levar uma pessoa a sentir tentações homossexuais. Todavia, assim que começar a aconselhar alguém, você descobrirá que há questões atuais que igualmente podem representar batalhas. Classifico essas batalhas de "gatilhos da tentação". Nesse contexto, tais pessoas podem ser bem-sucedidas por um período e sentem como se estivessem se saindo bem. Depois, elas tropeçam e caem. De algum modo, a raiz dos problemas foi engatilhada. A seguir, temos dois exemplos:

Solidão. Esse é um problema enorme para muitos *gays* e lésbicas, pois eles lutam com o sentimento de solidão e ficam afastados das outras pessoas. Apesar da aceitação crescente do movimento *gay*, há ainda um estigma ligado a essa questão em nossa sociedade, principalmente na igreja conservadora. Até mesmo "ex"-*gays* podem sentir o estigma, aquele olhar de relance ou fixo que diz: "não me sinto à vontade com você por perto".

Insegurança. Lembro-me de quando voltei para minha igreja em Vancouver, depois de alguns anos envolvido com o trabalho na Exodus. Deus já efetuara muitas curas em minha vida, e eu pretendia compartilhar essa história com todos os meus amigos de lá. Naquela noite, a caminho da igreja, estava em meio a uma batalha interna com o medo e a insegurança. Aquelas pessoas já me conheciam havia muitos anos, mas agora estava a ponto de revelar a todos outra parte de minha vida. Como eles reagiriam? O que eles diriam? Eles me rejeitariam? Haveria embaraço e estranheza ao encará-los depois desse testemunho?

Assim, enquanto guiava para a igreja, percebi que estava realmente lutando com a tentação proveniente do olhar. Comecei a perceber homens na rua os quais normalmente ignoraria. O que estava acontecendo? Posteriormente, o Senhor mostrou-me que minha insegurança já engatilhava a tentação. Esse é um exemplo de como as emoções subjacentes podem induzir os desejos homossexuais. Portanto, durante a tentação, é útil questionar-se: "o que estou sentindo neste momento?", e depois estabelecer uma maneira de fazer com que tal necessidade emocional seja suprida de forma saudável.

Existem também fatores espirituais que podem estar ativos. A guerra espiritual é uma realidade diária na vida de homens e mulheres que abandonaram a homossexualidade. A mente é o maior de todos os campos de batalha. Em algumas áreas específicas, as pessoas precisarão de ajuda:

Lembranças: um ex-*gay*, homem ou mulher, pode ser obrigado a batalhar, todos os dias, contra dezenas de fatores que desviam a atenção, coisas que vemos e ouvimos ou cheiros que sentimos, os quais engatilham uma associação com o pecado passado.

— Vi aquele camarada no correio que me fez lembrar do primeiro amante que tive vinte anos atrás — dizem alguns. — De repente, todos os sentimentos afloraram.

Isso pode ser extremamente desencorajador. Temos de aprender a abandonar a carne com suas associações e lembranças que evocam o passado.

Mentiras: essa é a área na qual o inimigo batalha diariamente. Há tantos padrões não bíblicos de pensamento, que podemos ser enganados. Eis alguns exemplos: "jamais serei normal"; "ninguém jamais gostaria de mim se conhecesse meu passado"; "serei sempre homossexual". Esses são exemplos de pensamento que o inimigo pode plantar em nossa mente, especialmente quando estamos em meio a uma batalha com a tentação. Temos de contrabalançar as mentiras com verdades bíblicas. O que Deus diz? Quem ele declara que eu sou?

Assim que entregamos nossa vida a Cristo, passamos a ter nova identidade nele. Se não nos apossarmos dessas verdades, continuaremos a nos identificar com nosso passado. Continuaremos a nos definir por meio de nossos sentimentos e tentações. E, dessa forma, a mudança será frustrada.

É nesse ponto que a interiorização da Palavra pode ser bastante útil. Ler a Bíblia, memorizar versículos relevantes, adorar a Deus por meio dos salmos. Na Exodus, não temos nenhuma fórmula mágica para superar a homossexualidade. Estamos apenas promovendo o bom e velho discipulado cristão — com uma aplicação específica a essa luta. E isso, sim, funciona!

Assim que você realmente compreender isso, perceberá que, como pastor, tem à sua disposição muito mais ferramentas do que pode imaginar. Deixe-me dar outro exemplo. A maioria dos homens cristãos que lidam com a homossexualidade também batalha com a pornografia. Ela está em todo lugar — como na Internet, apenas à distância do toque de uma tecla. Como deveríamos ajudar as pessoas? Fornecendo-lhes os mesmos princípios que daríamos a um indivíduo heterossexual que luta com as mesmas questões relacionadas à sexualidade. Embora as pessoas busquem tipos diferentes de pornografia, o conselho seria exatamente o mesmo.

Isso pode ser direcionado a todos os outros tipos de problemas com os quais os ex-*gays* estão lidando no calor de suas batalhas internas: masturbação, pensamentos impuros, cobiça, inferioridade, medo, insegurança, isolamento, solidão, preguiça e imaturidade. Retire o sintoma da homossexualidade e pergunte-se: "o que diria a um homem heterossexual que enfrenta esses problemas?". É exatamente o mesmo conselho a ser dado a um ex-homossexual.

Em meus primeiros anos na Exodus, recebi uma forte dose de discipulado cristão de base. Lembro-me de que, naquele primeiro ano, estudei toda a Bíblia e escrevi todo versículo que se aplicava a minha batalha. Colecionei versículos que falavam da vida de reflexão, da cobiça, do medo, da tentação. Depois, apliquei cada versículo a minha luta específica com a homossexualidade e descobri a extrema importância da Bíblia com relação às minhas batalhas mais profundas. No mínimo, serviu para que eu abrisse os olhos. Jamais aprendera a aplicar a Bíblia tão diretamente a *essa* batalha. Portanto, encorajo você a tentar esse caminho com as pessoas a quem aconselha. Leve-as até a Palavra de Deus e peça-lhes que voltem, na semana seguinte, com dez versículos ou passagens da Bíblia que elas consideram atuais e pertinentes à vida delas, ou seja, que falem diretamente a alguns assuntos centrais de seu dia-a-dia. Essas pessoas provavelmente ficarão surpresas com o que descobrirão. Estarão aplicando as verdades da Palavra de Deus às suas batalhas mais difíceis.

Na Exodus, aprendi a andar "na luz" com os outros. Por fim, descobri um local seguro para confessar minha constante luta com a pornografia, a cobiça, a masturbação e outras atitudes — todas essas coisas secretas que tantos cristãos enfrentam sozinhos. Jamais alcancei uma vitória enquanto batalhava sozinho. Deus diz: "... confessem os seus pecados [falhas, fraquezas] uns aos outros e orem uns pelos outros para serem curados. A oração de um justo é poderosa e eficaz" (Tg 5.16). A cura é alcançada quando caminhamos às claras com outros irmãos cristãos.

A propósito, não estou querendo dizer que o que encontrei naquela pequena igreja da Califórnia se ajustará automaticamente à sua igreja também. Talvez sua igreja não esteja pronta para receber ex-homossexuais que admitem publicamente suas lutas. Mas, ao mesmo tempo, essas pessoas jamais conseguirão alcançar isso sozinhas. Ao menos, elas podem confiar em você como pastor. O ideal, porém, seria que elas tivessem outros amigos próximos com quem pudessem confidenciar suas lutas. Talvez haja um pequeno grupo de estudo bíblico ou de homens que seja capaz de lidar com esse tipo de franqueza.

Se não houver nenhum lugar em que essas pessoas possam receber acompanhamento em suas lutas e conflitos, elas não conseguirão vencer no decorrer da caminhada. A mim muitos homens confessaram o seguinte:

— Não fui a bares *gays* em busca de sexo, fui ali em busca da aceitação incondicional.

Se não podem encontrá-la na igreja, eles a buscarão em outro local. Esse é um dos maiores desafios que enfrentamos hoje: tornar nossas igrejas lugares seguros em que as pessoas possam sair de trás de suas barreiras e ser genuínas, em que todas as difíceis batalhas da vida possam ser compartilhadas e pelas quais outros orem em busca da superação dessas dificuldades. Quando isso acontece, vidas são transformadas de forma sincera e profunda.

Você, ao cumprir a tarefa de pastor, líder ou conselheiro, tem uma grande responsabilidade. Sua reação diante da confissão de alguém terá profunda influência na vida dessa pessoa. Se você reagir com compreensão e compaixão, ela provavelmente dará um passo à frente, na direção da liberdade e da integridade do ser. Quando estou em meu escritório, entendo que é um verdadeiro privilégio atender o telefone e escutar a confissão de alguém:

— Você é a primeira pessoa para quem conto isso. Jamais confessei essa luta antes.

Quando isso acontece, sinto-me como se estivesse em solo sagrado. Não temos todas as respostas, mas podemos assegurar a cada uma dessas pessoas:

— Deus ama você. Ele tem uma resposta para sua vida. Há esperança para você.

Não se intimide com as circunstâncias, confie em Deus para que ele o capacite com a sua sabedoria. Depois, esteja disponível para que ele o use para trazer esperança e cura àqueles que enfrentam a homossexualidade.

NOTAS

1. Veja a resposta que um médico com especialidade em psiquiatria deu a LeVay: Jeffrey SATINOVER, *Homosexuality and the Politics of Truth*, Grand Rapids: Baker, 1996, p. 78-81.
2. Veja M. KING e E. MCDONALD, Homosexuals Who Are Twins: A Study of 46 Probands, *British Journal of Psychiatry* 160, 1992, p. 407-409; o artigo foi resumido em SATINOVER, *Homosexuality and the Politics of Truth*, p. 87-88.

12

"Alguém que eu amo é *gay*": ministério da igreja para a família e os amigos

Bob Davies

A questão da homossexualidade está ganhando maior evidência em nossa sociedade hoje. No entanto, quando essa questão bate à porta de nossa casa, isso se torna um grande impacto, pois tomamos consciência de que um amigo próximo, um parente ou membro da família está envolvido com ela. O que dizer? Como agir? Devemos continuar nos relacionando com a pessoa? Devemos compartilhar nossa fé? E se essa pessoa não estiver interessada? E como agir em relação a seus amigos *gays*? Há infinitas questões...

Nos últimos vinte anos em que trabalhei com a Exodus International, conversei com centenas de amigos e familiares. Portanto, aprendi muito sobre essas pessoas. Escuto sempre os mesmos assuntos, e as mesmas questões vêm à tona.

AS AFLIÇÕES DOS PAIS

O maior grupo de familiares que nos procuram são os pais, particularmente as mães (na verdade, é raro sermos procurados por um pai). Portanto, é provável que o maior grupo com o qual você terá de lidar é aquele formado por pais. Em geral, esses pais acham-se totalmente arrasados, principalmente se a descoberta de que o filho ou a filha é *gay* deu-se há pouco tempo.

Essa situação me faz lembrar de Anita Worthen, uma grande amiga e co-autora comigo do livro *Someone I Love is Gay* [Alguém que eu amo é gay] (InterVarsity Press). Na obra, Anita conta a história de quando descobriu que seu filho, Tony, de 16 anos de idade, era homossexual. Anita chegara a Cristo depois do nascimento de Tony. Ela não era casada quando ele nasceu. Portanto, Anita havia educado o filho como mãe solteira e, apesar disso, achou que estava se saindo muito bem. Na época ela morava em uma comunidade cristã e, assim, estava rodeada por outros cristãos que lhe davam apoio, bem como ao filho.

Quando Tony tinha perto de 16 anos, Anita lembra que ele se desviara um pouco. A mãe não sabia exatamente o que estava acontecendo, mas as atitudes dele começaram a preocupá-la. Em primeiro lugar, ele ficava fora metade da noite e parecia ter feito amizade com um novo grupo de colegas que a mãe não conhecia. Portanto, ela estava preocupada e aflita.

Certa tarde, Anita entrou sorrateiramente no quarto do filho e viu a carteira dele. Dentro, havia um pedaço de papel com uma lista de nomes e telefones. Ela pegou uma caneta e começou a copiar a informação, e foi quando Tony entrou. Obviamente, ele ficou bastante chateado.

— Mãe, o que você está fazendo? — o menino berrou.

Anita tentou manter a calma. — Tony, estou aflita com você. Parece que você anda saindo com um monte de amigos que não conheço. Se você sai e fica fora até tarde da noite, tenho de saber para quem telefonar. A seguir, a bomba explodiu. — Bem, eu sou *gay*. Tudo bem agora?

Anita lembra-se de ter ficado ali, sentada, boquiaberta, completamente chocada. Naquele instante, toda a vida dela se transformou. Ficou arrasada. Nos meses seguintes, ela se debatia, pensando no que fazer e onde buscar ajuda.

Lembro-me de outro pai que disse: — Quando isso nos atingiu, parecia que um trem de carga colidira contra nossa agradável e normal família cristã.

Portanto, essa descoberta pode causar grandes abalos emocionais na família.

Uma mãe chegou a dizer-me: — É uma agonia descobrir que um filho é *gay*. É quase como receber uma notícia de morte na família.

Essa mãe havia perdido dois filhos antes de descobrir que o outro estava envolvido com a homossexualidade. Ela afirmou: — Quando alguém morre, você pode enterrar essa pessoa e continuar com sua vida. No entanto, com a homossexualidade a dor parece interminável.

Por isso penso que o maior desafio de um pastor ou conselheiro nessa questão será ajudar essas famílias a passar por esse turbilhão de reações emocionais. Sem dúvida, a maior de todas é a tristeza.

Algumas famílias que jamais passaram por isso podem-se perguntar por que a dor é tão profunda e prolongada para muitos pais. Deixe-me apresentar algumas percepções principalmente aos pais. Descobrir que algum familiar é *gay* representa enorme perda. Talvez você não pense nisso dessa maneira, pois a pessoa ainda está viva. No entanto, há uma grande mudança de perspectiva. A pessoa que conheceram e amaram por anos, agora, parece haver-se transformado em outra totalmente diferente, com um problema muito estranho. Portanto, esses pais sofrem a perda da pessoa que pensavam conhecer.

Essas famílias perdem a segurança. Repentinamente, aquela pessoa parece um desconhecido. Há todo um lado secreto para elas, com o qual jamais depararam antes. Sem dúvida, as pessoas *gays* têm uma perspectiva totalmente diferente. Normalmente, eles já tinham consciência desse sentimento havia muitos anos. Em meu caso, falei de minhas lutas a meus pais alguns anos antes de completar 30 anos de idade. No entanto, sabia desde os 14 anos que me sentia atraído por outros homens e que tal condição chamava-se homossexualidade. Portanto, lutei em silêncio por mais de uma década antes de decidir compartilhar isso com meus pais. Para eles foi um choque tremendo, mas na época isso já era uma questão antiga para mim.

Existe uma perda do sentimento de segurança quando a questão afeta um casamento cristão. Um líder da Exodus disse-me, anos atrás, que cerca de um terço de sua clientela masculina eram homens casados que tinham conflito com a homossexualidade. Por isso, não é totalmente incomum os cônjuges serem abalados por esse problema. Na verdade, parece haver um novo fenômeno ocorrendo nos dias de hoje, algo que eu não via acontecer muito tempo atrás: trata-se do crescente número de homens e mulheres de meia-idade "saindo do armário" para declarar sua homossexualidade. Alguns deles, pelo visto, enfrentam uma batalha há anos. Na verdade, eles podem ter-se casado na esperança de que a atração pelo mesmo sexo desapareceria — o que raramente acontece. Ao contrário, as situações de estresse do casamento podem detonar ainda mais tentações nessa área.

Imagino que esses homens e mulheres de meia-idade têm questões profundas de seu passado não resolvidas nem tratadas, como as formas de abuso sexual na infância. Esses problemas encobertos, em algum momento, vêm à tona e, depois, manifestam-se como desejo inapropriado pelo mesmo sexo. A pessoa não sabe onde se originam esses sentimentos e, dentro da sociedade atual, que apóia a homossexualidade, ela assume erroneamente que a solução é aceitar sua condição e passar a ter relações homossexuais. Depois de muitas experiências, a pessoa tem a ilusão de achar que finalmente descobriu a resposta para suas lutas internas, como também chega à conclusão de que sempre fora homossexual, embora jamais tivesse percebido isso. Desse modo, esses homens e mulheres encontram uma solução falsa para um problema genuíno. Isso é um completo engano, e eles perdem o casamento nesse processo.

Jane, uma amiga minha, estava casada havia dez anos quando descobriu que era lésbica. Ela fora vítima de abuso sexual ainda menina e cresceu com esse sentimento de profunda amargura em relação aos homens. De alguma forma, conseguiu manter-se no casamento apesar desse ódio, até que se envolveu em um relacionamento homossexual. Depois, teve de se defrontar com a decisão martirizante: ou continuar a viver como lésbica em relacionamentos nos quais se sentia muito bem e segura ou desistir disso e retornar ao casamento, em que se sentia incompatível e solitária.

Evidentemente, com o aconselhamento e o apoio apropriado, Jane foi capaz de descobrir que o casamento com um homem podia ser satisfatório, mas que ela antes disso deveria lidar com sua bagagem emocional. A motivação dela recebeu enorme impulso quando o marido lhe deu um ultimato:

— Vou abandonar o casamento se você não desistir de suas amizades com lésbicas.

Jane percebeu que perderia as coisas mais importantes que tinha na vida — o marido e os filhos —, se persistisse em intimidades sexuais com outras mulheres. Então, ela se afastou daquelas amigas e renovou o compromisso com Cristo. Hoje, ela se sente maravilhosamente bem realizada no casamento e participa de palestras em todo o país, falando da poderosa transformação que Deus operou em sua vida.

Outra perda sentida pela família é a destruição de todos os sonhos futuros. Todos nós temos idéias sobre nosso futuro. Para os pais, talvez seja a esperança de ter netos ou um grande casamento para a filha única. Todos nós temos essas fantasias. Elas são normais e saudáveis. Mas agora, com a perda, parecem impossíveis, e sentimo-nos enlutados por um futuro que jamais acontecerá.

Existe também a perda de reputação. Isso continua a ser uma questão muito difícil na igreja hoje. Há ainda um estigma ligado à homossexualidade, o que afeta a igreja em várias esferas. Alguns pastores presidentes chegam até a nos telefonar em busca de ajuda para as próprias lutas. Como poderiam compartilhar isso com alguém? Talvez perdessem o ministério!

Lembro-me de que certa noite, vinte anos atrás, quando ainda era novo na Exodus e no ministério, estava fazendo hora extra e o telefone tocou. Era um pastor luterano, do Meio Oeste (EUA). Ele me contou que enfrentava batalhas com a homossexualidade. Também me disse que jamais contara a ninguém esse segredo, um fardo enorme que estava esmagando sua vida. Nas duas horas seguintes, narrou-me sua história. Para ele, isso representou um grande alívio. No transcorrer de toda a conversa, só pensava o seguinte: "quem sou eu para aconselhar esse pastor?". Eu era apenas uma pessoa nova nesse ministério! No entanto, jamais esquecerei o alívio que esse pastor sentiu pelo fato de poder contar a outro ser humano suas mais profundas lutas.

Também atendemos a telefonemas de esposas de pastores, de pastores de jovens, de músicos da igreja e de outros líderes cristãos. Todos têm pavor de que outros descubram suas inclinações.

No entanto, acho que a perda principal é a do relacionamento com esse indivíduo. Quer se distancie de nós, quer não, algo foi perdido no relacionamento; algo foi irrevogavelmente transformado. Existe a perda da inocência, o que pode ser algo bastante doloroso. Já soube de mães que, depois de saber que o filho era *gay*, soluçaram por dias e, depois, ficaram sem sair de casa por meses. Elas ganharam peso, passaram noites insones, tiveram queda de cabelo e dores de dente e sentiram-se como se houvesse um nó no estômago — todos os tipos dos mais estranhos sintomas físicos e emocionais por causa do grande estresse e da perda.

É essa grande sensação de perda que, portanto, dá início ao ciclo do luto, o qual passa por estágios previsíveis, tal qual ocorre sempre que há uma morte na família. Primeiro vem o choque, em seguida a descarga emocional, a negociação com Deus, a resignação e, por fim, o prosseguimento — todas as mesmas etapas de outros traumas maiores. Portanto, encoraje os membros da família a procurá-lo: "o que você está sentindo é normal, saudável e apenas temporário". A vida não será sempre esse fardo. Isso pode ser um tremendo alívio em meio a essa situação.

Alguns membros da família — o pai, em especial — podem lidar com a situação de forma totalmente distinta, por meio da negação. Eles minimizam a situação com comentários do tipo:

— Ah, isso é uma fase. Ele vai sair dessa. Depois, dizem à esposa: — Pare de ficar tão chateada — o que, é claro, faz que a esposa fique ainda mais emotiva e exasperada.

Determinados maridos podem até utilizar chavões espirituais, como: "por que você não entrega isso ao Senhor?", e idéias similares.

O pensamento de que se trata de algo passageiro é geralmente uma forma de negação. O que esses pais não percebem é que o filho provavelmente tenha enfrentado essa batalha por vários anos; portanto, o problema não desaparecerá em questão de dias.

EMOÇÕES INESPERADAS

Parece que, nesse processo, as pessoas estão descobrindo a Exodus mais cedo nos dias de hoje. Anos atrás, não era incomum que as pessoas nos chamassem após semanas ou meses de procura por respostas. Agora, com o uso da Internet e de ferramentas de busca, as pessoas podem descobrir o ministério na Exodus no mesmo dia. Assim, recebemos chamadas de pessoas que souberam da homossexualidade de alguém da família menos de 24 horas antes de entrar em contato conosco pelo telefone. Elas estão totalmente vulneráveis. Às vezes, tudo o que conseguem fazer é soluçar sua dor e confusão.

À medida que o tempo passa, outras emoções podem surgir. A ira é uma delas: "como este filho 'perfeito' pôde fazer isso comigo?". Eles tomam isso de forma extremamente pessoal. Podem vir à tona manifestações de raiva dirigidas a outras pessoas também, como ao cônjuge que não dá apoio, ou mesmo aos amigos que se afastam. Pode até haver o sentimento de raiva em relação a Deus. Conforme disse certa mãe: "achei que Deus guardava as famílias cristãs desses pecados realmente 'grandes'!". Ou a esposa pode ponderar: "como Deus pode ter me levado a esse casamento, quando ele sabia o tempo todo que meu marido era *gay*?". Portanto, esteja preparado para lidar com algumas emoções profundas. Esteja pronto para escutar pacientemente. Nem sempre existem respostas satisfatórias, mas podemos ser um ombro amigo em que as pessoas podem chorar.

Algumas vezes, a ira é direcionada ao parceiro homossexual do filho: "ele é o problema. Se não fosse por ele, meu filho não estaria envolvido nisso". Foi o que aconteceu com Anita Worthen. Quando soube que seu filho de 16 anos era homossexual, ela descobriu que o filho fora sexualmente seduzido por um orientador educacional. Ela ficou arrasada! Tony crescera sem um pai; portanto, ele estava buscando aceitação e laços com pessoas do mesmo sexo, e esse homem mais velho aproveitou-se de sua fragilidade.

Anita achou que o problema seria resolvido se ela pudesse afastar o filho desse homem mais velho. Então, ela mandou o filho para uma pequena cidade do Oregon, a milhares de quilômetros de distância, onde o irmão dela vivia. No entanto, a medida não resolveu o problema. Tony logo se associou com a comunidade *gay* daquela cidade; ele até visitou a igreja *gay* local! Anita percebeu que o problema residia no interior de Tony, não nas amizades dele.

Os pais e as pessoas queridas podem também sair em uma busca desenfreada para "a" solução. Escutamos isso deles o tempo todo. Essas pessoas estão desesperadas para "consertar" o filho *gay*. Depois, podem continuar com a vida delas, e ninguém mais precisa descobrir isso! Tais pessoas querem uma resposta. Ficam sabendo, então, que muitos passaram por um aconselhamento na Exodus e, em seguida, acabaram chegando ao casamento. Portanto, elas nos querem dar o telefone do filho pensando que tudo será resolvido rapidamente. Nós jamais aceitamos esse tipo de aconselhamento "forçado", pois descobrimos que a motivação para mudar tem de partir do indivíduo com o problema. Buscar o conselheiro apenas para deixar a mamãe feliz não funciona. A motivação tem de ser muito mais profunda do que apenas agradar a essa ou aquela pessoa. Essa motivação deve representar o desejo mais profundo do coração do indivíduo, geralmente resultante da convicção proveniente de Deus, de que o Senhor quer que ele busque esse aconselhamento e a mudança.

Normalmente, a vida para esses pais fica bem pior antes de vir a melhorar. Eles passam pela fase de luto em que ficam praticamente imobilizados pela dor emocional. Têm dificuldades para dar conta das responsabilidades diárias da vida. Às vezes, podem até perder o emprego nesse processo. Certa mãe disse:

— Não compreendo como consegui manter a carreira no escritório. Todos os dias, eu me sentava diante da escrivaninha e as lágrimas escorriam por toda a face. Sentia que, se realmente começasse a chorar, jamais seria capaz de parar.

Os casamentos podem sofrer danos; os outros filhos na família podem sentir-se negligenciados. Tal fase pode ser bastante instável e debilitante para esses pais.

Então, com o passar do tempo e a ajuda do Senhor, essas famílias finalmente passam para a fase final do luto, em que a vida é retomada. O problema não é solucionado, mas o funcionamento das coisas retorna, apesar de tudo. Na vida real, sem dúvida, as pessoas podem retornar ao luto de um momento para o outro, embora geralmente não seja tão profundo e prolongado quanto na fase inicial.

Podem existir estopins para um processo de renovação do luto. Talvez o filho se separe do parceiro homossexual, e os pais se encham de esperança. Ele pode até voltar a morar em casa novamente. Passados alguns meses, ele passa a morar com outro sujeito, e os pais sentem-se arrasados novamente.

Ou — e isso é um grande problema — o filho confessa que está infectado com o HIV. Na década de 1980, tal coisa era praticamente uma sentença de morte. Graças a Deus, com as novas drogas disponíveis, isso se transformou em uma situação do tipo "doença crônica" para muitos homens. Sei de homens que manifestam sintomas mínimos há mais de 15 anos. Logo, houve muitas mudanças com a AIDS nos últimos vinte anos. No entanto, a doença é ainda algo aterrador para um pai ou cônjuge.

Essa foi a situação enfrentada por Anita. Ela e o marido (com quem se casara posteriormente) eram missionários nas Filipinas, quando o filho dela telefonou contando que tinha o vírus HIV. Para ela, aquele telefonema desencadeou todo o enorme ciclo de luto. Lá estava ela, do outro lado do mundo, servindo a Deus... e agora isso! Foi difícil para a mãe avaliar toda a situação, mas pouco tempo depois pessoas no mundo todo estavam orando por ela, e Anita encontrou conforto por saber que Deus estava no controle de toda a situação.

Você não tem de ser um especialista em homossexualidade para ajudar essas famílias e amigos. Não somos conselheiros nem terapeutas treinados na Exodus; na verdade, somos a central de referência para 115 ministérios em todos os Estados Unidos. No entanto, muitas pessoas que nos telefonam a todo o momento pensam que somos "especialistas" no assunto. Tão logo atendemos ao telefone, elas despejam suas histórias.

Lembro-me de outra mãe com quem conversei recentemente; estava arrasada com a descoberta de que o filho era *gay*. Conversamos por alguns instantes, então a encorajei com frases como: "isso deve ser muito difícil para você"; e "sinto muito que algo assim tenha acontecido à sua família". Quando finalmente pude encerrar a conversa e fazer a referência apropriada a um ministério na área em que ela morava, essa mãe me disse:

— Você foi tão maravilhoso. Essa foi a conversa mais útil que já tive com alguém a respeito de meu filho.

Eu realmente não lhe transmiti nenhuma informação nova ou surpreendente; apenas a escutei cuidadosamente e, de forma sincera, solidarizei-me com essa mãe. Dessa forma, ela conseguiu alcançar um tremendo alívio e conforto. Na verdade, às vezes chega a ser muito simples: podemos ser a representação física do amor de Cristo para essas pessoas feridas.

A homossexualidade é capaz de ser uma questão muito intimidante para que nós a enfrentemos; e ainda não compreendo uma série de coisas relacionadas a ela. Depois de passar vinte anos na Exodus e nesse ministério, continuo sem saber todas as respostas. No entanto, sei verdadeiramente que, à medida que me mantiver próximo de Cristo e orar constantemente para que eu seja um reflexo do seu amor e graça, terei poder para ajudar essas pessoas. Só dessa forma tenho as respostas que as ajudarão.

Portanto, não se intimide com as questões e problemas superficiais. Dê um passo para trás e examine a situação de uma perspectiva mais ampla. Por meio de Cristo, temos as respostas para as maiores questões da vida. Ele está conosco e em nós para nos ajudar a caminhar através dessas difíceis situações de aconselhamento.

O ENFOQUE APROPRIADO

Outra coisa: ao conversar com os membros da família, lembre-se de que você deve concentrar-se nas necessidades desses familiares. À medida que conversamos a respeito dos *gays* que têm o amor da família, bem como a respeito do que fazem, dizem e necessitam, a conversa pode levar-nos para longe da pessoa em quem deveríamos realmente focalizar nossa atenção: o familiar diante de nós. Do que essa mãe precisa? Quais são as lutas dessa esposa?

Penso em outra história da amiga Anita Worthen. Depois que descobriu a realidade acerca do filho, Tony, ela foi buscar ajuda. Primeiro, a mãe dirigiu-se a uma igreja local que contava com um grande departamento de aconselhamento. Deram a ela um pequeno cartão no qual tinha de escrever o problema, para que pudesse entregar ao conselheiro logo que seu nome fosse chamado. Hoje, ela diz rindo:

— Eu nem sabia escrever direito a palavra homossexualidade.

Quando o próximo conselheiro disponível chegou à sala de espera e leu o cartão, Anita diz que ele empalideceu. O conselheiro sabia que realmente estava lidando com um caso além de sua compreensão! Sem dúvida, ele se sentia inadequado e despreparado para o encontro com essa mãe perturbada. Infelizmente, ele iniciou a sessão de aconselhamento com um breve estudo bíblico sobre a pecaminosidade da homossexualidade.

Anita conta: "Aquela abordagem estava muito distante do que eu precisava. Eu me achava abalada, enlutada. Eu precisava de alguém que caminhasse comigo em meio ao meu turbilhão". Algumas vezes, nós nos desviamos muito do assunto com o qual precisamos lidar. Pensamos: "Homossexualismo? Tudo bem, vamos para o primeiro capítulo de Romanos", sem pensar duas vezes no que falar. Talvez possamos estudar esse capítulo, mas não nesse momento. O que essa pessoa precisa exatamente agora? Talvez não possamos prometer a tais pessoas que tudo dará certo, mas podemos lhes assegurar que Deus sempre estará com elas, que Deus é um Deus de amor, que ele não as condena por essa situação, que Deus lhes dará a força e a graça sempre que elas o buscarem. Esses são os princípios básicos que se aplicam a um grande número de situações, até mesmo essa.

NOSSAS EMOÇÕES

Há emoções com as quais teremos de lidar, principalmente o *medo*, o temor da inadequação. Isso pode parecer um assunto complicado. Encoraje-o a pôr de lado seus medos e a lembrar-se de que a maioria das coisas que dirá — pelo menos, na primeira ou segunda sessão — assemelha-se às que diz quando lida com os pais ou outros familiares de *qualquer pessoa* que esteja em rebelião espiritual. Digamos, por exemplo, que o filho dessa mulher esteja morando com uma moça, mas não esteja casado com ela. Ela provavelmente se sente perturbada, confusa e culpada, perguntando-se: "o que fiz de errado?" — emoções essas similares àquelas em que a situação envolve um filho *gay*. O que você diria a uma mãe nessa situação? Os mesmos princípios aplicam-se aqui. Focalize as necessidades, os medos, os questionamentos, as culpas. Você terá muito tempo depois para lidar com as questões específicas da homossexualidade (nesse meio tempo, acesse o *site*: www.exodusnorthamerica.org). Precisamos concentrar-nos no básico e acompanhar esse familiar pesaroso.

Podemos também enfrentar o medo do desconhecido. E se houve abuso sexual? E a AIDS? É seguro dar a mão a essa pessoa? Existe risco em convidá-la para vir a nossa casa para uma refeição? De fato, surgem muitas questões relacionadas à homossexualidade, e, para ser muito franco, às vezes parece mais fácil, de início, apenas evitar toda essa problemática. Entretanto, a homossexualidade exerce tanta influência em nossa sociedade e entre os membros da igreja que não pode ser ignorada. Fazer isso não fará o problema desaparecer.

Pode-se afirmar que também uma série de outros temores atingem diferentes membros da igreja. Por exemplo, os pais podem temer que o homem que luta com a homossexualidade moleste seus filhos. Ou eles podem temer que outros *gays* se juntem à congregação, caso se espalhe a notícia de que a igreja oferece auxílio e compaixão aos homossexuais.

A resposta para lidar com as questões externas ou alheias é a educação. Converse sobre essas questões, quer seja no contexto de um sermão sobre moralidade, quer seja em um estudo bíblico sobre o livro de Romanos. Esses temas precisam ser tratados, e a maioria dos membros da igreja jamais teve oportunidade de fazer perguntas.

Eu observo o modelo bíblico de Jesus Cristo. Ele não evitou as questões sociais da sua época. Da mesma forma, ele conversava com prostitutas e com religiosos hipócritas. Cristo envolveu-se com a cultura naquele período e realmente cativou as pessoas. Ele tocou os leprosos. Ele buscou alcançar os intocáveis. Esses são assuntos que temos de encarar em nossos períodos de oração individuais. Que temores nos impedem de alcançar as pessoas que estão além dos muros da igreja ou a vida de membros da igreja que têm profundas batalhas com a identidade sexual?

A CULPA DOS PAIS

A *culpa* é também uma grande questão, principalmente para os pais. É comum eles se questionarem: "onde erramos?". Afinal, sentem-se totalmente derrotados em um dos papéis mais importantes que Deus lhes deu.

Em conversas com os *gays* ao longo dos anos, muitos desses homens disseram que jamais se sentiram aceitos pelo pai. Dentre eles, porém, há os que também experimentam grandes dificuldades em outras áreas da vida. É injusto dizer que uma pessoa é a *causa* da homossexualidade na vida de outra. No máximo, podemos dizer que os pecados de nossos pais podem abrir a porta para a tentação homossexual. Outras vezes, a situação-chave não é tanto o comportamento do pai, mas a resposta da criança. Os pais podem estabelecer limites firmes e amorosos, mas a criança os percebe como duros, condenatórios e desafetuosos.

O abuso sexual é comum, especialmente entre as mulheres *gays* para quem ministramos. Algumas vezes, isso acontece no seio da família; outras vezes, não diz respeito algum à família, e os pais não têm nenhum conhecimento desse fato. Conheço uma mulher que foi estuprada por um amigo da família em uma noite na qual ela estava fazendo as vezes de babá para os filhos dele. A idéia de contar ao pai a aterrorizava, pois ele sempre dizia:

— Se alguém machucar minha pequenina, eu o mato!

Portanto, ela engoliu o medo, bem como o crescente ódio pelos homens, e acabou envolvendo-se com o lesbianismo na universidade. Os pais dela não tinham como saber o que atormentava a filha.

Os pais sentem muita culpa. Todos nós, porém, vivemos em um mundo caído. Como pais, todos cometemos enganos. Nenhum de nós é perfeito. Essa é a razão pela qual Jesus veio morrer por nossos pecados. Precisamos de perdão tanto quanto os *gays* — nossos familiares — necessitam dele. Para ser franco, muitos pais que enfrentam essa situação não se saíram nem melhor nem pior do que outros pais que habitam a vizinhança. No entanto, o inimigo transforma qualquer situação imperfeita da infância em uma vantagem para ele, apresentando com ela uma tentação homossexual. A criança sucumbe e começa a mover-se na direção da identidade homossexual.

Assim, nós, pais, não podemos desfazer o passado. Contudo podemos encontrar o perdão. Podemos buscar remediar problemas com essa pessoa, se necessário. Minha amiga Anita foi mãe solteira. Ela tomou consciência de que seu pecado de adolescência fizera com que o filho enfrentasse uma situação nada ideal. Portanto, ela o procurou e pediu-lhe perdão. Fez o que poderia fazer para ajeitar a situação. Quando viu o filho buscar outros homens que eram vinte anos mais velhos que ele, a mãe percebeu que a procura dele era pelo amor paterno. Ela se sentiu muito mal, mas não podia desfazer o passado. Precisava renunciar à condenação e aceitar o perdão de Deus para o próprio passado.

Os pais podem ser atormentados com idéias hipotéticas do tipo "e se...?". E se eu tivesse me convertido mais cedo em minha vida? E se eu tivesse sido um melhor pai ou mãe? E se eu tivesse tomado mais consciência das lutas de meus filhos? E se...? E se...? E se...? Esse tipo de questionamento pode ser difícil de ser superado. Ficar obcecado com o passado não vai mudar nada. Precisamos caminhar adiante com a ajuda de Deus.

É útil também lembrar que Deus é o Pai celestial perfeito, e os seus primeiros "filhos", não obstante, desobedeceram! Eles foram criados em um ambiente perfeito e, apesar disso, pecaram. Ao longo de toda a Bíblia, observamos exemplos de pais piedosos cujos filhos se desviaram de forma estrondosa. Também temos exemplos atuais, como Franklin, filho de Billy Graham, que na juventude foi o "filho pródigo". Que situação delicada! Mas não existe nesses casos uma correlação direta de causa e efeito. À medida que nossos filhos amadurecem, eles começam a fazer escolhas morais, como adultos, as quais estão fora de nosso controle. Temos de admitir que não somos responsáveis pelo que não podemos controlar.

Quando nossos filhos alcançam a idade adulta, perdemos o controle. Fizemos o melhor que podíamos. Semeamos na vida deles, mas a direção que eles vão tomar é escolha *deles*. Nenhum de nós foi educado em famílias perfeitas.

TENTAÇÃO *VERSUS* PECADO

Temos de ter em mente que a homossexualidade *realmente* envolve escolhas. Não acreditamos que a maioria dos homens e mulheres *gays* escolheu ter atração pelo mesmo sexo, contudo todos escolhem o que fazer com ela. Eles cedem ou resistem a essa atração?

Uso minha vida como exemplo. Embora tenha lutado com a atração pelo mesmo sexo, jamais tive envolvimento sexual com outro homem, nem mesmo uma vez sequer. Portanto, é possível resistir ao pecado, independentemente de nossos sentimentos e da força com que a carne nos empurra para determinada direção. Por intermédio do poder de Jesus Cristo, podemos superar essa atração e resistir a ela.

Ainda existem argumentos intermináveis a respeito do que causa a homossexualidade. Os estudos não são conclusivos nessa questão. Não acreditamos que seja algo basicamente genético ou inato. No entanto, alguns pais evangélicos desviaram-se na forma de pensar em razão da culpa. Eles aceitaram a teoria do "nascer *gay*" para justificar a homossexualidade do filho. Isso é uma tragédia. Abraçar uma mentira não liberta. A única forma de alcançar a libertação é encarar a verdade, não importando aonde ela nos leve.

MINISTRANDO AOS AMIGOS *GAYS*

Muitos cristãos podem procurá-lo em busca de conselho porque têm amigos *gays* — ou amigos que suspeitam sejam *gays*. O que devem fazer? Ao contrário do que possa parecer instintivo, incentivo esses cristãos a não deixar esse fato de lado, tampouco a se retrair diante da situação, mas a caminhar para estabelecer uma relação de amizade mais aprofundada. Essas pessoas precisam saber que você é um porto seguro e se sente à vontade perto delas, antes que resolvam revelar-lhe essa questão íntima.

Lembro a primeira vez na vida em que conversei sobre esse assunto com alguém. Tratava-se de meu melhor amigo na universidade em que eu fazia estudos bíblicos, e confiei naquele colega. Não esqueço que a idéia de contar-lhe significava enorme risco, pois ele poderia se dirigir às autoridades, e eu teria sido expulso da universidade. No entanto, isso nunca aconteceu, ele guardou meu segredo, e sempre fui grato por isso.

Muitos anos depois, contei meu segredo a uma amiga, uma mulher de meu grupo de jovens em quem eu realmente confiava. Ela me deu alguns bons conselhos e me incentivou a buscar ajuda com meu pastor. Depois, contei também ao pastor, que respondeu com amor e compaixão (embora de fato não soubesse como ajudar-me).

Por isso, temos de ter consciência de que a pessoa que nos confessa esse tipo de conflito sente-se extremamente vulnerável. Isso pode representar um risco aterrador para ela. Essa pessoa tem de saber que você é um porto seguro, capaz de guardar uma confidência e incapaz de traí-la, comentando esse segredo com outros. Você precisa conquistar o direito de ouvir a confissão sobre um assunto tão íntimo.

Desse modo, peça a Deus que o transforme num amigo melhor. Peça a Deus que traga à luz o que está oculto nas trevas. E seja mais aberto a seus próprios conflitos. Se você e seu amigo são homens, talvez possa falar com ele de seus conflitos com os desejos carnais. Peça-lhe que ore por você. Trabalhe para aprofundar a amizade, a fim de que ele se sinta seguro para abrir-se com você.

Por fim, talvez você também queira trazer à tona o assunto da homossexualidade, mas seja genérico e bastante neutro em suas convicções. Jamais faça um comentário disparatado como, por exemplo, aquelas "bichas loucas". Já ouvi muitas histórias de cristãos que ouviram por acaso esse tipo de comentário no saguão da igreja. Eles observaram quem disparava esse tipo de comentário e prometeram que *jamais* confessariam suas lutas àquele indivíduo insensível.

Perguntar: "você é *gay*?", no mínimo, demonstra falta de sensibilidade. Se a pessoa não for homossexual, isso pode servir de razão para que ela fique extremamente ofendida.

— Por que você perguntou isso? O que em minhas atitudes ou voz o levou a pensar isso?

Esse tipo de pergunta pode, na verdade, levar à tentação ou ao questionamento ou à confusão, principalmente no caso de um adolescente. Portanto, seja cuidadoso.

E quanto aos amigos que são declarada e abertamente homossexuais? Eu deixaria a questão homossexual de lado e perguntaria: como você os trataria se eles apenas morassem com alguém do sexo oposto sem ser casados? A situação é semelhante. Estigmatizamos o comportamento homossexual em nossa sociedade, mas acho que Deus o vê como mais uma forma de imoralidade, em nada pior do que qualquer outra forma de fornicação ou adultério. Por isso, pergunte-se o que você diria a um amigo que estivesse justificando um caso amoroso ou as relações pré-maritais. Em seguida, utilize sua resposta para fornecer as diretrizes para lidar com um amigo que se envolve ativamente com a homossexualidade.

ALGUNS CUIDADOS

É preciso, entretanto, ter consciência e um pouco de cuidado para alcançar os que procuram vencer a homossexualidade. Às vezes, não percebemos nossa vulnerabilidade no relacionamento. Isso é particularmente verdade no caso de uma mulher que procura alcançar uma ex-lésbica.

Ao longo dos anos, já observei mulheres cristãs, com as melhores intenções, envolverem-se em relacionamento de discipulado com outra mulher que tem conflito com a homossexualidade. Em algum momento dessa caminhada, o relacionamento pega um desvio, e elas se envolvem sexualmente. Como isso ocorre?

Às vezes, a mulher heterossexual está vulnerável e emocionalmente carente, sem ter consciência disso. Talvez essa mulher e a família tenham acabado de se mudar para uma nova cidade e ela ainda não tenha estabelecido uma rede de novos amigos. O marido está mergulhado no novo trabalho e fica doze horas fora de casa todos os dias. Essas circunstâncias a fazem sentir-se carente, sozinha e vulnerável. Algo assim pode parecer improvável, mas acontece muitas vezes.

Uma mulher também pode ser iniciada no comportamento homossexual em razão de assuntos não resolvidos no passado, principalmente relacionados a abuso sexual ou a outras feridas emocionais causadas por homens. Instintivamente, ela é atraída para outras mulheres feridas, com quem pode formar uma amizade íntima que se torna intrincada, exclusiva e doentia. E acaba transformando-se num caso afetivo e sexual. Antes que se dê conta do que está acontecendo, essa mulher já mergulhou de cabeça num caso amoroso homossexual.

Por isso, é importante manter o equilíbrio de nossos relacionamentos e não realizar o discipulado com outros que tenham as mesmas necessidades emocionais que nós. Esse tipo de situação é raro entre os homens. O homem heterossexual típico tem profunda repugnância por qualquer coisa que tenha ligação remota com relações homossexuais, logo, não há perigo nenhum de ser empurrado para esse tipo de imoralidade. O que acontece com maior freqüência é a sensação de que o ex-*gay* que está sendo discipulado por esse cristão é abertamente dependente emocional dele.

Os homens que têm conflito com a homossexualidade sentem-se, em geral, sem nenhum vínculo com outros homens. Procuram afeto nas escapadas sexuais. Por isso, quando um heterossexual afável começa a fazer o discipulado com ele, ambos podem sentir-se unidos de uma forma que jamais ocorreu anteriormente. No entanto, é possível que surjam problemas, se o ex-*gay* começar a centrar todas as necessidades emocionais nesse amigo heterossexual. Por sua vez, este pode sentir-se usado e esgotado, como se as necessidades emocionais do outro o consumissem. Assim, o ex-*gay* deve ser direcionado às atividades de grupo, como os estudos bíblicos, o café da manhã dos homens ou jogos de futebol, basquete etc., em que poderá encontrar amizade num grupo de homens receptivos.

Um ex-*gay*, em geral, está sedento de aceitação e amizades com outros homens não homossexuais. Já vi muitas igrejas em que esse tipo de apoio existe. Essa ajuda possibilita uma cura profunda na vida dos homens que estão lutando para superar a homossexualidade. Portanto, embora haja riscos e desafios envolvidos, esse tipo de busca para alcançar os outros pode fazer uma diferença radical na vida de muitas pessoas.

Acima de tudo, podemos nos lembrar de "... Cristo em [...] [nós] a esperança da glória" (Cl 1.27). O cristianismo torna-se verdadeiro e poderoso quando o revelamos, alcançando as pessoas feridas, e observamos o poder de Jesus Cristo transformar vidas por nosso intermédio. A comunidade *gay* e lésbica é enorme, um campo missionário praticamente ignorado. E para todo ativista homossexual, geralmente, existem pais e outros familiares nos bastidores, muitos dos quais sentam-se no banco das igrejas todos os domingos e estão totalmente perdidos, ou seja, sem saber como agir em relação aos *gays* que lhes são queridos. Encaremos esse desafio de cabeça erguida para fazer radical diferença no futuro de nossa sociedade.

13

Ajudar os adultos solteiros a lidar com os reveses morais

DICK PURNELL

Observei-a pelo canto dos olhos. Estava sentada tranqüila mais ou menos na vigésima fileira do auditório onde eu acabara de discursar perante uma enorme audiência de universitários sobre o tópico "Por que os relacionamentos não dão certo". Muitas pessoas entraram em fila para fazer perguntas, mas aquela mulher continuou sentada.

Depois que a última pessoa saiu, ela veio em minha direção e disse:

— Posso falar com o senhor?

— Pois não — respondi.

Depois de certificar-se de que ninguém estava escutando, ela falou calmamente: — Sou uma das líderes do grupo que o convidou para vir aqui dar essa palestra. Ninguém sabe disso, mas quatro meses atrás me envolvi com um homem e agora estou com uma doença venérea. Cabisbaixa, acrescentou: — Acho que jamais merecerei um homem decente para o resto de minha vida.

A dor profunda na alma dessa mulher transparecia-lhe nos olhos angustiados. Todos os sonhos que provavelmente tivera de permanecer casta para o futuro marido foram destruídos. Seus anseios foram frustrados. Que homem escolheria uma mulher maculada e com doença venérea? Ela estava abalada e sentia-se desolada, deprimida, sem nenhuma esperança.

Muitos adultos solteiros podem-se solidarizar com a situação dela, pois enfrentam as mesmas batalhas. Sentem-se como se estivessem iniciando um relacionamento com excesso de bagagem. Algumas dessas pessoas não percebem quanto a imoralidade sexual as tornou insensíveis. De modo geral, a mídia e a sociedade estimulam o sexo sem compromisso. Glamouriza-se a relação sexual pré-marital: "todas as pessoas legais fazem isso".

O rei Salomão previu o que acontece com um homem que comete adultério:

> Imediatamente ele a seguiu
>   como o boi levado ao matadouro,
> ou como o cervo que vai cair no laço
> até que uma flecha lhe atravesse o fígado,
> ou como o pássaro que salta
>   para dentro do alçapão,
> sem saber que isso lhe custará a vida (Pv 7.22,23).

George Barna afirma em *Single Adults*: "Três entre quatro adultos que jamais se casaram alegam que a coabitação é moralmente aceitável. Hoje a maioria dos casais passa a morar junto antes de se casar, um aumento expressivo em relação aos 10% que agiam assim em 1965".[1]

Pertenço à equipe de palestrantes nacionais das FamilyLife Marriage Conferences. Embora o conteúdo seja voltado aos casados, muitos casais de noivos comparecem. Há uma sessão especial exclusivamente direcionada a esses casais de noivos. Nessa reunião, o palestrante fala aos homens, e a esposa dele, às mulheres. Quando me dirijo aos homens, em geral pergunto: — Quantos de vocês estão tendo relações sexuais com a noiva? — Normalmente, de 60% a 70% confessam ter esse tipo de envolvimento.

Se esse comportamento é típico para os casais de noivos, isso significa que muitos desses casais que vão à igreja aos domingos já moram juntos. Desse modo, um número grande de adultos solteiros não é mais virgem.

A pesquisa de Barna demonstra que os casais que coabitam têm 48% mais probabilidade de se divorciar que os que não viveram juntos antes do casamento. Também os que se casam depois de coabitar têm maior probabilidade de ser vítimas da violência doméstica, da depressão, da insatisfação com a vida, bem como estão mais propensos a ter expectativa de vida menor e a sofrer de ansiedade sexual.[2]

O deslize moral fica profundamente enraizado na vida da pessoa. É difícil discutir as dores e lembranças de decisões sexuais equivocadas. Muitas vezes, as pessoas tentam mascarar as cicatrizes com mecanismos de defesa, mas as conseqüências são lembretes constantes de seus equívocos.

A relação sexual é mais do que um ato físico. Ela envolve as emoções, a auto-imagem e o espírito. A pessoa deixa-se conhecer de uma forma improvável de ocorrer por outros meios. O sexo no casamento amoroso e compromissado é belo e realizador. No entanto, quando a imoralidade sexual se manifesta, uma adaga negativa finca-se profundamente na psique da pessoa. Pesquisas demonstram que, se os indivíduos solteiros não se disciplinarem para lidar com seus impulsos sexuais, a probabilidade de serem infiéis ao cônjuge depois de casados é maior.

É extremamente difícil escapar da areia movediça da imoralidade. Como ela afeta o indivíduo por inteiro, o caminho para a cura e a libertação é complicado. Não é suficiente dizer apenas: "tenha fé em Jesus, porque ele lhe dará a força de que precisa".

Muitos pastores jamais tratam dos assuntos que afetam os adultos solteiros. As questões sexuais até podem ser apresentadas, mas em geral isso se faz de uma perspectiva totalmente negativa. "Não faça isso" é o resumo do que os adultos solteiros escutam. A discussão sobre as lutas deles é, de alguma forma, um tabu. Portanto, os solteiros são abandonados a si mesmos para buscar as respostas para seus problemas.

Aqui estão algumas perguntas que ouço. O que a Bíblia diz com relação a encontrar alguém para se casar? Como um homem de 28 anos de idade que nunca se casou deve lidar com o desejo sexual dado por Deus? O que uma mulher divorciada de 33 anos, mãe de dois filhos, pode fazer com seu desejo sexual? Quais os passos práticos para sair de um caso amoroso ilícito com a mãe de seu filho? Como uma mulher oprimida pelo arrependimento pode encontrar a verdadeira paz? É possível recuperar a virgindade de alguém depois que lhe foi roubada pelo abuso sexual?

Essas e milhares de outras perguntas dolorosas já me foram dirigidas. No final de cada palestra, reservo um espaço para um fórum aberto em que as pessoas podem fazer perguntas sobre o sexo oposto. Oriento a platéia a anotar as perguntas num cartão, em que o interessado indica apenas se é do sexo feminino ou masculino. Quando leio em voz alta cada pergunta e a respondo, um silêncio envolve os espectadores. A reação mais freqüente que recebo é: "finalmente, alguém está tratando de meus problemas". A propósito, as mulheres não-casadas fazem tantas perguntas a respeito de sexo quanto os homens. Com efeito, estão mesmo ocorrendo mudanças sociais.

Antes de tratar das soluções, apenas mais uma observação. Quando se emprega a palavra *sexo*, o que vem à mente de muitos pastores é "relação sexual". No entanto, para muitas pessoas (principalmente as mais jovens), sexo pode não se referir a relação sexual. Hoje poderíamos empregar a expressão "relacionamentos sexuados", que por sua vez incluem sexo oral e tudo o mais, exceto a penetração (intercurso sexual). O "relacionamento sexuado" não é considerado sexo porque não existe a penetração. Desse modo, a pessoa que pratica essas outras formas de sexo ainda se considera virgem.

Adolescentes e adultos solteiros "ficam" em vez de namorar. "Ficar" significa que você se junta a alguém, apenas por uma noite, para atividades sexuais que você deseja. Um sujeito me disse:

— Posso deitar-me nu na cama com uma garota e não pensar em penetração.

Não há expectativas emocionais depois desses atos nem há compromisso em relação a nada além daquela noite. "Sexo sem compromisso" hoje é sinônimo de "sexo sem ligações afetivas".

A verdade é que há conseqüências inevitáveis, quer o indivíduo se envolva em "relacionamentos sexuados", quer se envolva em relações sexuais pré-matrimoniais. Existem quatro categorias nas quais essas conseqüências se encaixam.

Número um: psicológica. A pessoa sente profunda culpa no íntimo: culpa de quebrar a lei de Deus; culpa de violar os Dez Mandamentos; culpa de expor todo seu ser a alguém com quem não tem compromisso. Certamente, o mundo entorpece a consciência e ridiculariza a verdade. A mídia alardeia o sexo fora do casamento, e milhões de pessoas ficam anestesiadas do mal revestido de beleza. "Embora conheçam o justo decreto de Deus, de que as pessoas que praticam tais coisas merecem a morte, não somente continuam a praticá-las, mas também aprovam aqueles que as praticam" (Rm 1.32). O fato conclusivo é imutável, a saber, que Deus julga as pessoas de acordo com sua justa lei — quer elas acreditem nele, quer não. A mensagem clara de Romanos 1 é que tais pessoas são "indesculpáveis" (v. 20).

A culpa vem acompanhada de uma tremenda perda de autoestima e de um sentimento de vergonha. As pessoas sentem-se sujas. Acham que, de alguma forma, são produtos usados. Muitas, mas muitas pessoas mesmo, sentem como se tivessem caído em uma armadilha. Cederam ao desejo e à queda a fim de encontrar emoção, intimidade e aceitação. No entanto, terminaram com um terrível monstro autoritário, que quer ter controle sobre tudo. O desejo jamais é satisfeito, além de roubar de suas vítimas a alegria, a diversão verdadeira, a satisfação e a intimidade genuínas. A mentira do mundo é que o sexo sem compromisso não tem conseqüências. "Viva o hoje — não se preocupe com o amanhã". No entanto, aqueles que se envolvem nisso são levados pelo vendaval.

A imoralidade resulta em vazio devastador. Quando você teve intimidade com alguém e ela não foi satisfatória, a desilusão decorrente disso é bastante expressiva. Depois, vem a assombrosa questão: "o que faço agora?".

Número dois: relacional. Ciúmes, brigas, separações e até violência ocorrem quando duas pessoas violam uma à outra. Acredito que uma das principais razões por que os casais se separam reside no fato de terem ficado muito próximos rápido demais. O antigo ditado é verdadeiro: "as mulheres dão sexo para obter amor, e os homens dão amor para obter sexo". Usam-se um ao outro a fim de obter o que querem, cada um para si. Embora o egoísmo, por algum tempo, seja camuflado pelo romance, as verdadeiras batalhas iniciam quando ambos desejam estar no controle. A imoralidade sexual não produz uma pessoa auto-suficiente. Ao contrário, é alimentada pelo impulso do "pegue o que quiser".

Uma das surpreendentes conseqüências da imoralidade sexual é a cauterização da mente. Deus pretende que o amor se edifique no ato de doar, mas o desejo focaliza aquilo que se quer possuir. Quanto mais o indivíduo se aprofunda na promiscuidade e na corrupção, menos satisfatórios são os seus relacionamentos. A conseqüência é a degradação cada vez maior em relacionamentos sexuais distorcidos — situações que dão vazão à lascívia, à utilização de artefatos mecânicos, aos múltiplos parceiros, à pornografia, ao sadismo e a todo tipo de perversão.

Número três: física. Milhões de indivíduos contraem doenças sexualmente transmissíveis (DSTs), dentre elas a AIDS, em conseqüência de atividades sexuais promíscuas. Estima-se que, todos os anos nos Estados Unidos, doze milhões de pessoas contraem alguma DST, sendo que 67% desses casos ocorrem entre homens e mulheres com menos de 25 anos de idade. De acordo com as taxas atuais, pelo menos 25% das população contrai alguma DST em algum momento da vida.

Os especialistas estão descobrindo que as DSTs têm uma variedade de efeitos no corpo. O dr. Michael Heller, diretor da House

Staff Teaching Program, Emergency Medicine Department, no Franklin Square Hospital, Baltimore (EUA), escreve: "Hoje é sabido que as doenças sexualmente transmissíveis podem afetar todos os órgãos do corpo humano. As doenças transmitidas em práticas sexuais podem afetar praticamente qualquer função do corpo, mesmo que a região genital não esteja clínica e diretamente relacionada à doença. As manifestações conhecidas das DSTs estão crescendo".[3] A lista dos problemas resultantes inclui tendinite, artrite, uretrite, hepatite, dores no abdômen, infecções gastrintestinais, AIDS, meningite não bacteriológica, infecções oculares e câncer cervical.

A culpa e a miséria atormentam os indivíduos afetados por essas doenças. Não saberia dizer quantas pessoas já me perguntaram:

— Como dizer à pessoa que estou namorando que tenho uma doença venérea?

Dá para imaginar o choque e o desalento quando a verdade é revelada! É algo capaz de parar o coração... e de interromper a paixão.

Da mesma forma, uma gravidez não desejada certamente complica o relacionamento. Muitas vezes, o casal chega a se separar. Ou quando se casa sob coerção, quase sempre o casamento não dura muito. Mais de 25% dos nascimentos são de bebês de mães solteiras. Nesses dados estatísticos há muita dor e desgosto. Milhões de outras gestações terminam em aborto. O feto em desenvolvimento é tratado como se fosse meramente tecido celular a ser descartado, e uma futura vida é jogada fora. É esse o lado obscuro da noite de "prazer".

Número quatro: espiritual. De todas as conseqüências devastadoras da imoralidade sexual pré-matrimonial, as mais graves dizem respeito aos efeitos espirituais — os quais também são os últimos a ser percebidos. As repercussões espirituais são experimentadas nesta vida e na vindoura (1Co 3.12-15). Um breve ditado que aprendi quando criança explica bem esse tipo de conseqüência: "o pecado o afasta da Bíblia ou a Bíblia o afasta do pecado". Os pecados sexuais afastam, muito rapidamente, a pessoa de Deus. Quem deseja ter Deus por perto quando está planejando ter relações sexuais com alguém que não é seu cônjuge? O indivíduo diz a Deus que fique bem afastado, não chegue perto quando está decaindo moralmente. Nesse processo de deixar Deus de lado, a pessoa esconde-se do único que pode dar-lhe satisfação na vida e garantir-lhe a vida eterna no porvir.

Quando caminhamos nas trevas, nossa comunhão é com os que andam nas trevas. Somos atraídos para o mesmo tipo de comportamento e atitudes dessas companhias. Não queremos ficar cercados de cristãos fiéis, pois nos sentiríamos culpados. Quem quer juntar-se aos outros na adoração do Deus santo quando sua vida e atitudes estão jogadas na sarjeta? Todo interesse de conhecer Deus e de servi-lo desaparece. Uma atitude hostil separa o indivíduo do Senhor e de seus seguidores. Como Jesus diz:

> "Entrem pela porta estreita, pois larga é a porta e amplo o caminho que leva à perdição, e são muitos os que entram por ela. Como é estreita a porta, e apertado o caminho que leva à vida! São poucos os que a encontram" (Mt 7.13,14).

Em geral, as pessoas não valorizam o aspecto espiritual da vida, principalmente o que ameaça retirar-lhes os "brinquedos" da imoralidade sexual, dos vícios e dos desejos. Mas Cristo é o único que tem as palavras de vida, e ele promete a vida verdadeira a todos os que o seguem. Seria uma pena deixar de desfrutar isso.

A beleza de Deus é que ele não desiste de nós. Ele busca constantemente o perdido, o oprimido, o caído, o aflito, o doente, a escória, o morto espiritual. Deus repete isso de incontáveis maneiras: "Venham a mim, todos os que estão cansados e sobrecarregados, e eu lhes darei descanso" (Mt 11.28).

Quando os adultos solteiros maculados respondem ao convite do Senhor e a ele querem retornar, como devem fazer isso? Bem, essa jornada inicia com o arrependimento verdadeiro e a compreensão do evangelho de Cristo. Além disso, é preciso ter fé em Jesus Cristo para receber o perdão e a vida eterna. Como alguém pode sair da sarjeta da imoralidade e do pecado? Como ajudar um adulto solteiro a transformar suas atitudes e comportamento num viver santo?

O caminho para a restauração não é fácil nem impossível. Exige motivação interna, fé em Deus e tempo. De minha parte, graças à interação com adultos solteiros e à prática de aconselhamento cheguei à conclusão de que seguir os "Passos para a liberdade" é a questão principal no aconselhamento de adultos solteiros que desejam superar os reveses morais passados e presentes. Esses pontos também podem servir de esboço para palestras dirigidas a grupos de adultos solteiros. Parto do pressuposto que o indivíduo a quem se ensinam esses passos já é cristão e apenas quer passar a ser um seguidor mais fiel de Cristo.

O QUE DIZER AOS ADULTOS SOLTEIROS QUE VIVENCIARAM UM DESLIZE MORAL

Parte do material apresentado a seguir destina-se especificamente àqueles que você procura ajudar e outra parte é direcionada a quem está engajado nesse ministério, ou seja, você.

Passo 1: aceite o perdão de Deus

A fim de encontrar a cura pessoal e a libertação das escolhas morais erradas, é importante compreender o significado de duas coisas: sua responsabilidade pelas escolhas e a profundidade do perdão de Deus. Somos o que denomino "povo escorregadio". Descartamos facilmente a responsabilidade por nossas falhas e a transferimos para os outros. Foi Adão que iniciou tudo isso. No jardim do Éden, ele preferiu desobedecer ao mandamento de Deus. Depois de pecar, escondeu-se entre as árvores do jardim quando Deus estava se aproximando (Gn 3.8-12).

Deus o chamou: "onde está você?". Claro que Deus não fez essa pergunta porque não conseguia encontrar o homem — apenas queria que Adão percebesse que a desobediência erigira uma barreira entre ele e Deus. Quando o Senhor lhe perguntou o que acontecera, Adão retrucou: "Foi a mulher que me deste por companheira que me deu do fruto da árvore, e eu comi". Observe que ele disse: "a mulher que me deste". Ele culpou Deus pela escolha equivocada e depois culpou Eva. Obviamente, ela culpou a serpente. Do ponto de vista de Adão, ele era o único que estava certo. Dizia que Deus se equivocara ao dar-lhe Eva. E a mulher, por sua vez, estaria errada por ter-lhe dado o fruto proibido. Desse modo, Adão sentia-se racionalmente justificado.

Encontro pessoas o tempo todo que dão "desculpas escorregadias" para sua imoralidade. Isso é como tentar pregar uma gelatina na parede. Ouvimos desculpas do tipo: "Deus ainda não trouxe a pessoa certa para minha vida... que posso fazer se tenho todos esses desejos não satisfeitos?"; "todos os cristãos que conheço são sem graça; o que há de errado com um pouco de diversão enquanto espero Deus?"; "já estou esperando há muito tempo; não podia mais esperar"; "quem se importa com o que Deus pensa? Ele não gosta de nada que dá prazer". Para esses, Deus é o menino malvado. Deus e todos os outros são o problema: "Eles são os verdadeiros culpados, não eu".

O princípio do perdão e da cura é assumir a responsabilidade por suas ações e escolhas, admitindo que elas são pecaminosas. Você transgrediu os Dez Mandamentos. O adultério é uma violação do desejo de Deus (1Co 6). As pessoas precisam ler os versículos na Bíblia, não apenas escutá-los quando alguém os cita. A atitude pós-moderna considera verdade aquilo que a pessoa decide. Pegue uma Bíblia e leia os versículos que transmitem a autoridade suprema de Deus. "Busque-se. Isso é o que Deus diz." Permita que o Espírito de Deus trabalhe em seu coração. Quando o Espírito Santo convence as pessoas, ele executa uma grande tarefa.

A confissão dos pecados não é apenas: "Senhor, perdoe meus pecados". É fácil dizer isso de forma irreverente. Quando lemos, em 1João 1.9: "Se confessarmos os nossos pecados...", sabemos que isso significa dar nome aos pecados. Por exemplo: "Senhor, fiz isto: prevariquei. Fui para a cama com três homens diferentes"; ou "estou morando com essa garota". Dê nome às transgressões para que Deus perdoe especificamente esses pecados. A confissão verdadeira dos pecados é aceitar a responsabilidade e reconhecer que Deus está certo.

O perdão de Deus é tão profundo que ele mesmo pagou o preço por nossos pecados e nos livrou da condenação que estes nos trazem. É importante aprender o conceito de remoção do pecado transmitido no Antigo Testamento: "E como o Oriente está longe do Ocidente, assim ele afasta para longe de nós as nossas transgressões" (Sl 103.12). Sempre fiquei imaginando por que Deus utilizou a frase: "E como o Oriente está longe do Ocidente". Por que não escolheu: "E como o Norte está longe do Sul"? Certo dia, pensando nisso, percebi que, se iniciasse uma jornada no Pólo Norte em direção ao Pólo Sul, já estaria no Hemisfério Sul assim que alcançasse a linha do equador. É uma distância mensurável. Mas se iniciasse a jornada no equador e caminhasse para o leste (Oriente), jamais chegaria ao oeste (Ocidente), sempre vou para o leste. Noto que o leste está a uma distância infinita do oeste. Em Hebreus 10.17, o Senhor afirma que não se lembrará dos pecados que já perdoou. É fundamental que esse conceito seja interiorizado, como veremos na próxima seção. Assim que assumimos a responsabilidade por nossos pecados e reconhecemos que Deus está certo, o sangue derramado de Cristo nos purificará. Aceite o perdão de Deus e aproprie-se dele.

Passo 2: perdoe-se

Muitos sermões terminam na confissão e no perdão. Mas isso é apenas o começo. Como as pessoas podem juntar os cacos de uma vida desmantelada? Onde elas aprendem a sair das cadeias que as mantêm presas nos calabouços do desespero e da culpa? O primeiro passo é agradecer a Deus o fato de você ser um indivíduo que perdoa. Em seguida, dê o próximo passo e perdoe-se. Quando a mulher pecadora chorou aos pés de Jesus e derramou o bálsamo caro, ele lhe disse: "... Seus pecados estão perdoados." [...] "Sua fé a salvou; vá em paz" (Lc 7.48,50). Em outra ocasião, Jesus virou-se para a mulher pecadora, assim que os que exigiam a condenação dela haviam partido, e perguntou-lhe:

> "... Mulher, onde estão eles? Ninguém a condenou?""Ninguém, Senhor", disse ela. Declarou Jesus: "eu também não a condeno. Agora vá e abandone sua vida de pecado" (Jo 8.10,11).

Na verdade, Cristo estava dizendo a cada uma dessas mulheres (e a muitas outras pessoas): "Eu lhe perdôo; portanto, perdoe a si mesmo e mude sua vida".

Quando digo: "perdoe-se", quero dizer que não há necessidade de continuar com a autopunição nem de ficar imerso na culpa. As pessoas rebaixam-se o tempo todo. Ou fizeram algo errado ou uma série de coisas equivocadas. Dizem a si mesmas: "sou um grande pecador; jamais poderei viver a vida cristã". Jesus Cristo não disse à mulher: "vá e consuma-se de tristeza pela pessoa horrível que é. Continue preocupando-se com o que você fez. Talvez, um dia desses, você mereça meu perdão".

Ao contrário, a mensagem dele foi: "agora que eu a tirei do lamaçal, viva de forma para que não volte a ele; firme-se na rocha de Deus e siga em frente". As pessoas perdoadas precisam compreender que Cristo as livra da autopunição (o ato de rebaixar-se, depreciar-se ou de pensar que você é o pior pecador que já existiu no mundo). A conseqüência disso é a destruição da própria imagem, o que o leva à imobilidade.

Se já experimentou o perdão de Deus, mas se recusa a perdoar a si mesmo, você está dizendo a Cristo que o perdão dele não basta. Perdoar a si mesmo significa dizer: "sim, sou pecador, mas fui salvo e liberto pela graça de Deus; sou livre para deixar minha antiga vida para trás". O exemplo clássico é o de Paulo. O apóstolo, perto do fim da vida, na cela de uma prisão recordou sua vida de pecado, o que está registrado em 1Timóteo1.12-17: "... Cristo Jesus veio ao mundo para salvar os pecadores, dos quais eu sou o pior" (v. 15). Ele disse que era o pior pecador do mundo. No entanto, Deus o libertara e, por meio de sua graça, dera-lhe o maior ministério. Paulo, até o dia em que morreu, lembrou-se do que Cristo fizera por ele. Agradeceu a Deus a graça de perdoar-lhe. E ele,

Paulo, perdoou-se a si mesmo, pegou sua cruz e seguiu a Cristo pelo resto da vida.

Perdoar-nos, tal como Deus nos perdoou, tira o aguilhão das lembranças. A ferroada das más lembranças é o ressentimento que sentimos com relação a outras pessoas, mas o aguilhão são as atitudes autodestrutivas. Se lembramos da antiga vida, isso não tem importância, pois, na verdade, é muito bom recordar. Pedro nos previne:

> Porque, se essas qualidades existirem e estiverem crescendo em sua vida, elas impedirão que vocês, no pleno conhecimento de nosso Senhor Jesus Cristo, sejam inoperantes e improdutivos. Todavia, se alguém não as tem, está cego, só vê o que está perto, esquecendo-se da purificação dos seus antigos pecados (2Pe 1.8,9).

Lembre-se da profundeza da degradação da qual Deus o libertou. Por quê? Porque assim você se lembrará de quanto é grande a graça de Deus demonstrada em sua vida. Sem a força constante do Senhor a sustentar-nos, retornaríamos todos à vida que abandonamos. Não se esqueça disso!

Ao longo de toda a jornada pelo deserto, Deus dizia aos israelitas: "lembrem-se do que eu fiz por vocês". Depois que os trouxe seguros à terra, ordenou que organizassem doze pedras à margem do rio Jordão para que eles, assim como as gerações seguintes, lembrassem que Deus cumprira milagrosamente as suas promessas. "... No futuro, quando os seus filhos lhes perguntarem: 'Que significam essas pedras?', respondam que as águas do Jordão foram interrompidas diante da arca da aliança do SENHOR. Quando a arca atravessou o Jordão, as águas foram interrompidas. Essas pedras serão um memorial perpétuo para o povo de Israel" (Js 4.6,7).

Você pode dizer aos amigos e a sua família: "eu era uma pessoa má. Jamais me esquecerei disso, mas Deus me resgatou e mudou minha vida; ele merece toda a glória: veja o que ele fez por mim". Deus retirou todo ressentimento, toda recriminação e toda autodepreciação, substituindo tudo isso pelo fruto do Espírito Santo. Permita que as lembranças sirvam de lição para o futuro.

Passo 3: espere mudanças poderosas

A mentalidade de vítima permeia nossa sociedade. Talvez isso sirva para uma manchete de revista. Mal sou capaz de determinar o número de pessoas que vêm até mim e dizem sentir-se impotentes. Os adultos solteiros afirmam que a solidão é a grande desvantagem de não ser casado. Muitos me contam seus problemas e depois, no final da conversa, acrescentam:

— Jamais contei isso a ninguém.

Sempre que os estimulo a conversar com alguém sobre os problemas importantes, eles replicam: — Não tenho ninguém em quem confiar.

Quando as pessoas acham que estão totalmente sozinhas para encarar os desafios do mundo, elas se sentem fracas e vulneráveis. É cansativo não depender de ninguém, exceto de si mesmo.

Primeiro, concentre-se na ressurreição de Cristo. Este é o ponto central da fé cristã. Se Cristo estivesse morto em algum túmulo sem identificação, então seríamos impotentes para encarar os ataques violentos do mal. Mas, como ressuscitou com imenso poder, Cristo pode derramar esse poder em nós por meio do Espírito Santo, para vencermos, com poder, todos os tipos de obstáculos (Rm 8.37). Pela fé temos o poder da ressurreição de Cristo disponível para nosso fortalecimento (Ef 1.19,20).

Deus quebrou os laços da morte que envolviam Cristo com a mesma facilidade com que se quebra um palito. Se ele pôde quebrá-los, é capaz de quebrar qualquer coisa que esteja aprisionando você. O Salvador pode quebrar as correntes de um caso amoroso ilícito. O poder de Cristo pode libertar você do vício da luxúria, quer esse pecado o leve a *sites* pornográficos da Internet, quer o leve a fazer qualquer outra coisa. O Espírito Santo pode dar-lhe coragem para levantar-se em favor da retidão, enquanto todos seus amigos freqüentam bares de reputação duvidosa. A direção de Cristo está a nosso alcance para que estabeleçamos relacionamentos saudáveis, morais e satisfatórios na vida. O amor de Cristo é muito mais atraente do que o "amor superficial" que os abutres egoístas nos oferecem. Quando você sente que o mundo o trata como um lixo, ele lhe assegura que ama você e tem um propósito bom, aceitável e perfeito para sua vida. Você pode renascer das cinzas. Por quê? Porque Cristo também ressuscitou. A sua ressurreição poderosa garante a você a vida eterna.

Em segundo lugar, busque formar um grupo de apoio; um grupo de amigos do mesmo sexo a quem você possa prestar contas de seus atos e, ao mesmo tempo, confiar seus pensamentos e o coração. A discussão deve centralizar-se na Bíblia, e todos devem-se encorajar mutuamente a caminhar firmemente com o Senhor.

Como fui solteiro até os 42 anos de idade, houve muitas noites em que lutei com minha solidão. Lá pelos meus 35 anos, era pastor-assistente de uma igreja. Embora exercesse essa função, tinha tantos problemas quanto qualquer pessoa. Eu era um livro aberto. Orava: *Senhor, como posso mudar? Como posso lidar com tudo isso?* Afinal, queria ser um homem de Deus, mas por certo tinha problemas com relação a esperar uma esposa. Sentia-me extremamente derrotado. Quase todo dia orava: *Senhor retire esse desejo por uma mulher, pois não posso controlá-lo*. Depois, certo dia enquanto orava pela solução desse problema, percebi de repente que estava pedindo a Deus que retirasse minha masculinidade e me transformasse num ser anormal. Sou muito grato a Deus por ele não ter respondido àquela oração. Se ele tivesse respondido, hoje eu não estaria casado. O fato de tornar-se cristão não significa que Deus o tornará assexuado.

Então, como lidar com esse impulso? Edifique bons relacionamentos com pessoas do sexo oposto e confie que o Senhor cumprirá o desejo dele para sua vida. Crie um grupo de apoio com amigos que orem com você e por você. Sejam sinceros uns com os outros e prestem contas uns aos outros. Peça orações específicas: — Este fim de semana não tenho encontro algum e estou muito solitário. Por favor, orem por mim, principalmente entre as 9 horas e a meia-noite.

No encontro seguinte com seu grupo de apoio, compartilhe a maneira que achou para lidar com o fim de semana. Louve o Senhor pelas vitórias que você alcançou; continue a orar, pedindo forças para superar suas tentações. Precisamos ter a expectativa de mudanças poderosas e também considerar uns aos outros para nos incentivar "... ao amor e às boas obras" (Hb 10.24).

Passo 4: guarde sua mente

Considero a mente humana um touro selvagem, que jamais será completamente domado. Entretanto, pode-se pôr uma argola no nariz do animal e levá-lo a qualquer lugar quase sempre. Antes da conversão, sua mente vagava livremente e pensava no que queria. Você pode provocar sua mente com pensamentos impuros alimentando-a com substâncias impudicas e com uma vida imoral. Esse estilo de vida alimentava o touro feroz de sua mente com experiências e valores deste mundo.

Quando se tornou cristão, você descobriu que o touro selvagem da mente não poderia ser transformado imediatamente. Os velhos padrões e hábitos, como também as antigas idéias, atividades e tentações, ainda o assolavam. O touro selvagem investia impiedosamente contra suas boas expectativas cristãs e desafiava toda tentativa de transformação moral. Você caiu muitas vezes e está cansado dessa batalha:

— Acho que devo desistir e voltar ao velho modo de vida. Era mais fácil.

Era mais fácil porque você estava sob o domínio de sua natureza corrupta, de uma cultura sem Deus e satânica. Entretanto, as conseqüências dessa vida são a destruição e a morte eterna. Você mudou de lado nessa batalha, quando entregou a vida a Cristo. Escolheu a paz com Deus e a vida eterna. Os antigos aliados tornaram-se seus inimigos, agora eles estão em guerra contra você. Mas do seu lado há alguém mais poderoso que todas as forças maléficas: o Cristo ressurreto. Agora, você enfrenta uma batalha entre a velha vida e a nova.

O único guardião de sua mente é você, pois é quem escolhe a forma de nutri-la. O acrônimo LILO, comum no mundo da computação, significa "lixo *in*, lixo *out*". Se alimenta o computador com lixo, o resultado também será lixo. A mente funciona da mesma forma. Tudo o que se introduz nela acabará voltando do mesmo modo. Quando for tratar da mente, transforme o LILO em DIDO, isto é, "Deus *in*, Deus *out*". Se quiser que a verdade, a beleza e a pureza da Palavra de Deus se manifestem em seu comportamento, nutra a mente com a Bíblia.

O apóstolo Paulo adverte: "Finalmente, irmãos, tudo o que for verdadeiro, tudo o que for nobre, tudo o que for correto, tudo o que for puro, tudo o que for amável, tudo o que for de boa fama, se houver algo de excelente ou digno de louvor, pensem nessas coisas" (Fp 4.8). Vistam toda a armadura de Deus para lutar e serem vitoriosos (Ef 6.10-20). Transforme sua mentalidade de vítima em mentalidade de vitória. Você pode conseguir isso orando com fervor àquele que habita em você e é maior que aquele que está no mundo (1Jo 4.4). Ocupe a mente com a verdade de Deus.

A Palavra de Deus nunca diz que ela limpa sua mente de todas as lembranças maléficas. A Bíblia limpa o coração. O que quer que você pense ou experimente está no cérebro desde que era criança, e isso apenas leva tempo para aflorar na consciência. Quanto mais verdade você inserir na mente, por meio da leitura, do pensamento, da fala e das experiências com as coisas de Deus, mais você substitui o mal pelo bem. Sua vida será um reflexo do viver santo. Lembre-se de sempre misturar a verdade com a fé (Hb 4.12; 11.6).

Eis uma atividade santa com que alimentar sua mente: aprenda a tornar-se um bom amigo do sexo oposto. Os homens solteiros olham para as mulheres como uma conquista em potencial: "alguém para suprir minhas necessidades e tirar-me dessa condição". Enfatize o desenvolvimento da amizade pela formação de interesses comuns, do incentivo ao comportamento santo e da valorização das diferenças. Quer esse relacionamento se torne um namoro, quer não, é prazeroso alimentar uma amizade saudável e de qualidade com o sexo oposto. Se Deus os aproximar, os dois precisam lançar um alicerce firme para um casamento centrado em Cristo.

Passo 5: desfaça os relacionamentos negativos

Há dois tipos básicos de pessoas neste mundo: as que nos edificam e as que nos destroem. Associe-se com as pessoas que o estimulem a caminhar com Deus e demonstram isso na própria vida.

Se estiver tendo uma vida sexual ativa com alguém que não seja seu cônjuge, faço um apelo: interrompa esse relacionamento imediatamente. Quer concorde, quer não, você está ferindo essa outra pessoa nas áreas emocional, mental, espiritual e, mesmo, física. Se ama essa pessoa de verdade, você vai fazer o que é melhor para ela, conforme a direção do Senhor Jesus Cristo. A Bíblia é muito clara quanto ao desejo de Deus: abstenha-se da imoralidade sexual e controle os impulsos sexuais a fim de honrar a Deus (v. 1Ts 4.1-8).

Portanto, se você se importa com essa pessoa e deseja manter o relacionamento, o melhor a fazer é decidir parar de imediato com isso; evite atividades sexualmente estimulantes a partir desse momento até casar-se. Isso é difícil de empreender, mas o Senhor está a seu lado. Ele lhes dará a coragem para honrar a santidade sexual um do outro. Agindo assim, saberá em menos de um mês se a pessoa que você namora de fato o ama ou apenas gosta de seu corpo.

Pessoas conhecidas que o querem comprometido com o tipo errado de pessoa sempre vão dar justificativas medíocres para isso. Entristece-me saber quanto são cegos. Se Cristo não for o centro de um relacionamento, o ego dos envolvidos ficará no controle. Essa é a fórmula para o sofrimento e a mágoa.

Um dos maiores dons que você pode dar ao futuro cônjuge é uma mente disciplinada para buscar o Senhor em todas as coisas. O fruto do Espírito (Gl 5.22,23) e um espírito humilde (Fp 2.3,4) são muito atraentes. Ambos levam a um relacionamento satisfatório e plenamente prazeroso.

Passo 6: purifique suas paixões

Você sabe que nada de errado existe com suas paixões, a não ser que elas o levem para o lado errado. Essas paixões são os impulsos emocionais intensos que, com freqüência, são ingovernáveis. Esses anseios são para que seus desejos mais profundos e significativos, quando supridos, tragam-lhe a sensação de satisfação.

Permita que eu lhe dê um exemplo de como os anseios e as paixões interagem. Imagine que um de seus anseios mais fortes é ter um relacionamento amoroso, íntimo e próximo, que leve você a um casamento compromissado e para a vida toda, centrado no Senhor. Esse é seu anseio? Tudo bem, a sexta-feira à noite se aproxima e você se sente um pouco solitário, sem ninguém para namorar. Os amigos vão até sua casa e lhe fazem o seguinte convite:

— Vamos nos divertir em um bar, tomar uma cervejinha e nos divertir.

Isso parece interessante, contudo percebe que será tentado a envolver-se em atividades que não são o que Deus quer para você. Assim, você começa a batalhar interiormente com essa escolha e decide acompanhar os amigos. O que há de errado nisso? Você não pretende fazer nada de mal. No entanto, logo se envolve em atividades; as tentações são muito sedutoras e afetam seus princípios. Suas paixões inflamam-se rapidamente com os desejos carnais.

Se seguir as paixões, você provavelmente destruirá a realização de seus anseios mais profundos. Sei de alguém que "se divertiu" certa noite e contraiu uma doença sexualmente transmissível com a qual terá de conviver até a morte. Conheço uma mulher que seguiu suas paixões, embebedou-se e teve um acidente quando retornava para casa. Ela morreu no hospital no dia seguinte.

Se você anseia por um casamento satisfatório e centrado em Cristo, passe o tempo com as pessoas que demonstram as qualidades necessárias para esse relacionamento. Diga não a qualquer tentação que o desviará da realização de seu sonho, mesmo se isso significar que passará as sextas-feiras à noite lendo ou se exercitando em uma academia.

A Bíblia está repleta de histórias de paixões que as pessoas exibiam. Algumas levaram a eventos destrutivos, e outras, a aventuras santas. Jesus anunciou o maior de todos os mandamentos: "'Ame o Senhor, o seu Deus de todo o seu coração, de toda a sua alma e de todo o seu entendimento'. Este é o primeiro e maior mandamento. E o segundo é semelhante a ele: 'Ame o seu próximo como a si mesmo'" (Mt 22.37-39). Quando passa a vida amando apaixonadamente Deus e as pessoas, você está exatamente no curso do Espírito de Deus. Isso é paixão purificadora.

Deus nos estimula a refinar várias paixões. "Siga" é uma das palavras utilizadas nas Escrituras para designar isso. Essa palavra é empregada para o caçador que feriu um animal; ele persegue sem descanso a criatura através das florestas e campos até que consiga capturar a presa. Ele é vigoroso, persistente e determinado. O apóstolo Paulo diz a Timóteo: "Fuja dos desejos malignos da juventude e siga a justiça, a fé, o amor e a paz, com aqueles que, de coração puro, invocam o Senhor" (2Tm 2.22).

Siga os tipos de atividades que desenvolvem características santas. Siga os tipos de relacionamentos que o levam ao casamento que você quer. Siga a carreira que utiliza os talentos e interesses que lhe foram dados por Deus. Siga a pureza moral.

Viva para seus anseios e purifique as paixões.

Esses "Passos para a liberdade" são igualmente úteis para as pessoas casadas. Enfatize o aprendizado de lições que aprendeu com o próprio passado, mas não pare aí. Paulo fala do objetivo de sua vida:

> Irmão, não penso que eu mesmo já o tenha alcançado, mas uma coisa faço: esquecendo-me das coisas que ficaram para trás e avançando para as que estão adiante, prossigo para o alvo, a fim de ganhar o prêmio do chamado celestial de Deus em Cristo Jesus (Fp 3.13,14).

Aqui está uma história de incentivo que você pode contar às pessoas que aconselha. Conheço uma mulher chamada Julie que lutava para reestruturar a vida. Embora tivesse recebido Cristo aos

17 anos de idade, continuou com o mesmo estilo de vida de antes. No ensino médio e na faculdade, envolveu-se profundamente com drogas, álcool e baladas. Apesar disso, sentia um profundo vazio no coração. Procurava preenchê-lo com namorados e festas, mas o desespero sempre aumentava. Ela estava cansada de viver, mas tinha medo de morrer.

Allison era uma vizinha cristã de Julie. Deu testemunho para Julie muitas vezes, mas parece que não surtia nenhum efeito. Certo dia, quando conversavam, Allison disse:

— Julie, por que você não endireita a vida? Venha para Cristo e deixe que ele seja o Senhor de sua vida.

— Ah, já tentei fazer isso muitas vezes, mas sempre fui malsucedida, não consigo fazer isso — replicou.

Então, Allison instigou-a:

— Lógico que consegue.

— Não, não consigo — disse Julie.

O diálogo se repetiu um pouco mais:

— Lógico que consegue.

— Não, não consigo.

— Lógico que consegue.

Julie perguntou com ar de dúvida:

— Você acredita mesmo que eu consigo?

Allison respondeu confiante:

— É lógico. Jesus Cristo quer que você venha até ele. Aceite o seu perdão e confie nele para que sua vida seja transformada.

A fé de Julie era tão frágil que ela não acreditava que Deus podia consertar aquela vida esfacelada. Mas sabia que Allison amava Cristo e acreditava que ele poderia mudar sua vida. Portanto, Julie deu um passo fundamentado na fé de Allison.

— Tentarei apenas porque você acredita que Deus vai me ajudar. Algum dia, espero crescer pela minha própria fé.

Julie deu os passos para a liberdade. Isso aconteceu há mais de vinte anos. Ela teve muitos altos e baixos, mas Cristo direcionou-a para que tomasse os caminhos corretos e motivou-a para que crescesse firmemente nele. Ela é hoje uma mulher bem casada com um homem de Deus, e eles têm dois filhos adoráveis.

E quanto a você? Acredita que Cristo pode restaurar-lhe a pureza e a alegria? Acredita que ele o libertará de suas falhas morais para que viva uma vida de santidade e propósito?

Se for difícil para você acreditar nisso, vá pela minha fé. Você pode conseguir isso com a ajuda de Cristo!

NOTAS

1. Ventura: Issachar Resources, 2002, p. 69.
2. Ibid.
3. Generally Unrecognized Effects of Sexually Transmitted Diseases, *Medical Aspects of Human Sexuality*, jan. 1985, p. 179.

14

Respostas pastorais à violência doméstica[1]

David Powlison, Paul David Tripp e Edward T. Welch

Casais que se sentam pacificamente nos bancos da igreja podem, todavia, estar em guerra. Atacam-se um ao outro. Cada um defende o próprio território. Ambos buscam táticas manipuladoras de guerrilha e, de vez em quando, declaram trégua. Quando a guerra é declarada, há pecado dos dois lados; mas quando existe violência, em geral, é o homem forte que oprime a mulher mais frágil. Com a graça de Deus, essas mulheres atormentadas começam a buscar ajuda na igreja. Quando fazem isso, perguntamos: quais as diretrizes bíblicas básicas para utilizar no ministério dirigido a essas mulheres e seus maridos?

PARTE 1: AJUDAR A VÍTIMA
Edward T. Welch

> O Senhor é refúgio para os oprimidos, uma torre segura na hora da adversidade (Sl 9.9).

Comece por escutar o clamor do oprimido

Como imitador de Cristo, você tem de começar por escutar o clamor do oprimido: "Tu, SENHOR, ouves a súplica dos necessitados; tu os reanimas e atendes ao seu clamor" (Sl 10.17). Partindo do pressuposto de que isso é evidente, que outro ponto de partida poderia haver? A vítima tem de ser ouvida. Mas em uma situação dessas é especialmente importante que sua forma de escutar seja mais do que apenas colher informações ou um primeiro passo descuidado.

Por quê? Porque nosso Senhor incentiva o clamor do oprimido. A quantidade de salmos que clamam pela proteção de Deus já demonstra que servimos a um Senhor amoroso que jamais se cansa de escutar a súplica e a oração dos necessitados, tampouco se cansa de agir em favor deles. Deus é o justo juiz que anota a injustiça e odeia a opressão, mas ele é mais do que apenas juiz. Ele é aquele que se aproxima, com amor sincero e incansável, dos sofredores. O seu escutar ocorre pelo relacionamento entre o oprimido e o compassivo Pastor Ouvinte.

Ouvir também é importante porque muitas vítimas da violência relutam em falar abertamente. Temem que a sinceridade leve o opressor à retaliação. Também podem sentir-se envergonhadas de ter contribuído para a guerra, *embora não sejam responsáveis pela violência promovida contra elas*. Essas vítimas podem considerar seu problema indigno da atenção de um pastor ou de um amigo, ou mesmo podem sentir-se envergonhadas com o fato de o marido demonstrar tanto desamor, a ponto de utilizar violência.

Infelizmente, algumas mulheres também relutam em falar por causa da rapidez com que pastores e amigos lançam mão do refrão: "perdoe e esqueça". Algumas delas recebem a orientação de que, assim que o opressor lhe pedir desculpas, é responsabilidade da vítima perdoar — e jamais trazer o assunto à tona novamente. Não apenas a idéia de perdoar imediatamente o pecado é um ensinamento questionável, como também, em situações assim, fazer que a ênfase bíblica recaia essencialmente no "perdoe e esqueça" leva tais mulheres oprimidas a se sentir como se *elas* agora fossem as culpadas, já que não conseguem esquecer o assunto.

Por essas razões, não se pode valorizar além da conta a importância de escutar de fato a mulher que sofre. Não escute o que ela tem a dizer como se você fosse um detetive ansioso por solucionar rapidamente um caso, mas como um irmão ou irmã enlutado com os que estão de luto.

Uma vez que o autêntico escutar bíblico está ligado à ação, você pode descobrir que o que ouve (principalmente se a violência é pessoal e oferece perigo) o leva a tomar algumas atitudes: conduzir a vítima para um exame médico, chamar a polícia ou providenciar local seguro para ela ficar provisoriamente. Se o lar for potencialmente perigoso, é sábio informar ao agressor que sua esposa revelou a violência e está em lugar seguro e secreto. Talvez seja apropriado encorajar a mulher que sofre violência a tomar atitudes legais, para que a autoridade civil, que Deus constitui, possa ser acionada para ajudar a trazer um fim para esse mal (v. Rm 13.1-5).

É também importante que você deixe claro que a submissão à autoridade ordenada por Deus não significa que ela deva permanecer no lar e continuar a sofrer. Davi era submisso à autoridade do rei Saul (v. 1Sm 26.23), mas ele fugiu quando Saul começou a ameaçá-lo fisicamente (v. 1Sm 19.10-18 etc.). E o apóstolo Paulo fugiu de Damasco quando o rei Aretas tentava capturá-lo (2Co 11.32,33). Amar o marido significa impedir que ele continue a praticar o mal.

Se a mulher tiver certeza de que o retorno ao lar não lhe acarretará nenhum dano físico (e você também acha isso), sua tarefa de ouvir deve incluir uma revisão sistemática dos tipos de violência e de domínio verificados no casamento. Tanto melhor quando essa informação é específica e apresentada por escrito. Assim, pode ser usada para confrontar o agressor conforme Mateus 18. O marido tem de entender que a liderança da igreja considera a violência doméstica muito seriamente e, por isso, age para proteger a esposa mesmo enquanto busca ministrar a ele, além de procurar fazer que ele se responsabilize por seus atos.

Ensine o oprimido a pôr as esperanças em Deus

A vítima tem de ser encorajada em sua fé. Como em todos os sofrimentos, ela pode pensar que Deus é indiferente e distante, ou que o opressor é todo-poderoso. Em ambos os casos, o sofrimento é sempre um momento para que o povo de Deus o conheça e confie no Senhor que verdadeiramente escuta. Além disso, se acaso a vítima der um passo de amor em direção ao opressor e abrir-se para o amor e a confiança, ela precisará da força que nasce em uma fé sólida. Em especial, ela tem de saber o seguinte:

Deus não esquece (Sl 10; 56.4). Os problemas pessoais não significam que Deus perdoou ao seu povo. Ao contrário, Deus está em movimento para responder às orações por libertação. Nem sempre conseguimos ver essa libertação imediatamente, mas Deus, sem sombra de dúvida, libertará o seu povo. A história do trabalho de Deus na vida daqueles que sofrem ainda não acabou. Lembre a essa mulher oprimida que ela deve manter os olhos abertos e buscar a mão firme de Deus, que está trabalhando na vida dela e na do marido.

Jesus conhece nosso sofrimento. Jesus experimentou a violência nas mãos do seu povo. Na verdade, o sofrimento de Cristo ocasionou sua morte. O entendimento disso pode começar a iluminar a vida dessa mulher ou contrabalançar sua dor.

Para a mulher que se sente esquecida por Deus, os sofrimentos de Cristo podem ser um grande conforto, chegando até a suplantar a solidariedade e o consolo oferecidos pelas mulheres que já passaram pelo mesmo tipo de experiência. No abrigo para mulheres, a vítima da violência está rodeada de pessoas que compreendem sua situação; mas na sala do trono de Deus, ela será abraçada por aquele que compreende perfeitamente, sofre profundamente e ama completamente.

A cruz é a evidência intemporal do amor de Deus pelo seu povo e do seu rigor para com o pecado. Tanto o pecado quanto o sofrimento sempre foram um mistério, ainda o são e assim continuarão. Nenhum dos dois faz sentido em um mundo que Deus criou para ser bom. No entanto, o amor de Deus, demonstrado a nós em Jesus, também excede os limites de nossa imaginação, e a sua justiça silencia os observadores. Neste mundo em que a mulher não pode confiar nos que lhe são mais próximos, a maior bênção que você pode oferecer-lhe é a certeza do amor e da presença vigilante de Deus.

Ensine o oprimido a desarmar o opressor

A vítima precisa saber prever a raiva impiedosa e reagir a ela. Quer a mulher retorne imediatamente ao lar, quer não, ela precisa aprender o espírito "... de poder, de amor e de equilíbrio" (2Tm 1.7). As reações à violência, em geral, oscilam entre a timidez e a revanche. Ambas revelam o controle contínuo do agressor e o domínio que este exerce na vida da vítima. Em vez de apresentar esses dois extremos, as esposas precisam ser orientadas a seguir o caminho bíblico que é humilde *e* poderoso.

Um texto-chave na Bíblia é este: "Não se deixem vencer pelo mal, mas vençam o mal com o bem" (Rm 12.21). No contexto de Romanos 12, a liberdade radical das mãos do opressor consiste em amar mais o inimigo, não menos, mas conforme os termos de Deus, não do opressor. Isso nos leva a não perguntar: "o que eu preciso dele?", mas: "como posso superar a situação com o amor de Cristo?".

Quando estiver em dúvida, confesse seu pecado ao agressor. Todos sabem que é difícil confessar um pecado a alguém. Confessá-lo a um agressor violento parece praticamente impossível (e nada sábio). Mas talvez não haja resposta mais poderosa para o pecado dos outros. Uma mulher forte no Senhor não se levanta na própria justiça. Ela se levanta na justiça de Cristo, portanto pode confessar o próprio pecado e ficar além do alcance da condenação do agressor. *Obviamente, isso não implica que as ações da vítima tenham causado a violência ou o abuso.* A confissão ocorre apenas em relação ao pecado que Deus expôs em sua vida: "... então você verá claramente para tirar o cisco do olho do seu irmão" (Mt 7.5).

Para algumas mulheres, *a confrontação pode ser mais difícil que a confissão.* Pode ser mais fácil admitir que mereciam o tratamento pecaminoso do que levantar-se contra o pecado. Ou elas podem temer que a confrontação leve ao divórcio. No entanto, uma forma de amar o agressor é descrever claramente o pecado dele e suas conseqüências. Atenuar ou ignorar o pecado pode ser algo espiritualmente mortal para ambas as partes. Entretanto, essa confrontação sempre deve ser feita na presença de uma terceira pessoa.

Perdoe rapidamente, mas não permita que o pedido de perdão do agressor represente o fim da questão. A reconciliação *começa* no instante em que o agressor pede perdão. Um rompante de violência revela um padrão em que há controle excessivo, bem como um modelo de arrogância e exigências insensatas e intermináveis. Tais padrões jamais devem ser deixados de lado apenas porque o agressor diz: "Você me perdoa?". A carne e o demônio vicejam quando as dores e pecados são ocultados. Por essa razão, a esposa pode amar o marido ao permitir que ele conheça as conseqüências de seu pecado na vida dela. Isso não é feito para ferir, mas para curar.

Fale com gentileza e amor. Muitas vezes não reparamos no poder das palavras. Elas são realmente capazes de desarmar as pessoas enraivecidas. Pode ser um grande encorajamento para uma mulher saber que "A resposta calma desvia a fúria..." (Pv 15.1). Embora a mulher *não* seja a causa da violência, ela tem o poder de subjugá-la com a humildade, a gentileza e o amor.

A violência doméstica, de muitas formas, é tão danosa ao relacionamento matrimonial quanto o adultério. Jamais devemos menosprezar seu impacto sobre a vítima. Todavia, tal qual acontece com todo sofrimento, nunca devemos subestimar a graça de Deus para com essas vítimas. Deus reserva vislumbres únicos de si mesmo àqueles que foram oprimidos, como também lhes dá poder para afastar dois inimigos gêmeos, a timidez e a ira.

PARTE 2: AJUDAR O AGRESSOR
Paul Tripp e David Powlison

> Porque a graça de Deus se manifestou salvadora a todos os homens. Ela nos ensinou a renunciar à impiedade e às paixões mundanas e a viver de maneira sensata, justa e piedosa nesta era presente (Tt 2.11,12; paráfrase dos autores).

Os casais que se sentam publicamente nos bancos da igreja aos domingos de manhã não estão, por esse motivo, impedidos de, assim que chegam à sua casa, praticar a violência um contra o outro. Em um ministério dirigido à pessoa violenta — como a qualquer indivíduo que tenha pecados destrutivos — exige-se uma intervenção muito consciente, ousada e inteligente, repleta de graça e verdade. O agressor físico é tanto um criminoso quanto um fraco, exatamente como os predadores sexuais. Eles também são altamente enganadores. Os que praticam a violência doméstica precisam de graça, isto é, a graça transformadora de vida, em que a transformação é sincera e efetiva. À medida que começam a se dispor a olhar para si mesmos no espelho da verdade e abraçar o Messias, eles podem mudar e, de fato, mudam. As Sagradas Escrituras dizem muito a respeito dos pecados da ira e da violência — da mesma forma que nos falam dos caminhos do Redentor dos pecadores. Que considerações devem direcionar seu esforço de ajuda para esses homens (e mulheres, algumas vezes)?

A necessidade comum da graça

As pessoas violentas têm muito em comum com as outras pessoas — tanto com relação aos que querem ajudar esses agressores quanto aos que eles ferem. Basicamente, somos todos parecidos: "Não sobreveio a vocês tentação que não fosse comum aos homens..." (1Co 10.13). A hostilidade entre duas ou mais pessoas apresenta-se de várias formas: comportamental, verbal, financeira, física e sexual. Ela aparece em vários graus de intensidade, desde a irritabilidade e brigas até agressão e morte. Toda briga, em princípio, é elemento de uma seqüência de fatores que leva ao rompante de uma violência verdadeira. Portanto, a violência doméstica não é um tipo diferente de pecado. Tal fato gera confiança e humildade naqueles que buscam ajudar os outros. Se você souber lidar com seus pecados de ira, então terá boas coisas a oferecer aos outros que estão nessa luta. Eu [David Powlison], certa vez, aconselhei um casal que tivera uma briga com armas de fogo em casa! O arrependimento pessoal de minha irritabilidade e uma atitude crítica ajudaram-me a compreendê-los e, ao mesmo tempo, a prosseguir seguramente com o aconselhamento. Aqueles que buscam auxiliar a pessoa violenta não são pessoas imaculadas que se aproximam do pecador. Somos pessoas que encontraram a graça que é derramada sobre aqueles que dela precisam.

De forma semelhante, devemos ter a expectativa de encontrar dois pecadores enredados em uma contenda, não um monstro irrecuperável que oprime uma vítima totalmente inocente. Deus trabalhará na vida dessas duas pessoas. Portanto, explore os incidentes de violência em detalhe. Em geral, você encontrará áreas em que os dois precisam da graça de Deus para mudar. Talvez um cônjuge chame mais a atenção, pois ele age com seus punhos; mas uma investigação mais profunda mostrará que o outro cônjuge pode manejar a língua de forma habilidosa, a fim de ferir por meio de palavras. Rompantes de violência são comumente ocorrências extremas de um modelo, mais generalizado, de conflito de baixa intensidade. Busque os pecados que ambos manifestam, como também os rompantes pecaminosos e singulares de um deles, pois você quer ajudar essas duas pessoas a ser mais amáveis, sábias e pacíficas.

Os que querem ajudar um casal que enfrenta problemas têm de tratar com muito cuidado as verdades expostas nesses dois últimos parágrafos. Os agressores regularmente distorcem essas verdades. Todos nós somos tentados a nos enraivecer? Os agressores utilizarão isso como uma desculpa: eles apenas são como todos os outros, e a violência não é assim tão séria. As vítimas da violência também são pecadoras, cujos pecados contribuem ou não para os pecados do agressor?

Os agressores utilizarão isso como desculpa e acusação: o erro, na verdade, é da vítima. Se você realmente quer ajudar, não permita que o agressor distorça a verdade, transformando-a em grandes mentiras.

A névoa do subterfúgio

Você precisa conhecer as pessoas violentas, pois elas facilmente criam uma névoa de confusão e subterfúgio. O pecado é enganoso, e esta é a lição de Jeremias 17.9: "O coração é mais enganoso que qualquer outra coisa e sua doença é incurável. Quem é capaz de compreendêlo?". Os indivíduos violentos não se conhecem nem permitem que os outros os conheçam. São mentirosos obstinados e inclinados às coisas escusas, criando quase sempre esquemas elaborados de embuste. Eles têm a tendência de dissimular o que fazem; e, se isso falha, diminuem a gravidade de suas atitudes. Se isso também falha, invertem a culpa, retratando-se como vítimas inocentes, injustamente acusadas. Se ainda isso falha, eles costumam revolver-se no desespero e no "arrependimento", para que as pessoas sintam pena deles. Tenha em mente as seguintes características do pecado que normalmente distinguem as pessoas violentas:

Atrás de um ato de violência está um egoísmo difuso. O prazer, os compromissos, os desejos, as exigências e os anseios exercem grande domínio em sua vida. O aconselhamento não deve permitir que o pecado mais aparente da violência desvie a atenção da maldade fundamental de um estilo de vida caracterizado pela impiedade e pelas paixões mundanas. A consciência do pecado quase sempre é superficial: o agressor pode lamentar sua violência ocasional, mas raramente reconhece o estilo de vida egoísta ou as paixões que o impelem a agir.

Fique atento a padrões intrincados e sutis de auto-engano. Os agressores geralmente sentem pena de si mesmos: "sou, de fato, a vítima, e minha ira é apenas uma reação". Eles normalmente se consideram pessoas virtuosas: "na verdade, eu não sou dessa forma", ou: "sei que não deveria fazer isso, mas...". Em geral, demonstram uma tremenda habilidade para levar uma vida em que o coração está dividido, pois vivem duas vidas em dois mundos distintos. Um homem pode bater na esposa e depois, uma hora mais tarde, mudar a atitude e calmamente liderar um estudo bíblico.

Observe um tipo intrincado de engano cativante em relação aos outros. Os indivíduos violentos (como os predadores sexuais) são geralmente sedutores talentosos. Eles ganham as pessoas, além de conseguir fazer que aquelas que eles maltrataram e traíram voltem a confiar neles. Esses indivíduos manipulam pessoas de forma habilidosa — vítimas e potenciais auxiliadores — para que se sintam culpadas e responsáveis pelo que aconteceu ou por tentar fazer que as coisas fiquem melhores.

Aguarde versões enganosas de "confissão e arrependimento". É quase como se pudessem enganar Deus — embora, é claro, eles realmente apenas enganem a si mesmos e aos outros. Parecem dizer as palavras cristãs certas ou ter os sentimentos certos, mas o "arrependimento" deles geralmente não está fundamentado em Deus. Esse remorso é expresso porque a imagem ou reputação deles foi prejudicada aos olhos dos que lhe são próximos. Tal "arrependimento" realmente serve ao mesmo orgulho e medo do homem que criou os pecados da violência secreta. Os indivíduos violentos, em particular, fazem mau uso da graça ou a compreendem mal. Ou seja, a graça se torna algo "barato", e o arrependimento, um "esforço extraordinário" para aliviar a consciência e voltar a cair na graça das outras pessoas. Pode até se tornar uma ferramenta do pecado, um movimento rápido — às vezes, calculado — que varre os problemas para debaixo do tapete. Esses indivíduos violentos podem chorar, orar e prometer que tal falha jamais acontecerá novamente, sem que essas atitudes sejam acompanhadas de qualquer uma das mudanças fundamentais envolvidas no arrependimento e fé em Cristo, em que a "mudança" da mente e a "conversão" levam à mudança de vida.

Eles geralmente intimidam e manipulam suas vítimas. A violência amedronta e é ameaçadora. Trata-se de um instrumento de controle. Às vezes, você achará difícil obter os fatos até da pessoa que sofreu a agressão. Talvez, ela queira preservar os momentos de paz que desfruta nesse instante ou tenha temor de que sua honestidade leve a mais abusos posteriores. A vítima pode mesmo ser ameaçada: "se você contar...". Ela pode ficar ainda profundamente envergonhada de que a família tenha esses problemas e, por isso, talvez não queira que a extensão desse mal seja conhecida. Tudo isso contribui para o fato de que você talvez precise superar a conspiração do silêncio na família, a qual serve para proteger o perpetrador do mal. A agressão doméstica é um pecado secreto que assume todas essas formas descritas acima e outras mais. Você tem de estar preparado para trazer esse pecado secreto à luz.

A PALAVRA DE GRAÇA EM JESUS CRISTO

As pessoas violentas precisam de Cristo. Vemos isso em Hebreus 3.12-14:

> Cuidado, irmãos, para que nenhum de vocês tenha coração perverso e incrédulo, que se afaste do Deus vivo. Ao contrário, encorajem-se uns aos outros todos os dias, durante o tempo que se chama "hoje", de modo que nenhum de vocês seja endurecido pelo engano do pecado, pois passamos a ser participantes de Cristo, desde que, de fato, nos apeguemos até o fim à confiança que tivemos no princípio.

A intenção do pecado sempre é afastar as pessoas do Cristo vivo. Esse é o cerne do problema que exige nossa atenção diária. Jesus, que morreu pelos pecadores, é gracioso; e a graça é verdadeira e eficaz.

Tenha como objetivo a reestruturação fundamental do coração e do estilo de vida. Ajustes superficiais que tornam o comportamento da pessoa aceitável socialmente não são suficientes. Você tem de expor os problemas centrais que motivam a violência: anseio de poder, de amor, de controle, de dinheiro, de respeito, de prazer. Em quais dessas áreas a pessoa age de forma intencional? A violência do agressor não diz respeito à sua esposa, mas a si mesmo, como também diz respeito às idolatrias notórias que ele trouxe para o casamento. As pessoas violentas agem como se fossem deuses, portanto suas atitudes não servem a Deus, mas refletem o Diabo. Eles precisam arrepender-se dos pecados "verticais" que alimentam os pecados "horizontais". Tanto os motivos quanto todo comportamento de hostilidade têm de ser desnudados (Tg 3.5-12; 3.14-16; 4.1-4; 4.6; 4.11,12).

Tenha por objetivo resolver as versões menores dos pecados maiores, como também os principais rompantes. A atitude judiciosa, a murmuração, a irritabilidade, a contenda e a discussão geralmente precedem a violência, e todas elas expressam temas idênticos do coração. As pessoas que aprendem a se arrepender da murmuração — e, por isso, também aprendem a gratidão e o contentamento em Cristo — raramente precisarão arrepender-se de um espancamento ou ataque.

Dê a essas pessoas o Cristo vivo. Jesus é generoso no seu amor e na sua gentileza, como também é terrível na sua ira. As pessoas violentas precisam conhecer o amor de Cristo. Elas merecem a violência de Deus, mas, em vez disso, ele lhes deu o Cordeiro de Deus. Jesus ama os pecadores, os ímpios, os maus, os fracos, os inimigos de Deus. Ele morreu por aqueles que não mais podem viver por si mesmos. Deus dá livremente a graça e a sabedoria do alto (Tg 1.5; 1.17; 3.17; 4.6; 4.10). A graça eficaz reorganizadora da vida está disponível para todos os que precisam dela. As pessoas violentas precisam aprender a temer o Deus da ira. Ele tem ciúmes e é santo (Tg 4.5; 4.12). A pessoa que comete um ato de violência vive sem o temor do Senhor; age e reage como se Deus não existisse. Mas, na verdade, "tudo está descoberto e exposto diante dos olhos daquele a quem havemos de prestar contas" (Hb 4.13). Começar a viver de forma radical em público é viver sem o segredo do qual a violência depende.

Traga as pessoas violentas ao arrependimento centrado em Deus (Tg 4.6-10). A mudança interior é a que acontece primeiro. Compare o "arrependimento" dessas pessoas ao arrependimento verdadeiro e piedoso (Sl 50; 51), que se contrapõe à tristeza do mundo. Conhecer o Cristo do evangelho é reorganizar o coração e a alma para que o pecado não mais floresça. Não aceite nada menos do que isso. Aqueles que buscam acham. Aqueles que crêem recebem o Espírito Santo. Como saber se alguém se arrependeu verdadeiramente? Você saberá. O tempo sempre mostra a diferença entre o genuíno e o fictício. Você observará mudanças fundamentais nos relacionamentos — primeiro com Deus e depois com os outros.

Uma área em que o arrependimento é necessário pode residir na horrenda distorção da liderança masculina no casamento. Distorção essa que busca justificar a violência, em vez do amor e do sacrifício próprio em imitação de Cristo (Ef 5.25-33); a mesma distorção que, equivocadamente, acredita na superioridade masculina e na inferioridade feminina, em vez de na igualdade em valor e em dignidade diante de Deus (Gn 1.27).

Ajude os crentes arrependidos a aprender alternativas práticas, pacíficas e amorosas à manipulação, à transferência da culpa, à intimidação e à violência (Tg 3.13; 3.17,18). As pessoas podem aprender a escutar, fazer perguntas, pedir perdão, pedir um tempo, pedir ajuda, adiar a tomada de decisão e ceder de formas tangíveis — ações de sabedoria mencionadas acima. O amor pode substituir, e substituirá, não apenas os momentos de violência, mas também o estilo de vida tomado pelo egoísmo e pela obstinação. Isso não é perfeição, mas progresso. Uma pessoa que tem mais e doa mais é também uma pessoa na qual há cada vez menos espaço para o ódio e a violência.

Boa parte da violência doméstica é perpetrada por agressores que a testemunharam ou a experimentaram na infância. Se esse for o caso, haverá padrões de comportamento já arraigados que precisam ser discutidos e substituídos por novos padrões. Além disso, haverá a necessidade de tais agressores perdoarem genuinamente os que antes os agrediram (Mt 6.15), entregando à justiça de Deus o mal que lhes foi feito (1Pe 2.23) e recebendo conforto e cura de Deus pelo mal que viram ou sofreram (2Co 1.3-5).

Empregue os recursos da comunidade de Cristo (Tg 5.19,20; Hb 3.12-14). As pessoas que se arrependem da violência precisam mais do que um aconselhamento "formal" semanal. Elas precisam de honestidade radical e devem dar satisfações de seus atos. Precisam de lembretes, encorajamento, modelos, exposição diária à luz do dia, orações de intercessão. Jamais vi um incidente de violência doméstica ocorrer durante o culto público em uma igreja ou durante um telefonema ao pastor ou ao líder de um pequeno grupo! Ajude os perpetradores desses pecados a sair do esconderijo e a viver em campo aberto. O pecado floresce nos recantos escuros; a justiça, à luz do dia. A pessoa que teve uma transformação interior em direção a Cristo desejará, de livre e espontânea vontade, as estruturas humildes de prestação de contas ao povo de Cristo, para que ela seja salva de si mesmo.

Como você ajudará as pessoas violentas individualmente? A alma delas tem de ser reorganizada para buscar e conhecer o Cristo do evangelho. Sem esse relacionamento vivo e fundamental com Cristo, não há verdades suficientes que você possa ensinar, nem luz interior suficiente capaz de brilhar, nem cercas suficientes que você possa levantar, nem planos suficientes que possa fazer, nem convites suficientes para o compromisso, não há pessoas suficientes que você possa envolver no processo, e você jamais será suficientemente parecido com Cristo. Mas quando o pecador violento abraça o amor de Jesus Cristo, todas essas coisas — doutrina, percepção do coração, estrutura, planos, compromisso, comunidade, aconselhamento — tornam-se canais e expressão da graça efetiva. Essas, sim, são a ajuda e a esperança verdadeiras.

NOTA

1. Este capítulo está disponível em um livreto da Presbyterian and Reformed Publishing Company, com o título *Domestic Abuse:* How to Help, publicado aqui com autorização.

15

Como assumir uma posição corajosa dentro da família, da igreja e da comunidade

PAIGE PATTERSON

Em 16 de maio de 1569, depois de pregar o evangelho em Asperen, Holanda, Dirk Willems foi para a casa de uma família da igreja. À noite houve uma confusão diante da porta da casa onde o missionário se encontrava. O proprietário da casa veio até Willems e disse-lhe:

— É o delegado. Ele está procurando você e quer matá-lo. Você tem de fugir.

Assim, Dirk Willems fugiu pela janela de trás o mais rápido possível. Sem tempo sequer para calçar as botas, tomou a direção sul, pois queria cruzar a fronteira e chegar à Alemanha.

O delegado percebeu o que acontecera, mas tinha a vantagem de estar a cavalo, por isso rapidamente tomou o mesmo rumo de Willems. Contudo, este chegou primeiro ao rio congelado. Conseguiu atravessar em segurança sobre o gelo, pois era muito leve. O delegado, ao notar que não poderia arriscar passar com o cavalo sobre o rio (afinal, não tinha a menor idéia da espessura do gelo), desmontou e tentou perseguir Willems a pé. Contudo, a corrente com a qual o delegado tencionava prender Dirk Willems, bem como todo o resto da parafernália, o deixou muito pesado para o gelo. Quando estava quase chegando à outra margem, o gelo se partiu, e o delegado afundou. Tentou desvencilhar-se, mas o peso da corrente e do resto de seu equipamento o impossibilitaram de escapar da água gelada.

Willems ouviu o estalido do gelo e virou-se para ver o que estava acontecendo. O delegado olhou para ele e começou a gritar:

— Socorro! Socorro! Salve-me! Eu vou me afogar!

Dirk Willems o observou por alguns instantes e, em seguida, pegou novamente o rumo sul para salvar a própria vida. Ele sabia que estaria seguro, e o delegado jamais seria capaz de sair da água. Entretanto, havia caminhado apenas alguns metros quando escutou o delegado berrar:

— Pelo amor de Deus, ajude-me!

Willems hesitou. Sabia que, se voltasse, isso lhe custaria a vida. No entanto, a perspectiva de abandonar um homem, que talvez não conhecesse o Senhor, para morrer afogado era mais do que Willems poderia suportar. Virou-se, voltou e agarrou os braços do delegado para tirá-lo da água. Enquanto o levantava, sentiu a corrente deslizar-lhe pelo braço. Alguns dias mais tarde, foi queimado numa estaca por causa de seu testemunho de Jesus.

Será que hoje, cinco séculos depois, os seguidores de Cristo têm a mesma moral e coragem espiritual que Dirk Willems teve? Há convicção suficiente na comunidade evangélica para levantar-se em favor dos ensinamentos bíblicos sobre o papel do homem e da mulher em face de um menosprezo quase universal por parte da estrutura e da organização sociais consideradas politicamente corretas? Ou a anemia espiritual minou a força dos santos a ponto de tornálos espiritualmente impotentes numa época tão arrogante?

Quase todos nós temos conhecimento do período entre 1375 a 1050 a.C., aproximadamente, definido como aquele em que todos faziam o que era certo a seus próprios olhos. A saga de Gideão encontra-se em Juízes 6.11 e versículos seguintes:

> Então o Anjo do SENHOR veio e sentou-se sob a grande árvore de Ofra, que pertencia ao abiezrita Joás. Gideão, filho de Joás, estava malhando o trigo num tanque de prensar uvas, para escondê-lo dos midianitas. Então o Anjo do SENHOR apareceu a Gideão e lhe disse: "O SENHOR está com você, poderoso guerreiro". "Ah, Senhor", Gideão respondeu, "se o SENHOR está conosco, por que aconteceu tudo isso? Onde estão todas as suas maravilhas que os nossos pais nos contam quando dizem: 'Não foi o SENHOR que nos tirou do Egito?' Mas agora o SENHOR nos abandonou e nos entregou nas mãos de Midiã". O SENHOR se voltou para ele e disse: "Com a força que você tem, vá libertar Israel das mãos de Midiã. Não sou eu quem o está enviando?" "Ah, Senhor", respondeu Gideão, "como posso libertar Israel? Meu clã é o menos importante de Manassés, e eu sou o menor da minha família" (v. 11-15).

Nos ciclos de ascensão e queda de Israel, de acordo com o livro de Juízes, as pessoas pecavam, e Deus mandava um povo para castigá-las e trazer julgamento sobre elas. Depois de algum tempo, Israel clamava a Deus, e ele levantava um juiz para libertar a nação. Nesse caso, a Bíblia afirma que não apenas os midianitas se levantaram contra os israelitas, mas também os amalequitas e outros povos da região a leste de Israel (v. 3).

Desse modo, os midianitas e os amalequitas, bem como todos os inimigos do Leste, arremeteram contra Israel, e o coração do povo ficou cheio de temor. Gideão encontrava-se no tanque de prensar uvas, moendo o trigo. Moer o trigo num tanque de prensar uvas deve ser tão fácil quanto pendurar as roupas para secar num furacão. Em todo o Oriente Médio antigo, podem-se descobrir os patamares de moer o trigo no topo das montanhas, onde as pessoas contavam com a ajuda da brisa contínua. Moer num tanque de prensar uvas era, com certeza, um exercício vão. Por que Gideão estava ali? Porque ele estava aterrorizado!

A Bíblia diz que o Anjo do Senhor apareceu subitamente e disse-lhe: "O SENHOR está com você, poderoso guerreiro". Gideão replicou: "Com quem você está falando?". Ele não conhecia nenhum poderoso guerreiro. Será que o anjo se referia a *ele*? Gideão perguntou: "Se o SENHOR está conosco, por que não vemos nenhuma de suas maravilhas? O que aconteceu com o Senhor que já não interfere em nosso favor?". Você percebeu que Deus não responde ao questionamento de Gideão? Ao contrário, no versículo 14 Deus diz: "Com a força que você tem, vá libertar Israel das mãos de Midiã. Não sou eu quem o está enviando?".

Você conhece o resto da história. Gideão disse que, se aquele que estava diante dele era realmente mensageiro do Senhor, então deveria esperar um momento. A seguir, Gideão trouxe uma refeição para o anjo do Senhor. O anjo do Senhor deu um passo para trás e tocou os alimentos com a ponta do cajado. Assim que ele fez isso, o fogo subiu da rocha, consumindo os alimentos. Gideão foi, depois, transformado de covarde renegado em patriota fiel.

O que os pastores e líderes evangélicos precisam aprender com isso? Primeiro, *a fonte da coragem está no encontro com Deus.* Jamais se pode gerar coragem com base num programa. Jamais se pode produzir coragem pregando-a às pessoas. *A coragem nasce apenas quando estamos com o Senhor.* Como Daniel enfrentou os leões naquela cova? Ele os enfrentou porque buscava o Senhor em oração, com as janelas abertas, três vezes ao dia. O fato de todos saberem que ele orava jamais impediu que Daniel continuasse orando, nem o fato de orar ao Senhor ser uma atividade tão arriscada na Babilônia! Como os três grandes heróis da fé, você descobrirá que a coragem nasce no tempo que se passa com Deus.

Se você tiver coragem de levantar-se em uma sociedade que insiste no modo de ser politicamente correto e afirma que a crença dos evangélicos não é mais politicamente correta, você tem de esperar no Senhor até que chegue o tempo em que você tema mais profundamente a Deus do que ao mundo. Eventualmente, alguém me diz o seguinte:

— Bem, Paige, você realmente teve muita coragem ao fazer que a Convenção Batista do Sul se afastasse do liberalismo. — Algumas vezes apenas respondo: — Bem, obrigado. É bom saber disso. — Mas, do fundo de meu coração texano, quero que você saiba a verdade sobre esse assunto. Eu não fui tomado de coragem! Apenas temia mais a Deus do que temia a Convenção Batista do Sul. Como eu temia mais a Deus do que os batistas dessa convenção, os que estavam no comando à época, esse não foi um grande problema para mim. O verdadeiro problema era saber o seguinte: onde está Deus nessa questão? A única forma de vir a ter a coragem de que precisa é estar com Deus.

Em 30 de maio de 1416, Jerônimo de Praga foi queimado em uma estaca. Ficara preso em um calabouço cheio de vermes durante 130 dias. Jerônimo suportou toda indignidade imaginável. Antes dessa experiência, até havia caído em abjuração da fé. Mas quando chegou o momento, Jerônimo, ao ser levado do calabouço à estaca, ajoelhou-se e orou, enquanto empilhavam a madeira e o feno a sua volta. Estava no meio da oração quando o executor se posicionou atrás dele, de onde achou que o condenado não o veria. O algoz já estava prestes a acender o fogo. Jerônimo de Praga percebeu o que estava acontecendo. Por isso, interrompeu a oração, virou-se, olhou direto nos olhos do executor e disse:

— Acenda o fogo diante de mim, não pelas minhas costas. Se tivesse medo dele, não teria vindo até aqui.

O que o transformou de um indivíduo que, apenas 150 dias antes, abjurara a fé num homem disposto a dar a vida numa estaca? Jerônimo diz que descobriu, nos 130 dias de confinamento solitário, com acesso somente a Deus, a força de que precisava para pagar o preço supremo. A fonte da coragem está no encontro com Deus.

Em segundo lugar, *a coragem é a única virtude em presença do medo.* Observe o trecho de Juízes 6 que inicia no versículo 25:

> Naquela mesma noite o SENHOR lhe disse: "Separe o segundo novilho do rebanho de seu pai, aquele de sete anos de idade. Despedace o altar de Baal, que pertence a seu pai, e corte o poste sagrado de Aserá que está ao lado do altar. Depois faça um altar para o SENHOR,

> o seu Deus, no topo desta elevação. Ofereça o segundo novilho em holocausto com a madeira do poste sagrado que você irá cortar". Assim Gideão chamou dez dos seus servos e fez como o SENHOR lhe ordenara. Mas, com medo da sua família e dos homens da cidade, fez tudo de noite, e não durante o dia (vv. 25-27).

Deus instruiu Gideão para que destruísse o altar de Baal. Mas ele estava temeroso, o que é normal e compreensível. Há enorme diferença entre coragem e bravata. Lembro-me de que, quando ainda era calouro, eu não conhecia essa diferença. Eu me graduei na Hardin-Simmons University, universidade situada no oeste do Texas (EUA) e bastante característica por sua ênfase em portes atléticos, pois ali o esporte preferido não é futebol nem basquete, tampouco beisebol, mas sim rodeio. Quando cheguei lá, calouro, encontrei no primeiro dia meus colegas de dormitório e de conjunto. Eles eram de fazendas de criação do Oeste do Texas e me explicaram que homens de verdade são os que participavam de rodeios. Já estivera muitas vezes em um rancho e andava a cavalo com alguma regularidade, mas jamais participara de nenhum rodeio. Entretanto, como minha masculinidade estava sujeita ao julgamento de um grupo de valentões, que escolha tinha eu? Por isso, disse:

— Tudo bem. Vou participar.

— Nós o encontraremos na arena — eles retrucaram.

Desse modo, caminhei com ar de superioridade até a arena. Um grupo de vaqueiros estava sentado em um banco e, enquanto me aproximava, percebi que estavam dando risadinhas maliciosas. Disseram-me: — Que prova você quer tentar? E eu repliquei: — Qual é a mais difícil? Responderam: — Montar o touro. — Podem trazê-lo — disse eu simplesmente. Não notei que havia sorteio para determinar que animal montaria. Eles trouxeram o chapéu, e eu tirei meu animal. O animal que saiu para mim era uma máquina mortífera extremamente afiada, chamada Cream Puff. Jamais me esquecerei dele. Quando olhei para o Cream Puff, mesmo sem saber exatamente quanto pesava, minha impressão foi a de que ele devia ter perto de seis toneladas. Os chifres pareciam duas cimitarras apontadas para mim. Quando olhei para o animal, ele me fitou como se dissesse: — Obrigado, Senhor, por esse cabeçudo.

Perguntei aos companheiros vaqueiros: — O que você faz? Como você monta nele? Qual a maneira mais segura de montar? — O que você deve fazer é ficar distante do perigo, os chifres — retrucaram eles. Olhei para o Cream Puff e não consegui vislumbrar qualquer parte dele que não fosse planejada para o serviço. Posteriormente, descobri que eles estavam me enganando deliberadamente, pois sabiam que eu fixaria minha atenção nos chifres e montaria o mais atrás que pudesse no touro. Um simples conhecimento de física, que não exigiria tempo, me ensinaria a parte do touro que menos se move, ou seja, exatamente a que está próxima das patas dianteiras. Você não deve ficar nem muito atrás nem muito na frente. Precisa ficar bem ali, logo depois das patas dianteiras. Contudo, não sabia disso na ocasião. Então, fiquei "o mais distante do perigo, os chifres" e sentei o mais atrás do touro que pude.

Bem, as porteiras se abriram e lá fomos nós. O primeiro pulo lançou-me lá para cima no ar. No entanto, estava segurando firmemente a corda. Assim, em algum ponto ela me segurava, e comecei a descida. Só que a dificuldade com a descida era que, depois de minha subida, o touro já havia voltado para o chão e estava impulsionando novamente toda sua anatomia posterior, a qual estava rapidamente ascendendo para encontrar minha parte dorsal descendente. O que aconteceu em seguida eu lembro toda vez que vou a um jogo de futebol americano e assisto a um chute para arremessar a bola no ar. Fui o primeiro astronauta. E posso afirmar que, depois de alcançar o ápice de minha órbita e de começar a cair, Cream Puff já estava do outro lado da arena havia um bom tempo. Caí para trás no chão e bati tão forte que achei que todos os meus ossos tinham quebrado. Olhei na direção de meus amigos, e eles estavam no chão... às gargalhadas. Depois, dirigi os olhos para o outro lado e vi que Cream Puff já estava de volta, partindo do fim da arena e vindo ao meu encontro. Com ossos quebrados ou não, em um momento como aquele, uma motivação sem precedentes toma conta de você. Bem, algumas pessoas diriam que meu esforço demonstrara coragem verdadeira. Mas maioria chamaria isso de completa idiotice! E foi mesmo. Na verdade, não passou de uma bravata.

Compare essa tolice à coragem demonstrada por Winston Churchill, quando, conforme registra *The Gathering Storm*, afirmou ao povo britânico em 1948:

> Se ainda não lutar pelo que é certo quando é possível vencer facilmente sem derramamento de sangue e se não lutar quando a vitória for certa e não tão custosa, pode chegar o momento em que terá de lutar com tudo conspirando contra e apenas uma precária chance de sobrevivência. Pode até haver um caso pior. Pode-se ter de lutar quando não há esperança de vitória, pois é melhor perecer do que viver como escravo.

Há um homem que conheceu o medo. No entanto, em meio ao próprio medo, ele também compreendeu que a verdade, a justiça e a liberdade eram causas pelas quais alguém tinha de lutar. Os evangélicos estão certos em discernir a mensagem bíblica sobre os respectivos papéis do homem e da mulher na família. A questão é: mesmo com medo de ser criticado pela sociedade e de se sentir mortificado se o rotularem de homem de Neandertal, isto é, antiquado e de visão estreita, você se encontrará com Deus e estará determinado a andar de cabeça erguida para falar de sua fé ao mundo desesperadamente caótico?

Por fim, *a demonstração da coragem de um homem pode produzir um reavivamento em outros.* Leia o que aconteceu a Gideão:

> De manhã, quando os homens da cidade se levantaram, lá estava demolido o altar de Baal, com o poste sagrado ao seu lado, cortado, e com o segundo novilho sacrificado no altar recém-construído! Perguntaram uns aos outros: "Quem fez isso?" Depois de investigar, concluíram: "Foi Gideão, filho de Joás". Os homens da cidade disseram a Joás:

> "Traga seu filho para fora. Ele deve morrer, pois derrubou o altar de Baal e quebrou o poste sagrado que ficava ao seu lado". Joás, porém, respondeu à multidão hostil que o cercava: "Vocês vão defender a causa de Baal? Estão tentando salvá-lo? Quem lutar por ele será morto pela manhã! Se Baal fosse realmente um deus, poderia defender-se quando derrubaram o seu altar" (Jz 6.28-31).

Joás teve medo dos compatriotas israelitas; e apenas uma noite antes que sucumbisse à dureza do coração, permitiu que a imagem de Baal permanecesse em seu quintal. Mas graças à coragem de seu filho, repentinamente, ele foi reavivado. Ele argumentou: "Se meu filho pode levantar-se por Deus, então também posso levantar-me pela verdade de Deus". Portanto, ele ficou diante dos perseguidores, sabendo que desafiar a intenção de revanche de um grupo poderia realmente custar-lhe a vida. Esse santo cheio de coragem clamou: "Deixe que Baal lute por Baal".

A boa-nova é que, se é para os evangélicos se levantarem pelo que é verdadeiro — em amor e compaixão —, mas sem concessões, eles devem dizer: — Bem, não podemos reescrever a Bíblia. Deus falou e o que quer que seja que Deus diz é aquilo que diremos. Quaisquer que sejam as conseqüências nos levantaremos com confiança.

Essa atitude seria seguida de um reavivamento. Como Sadraque, Mesaque e Abede-Nego, você tem de dizer:

> "... Ó Nabucodonosor, não precisamos defender-nos diante de ti. Se formos atirados na fornalha em chamas, o Deus a quem prestamos culto pode livrar-nos, e ele nos livrará das tuas mãos, ó rei. Mas, se ele não nos livrar, saiba, ó rei, que não prestaremos culto aos teus deuses nem adoraremos a imagem de ouro que mandaste erguer" (Dn 3.16b-18).

Se você se levantar com coragem pelas verdades da Palavra de Deus, ficará surpreso ao ver o reavivamento que acontecerá em sua nação e além-fronteiras.

Outro dia, pediram-me que visitasse uma igreja na divisa entre os Estados da Carolina do Norte e da Virgínia. Disseram-me que eu enfrentaria alguma hostilidade, pois a igreja estava lidando com questões referentes à família e aos parâmetros bíblicos para homens e mulheres, já que um dos pastores associados à igreja era uma mulher. A igreja escutara a posição de igualdade entre homens e mulheres. Naquele momento eles estavam interessados em escutar o lado complementar, mas nem todos na igreja davam importância a tal ponto de vista. Fui informado de que aqueles que se opunham estariam ali em pé de guerra, e eu seria o alvo. Repliquei: — Isso parece divertido.

Bem, aquela foi uma noite bastante interessante. Levei comigo um de meus alunos, o qual na volta para casa me disse: — Dr. Patterson, não sabia que as pessoas mais velhas podiam ser tão mesquinhas. Ao que retruquei: — Filho, se elas são mesquinhas quando mais jovens, e o Senhor não estiver no controle da vida delas, elas apenas ficam cada vez mais mesquinhas à medida que o tempo passa.

No entanto, de forma geral, os resultados foram bons, e Deus nos agraciou. Três horas depois do início da reunião, eu ainda estava respondendo às perguntas. Enquanto progredia a reunião, ocorreu uma incrível mudança. Um bom grupo daquelas pessoas queridas e doces, as quais começaram o encontro com alguma reticência, mudou para a aprovação tácita e acabou indo ao microfone para defender a posição de complementaridade. Apenas fiquei ali observando tudo isso acontecer. Serviu para lembrar-me, uma vez mais, que as pessoas, quando têm o coração redimido ao escutar a Palavra de Deus e, por conseqüência, são inexoravelmente atraídas por ela, ainda se levantam pela verdade.

Você também precisa acolher a verdade e posicionar-se para defendê-la. Talvez inicie isso sozinho, mas, antes que se dê conta, olhará à volta e perceberá uma tropa de seguidores. Que toda nação possa conhecer que Deus falou, e que nós apenas buscamos ser obedientes a ele. O mundo que nos observa abandonou a nobreza do lar e da santidade que existe naquilo que representa ser mãe e ser avó. Jamais podemos deixar de desafiar as mulheres para que escolham tomar o caminho de Deus e, assim, conhecer as mais ricas bênçãos do Senhor.

Em Fort Worth, no Texas, existe um dos melhores seminários de todos os tempos — o Southwestern Baptist Theological Seminary, fundado por Benjamin Harvey Carroll. Não existiu figura mais notória que caminhou pelas planícies texanas do que B. H. Carroll. Já idoso, seu porte de 1,86 m era adornado por uma longa barba branca que chegava abaixo da cintura. No entanto, nem sempre foi um cristão fervoroso. Na verdade, B. H. Carroll (homem forte, certeiro na apontaria de uma pistola ou de qualquer arma de fogo) fora rancheiro texano. Nessa época, B. H. Carroll era um ateu durão, beberrão e de trato difícil. Não acreditava em Deus de forma alguma. Ele tomara um tiro que o levou a mancar pelo resto da vida, mas até isso não causou nenhum efeito em sua descrença. Quando era jovem, no auge da vida, tinha na verdade somente um aspecto a favor dele: a mãe.

Em casa, a mãe de compleição miúda, aparentemente incapaz de ter dado à luz um homem como Benjamin Harvey, era mesmo muito maior do que se pudesse imaginar. Embora de constituição franzina, ela não passava um dia sequer sem orar pelo filho desgarrado. E pedia: "Deus, salve meu filho"; e "Deus, proteja-o para que ele tenha tempo de voltar-se para o Senhor". Ela jamais teve uma carreira profissional. Seria desprezada pela maioria das pessoas da sociedade de hoje, pois gastava as energias no lar, cozinhando e remendando, lavando as roupas e arrumando a casa. Teria sido menosprezada como alguém de pouco valor.

Apesar disso tudo, essa mãe conhecia Deus e sabia orar. Também sabia que sua principal tarefa, de alguma forma, era fazer com que Benjamin Harvey chegasse a Cristo. Quando um evangelista veio fazer as reuniões em um acampamento, ela começou a perguntar a Benjamin se ele compareceria às reuniões. Ele amava a mãe, embora não tivesse nenhuma simpatia pela fé que ela abraçava. Por fim, para agradá-la, disse: — Tudo bem, mamãe. Eu vou a uma reunião desse acampamento. Foi uma noite, mas permaneceu refratário a tudo o que ouviu. Retornou na noite seguinte, pois viu como a mãe ficara contente com a presença dele. Benjamin permaneceu indiferente a tudo que acontecia. Na verdade, riu do pregador, um homem de pouca erudição. Mas como seu comparecimento deixara a mãe feliz, e ele não tinha mais nada para fazer, voltou na terceira noite. Depois que o culto acabou, e a maioria dos colegas já tinha ido embora, ele ficou um pouco mais.

O que aconteceu? No sermão intitulado "Minha infidelidade e o que foi feito dela", cuja pregação talvez tenha sido a mais marcante já produzida a oeste do rio Missíssipi, Benjamin Harvey Carroll escreveu as seguintes palavras sobre sua experiência no outono de 1865:

> A reunião acabou sem que houvesse mudança alguma em meu coração. O último sermão fora pregado e as bênçãos anunciadas. A congregação se dispersava. Poucas senhoras permaneceram sentadas próximas do púlpito, cantando. Ao perceber que a experiência terminara e que não encontrara a solução, permaneci para escutá-las cantar. Na última canção, escutei as seguintes palavras: "Ó terra do repouso suspiro por ti/ quando chegará o momento em que deporei minhas armas e habitarei em paz em meu lar". A forma que cantavam causou-me uma impressão magnífica. O tom era suave como o farfalhar das asas dos anjos. De repente, um lampejo atingiu-me a mente como a luz do céu, com aquele trecho das Escrituras que diz: "Venham a mim, todos os que estão cansados e sobrecarregados, e eu lhes darei descanso" [Mt 11.28]. Eu não vi Jesus com os olhos, mas parecia que o tinha diante de mim, olhando-me com reprovação e ternura e suplicante, parecendo repreender-me por ter procurado descanso em todas as fontes, exceto a correta. E agora ele me convidava a ir até ele.
>
> Num instante fui, de uma vez e para sempre, depositar sem reservas meu coração aos pés de Jesus e num instante veio o resto, indescritível e inesperado, que sempre permaneceu comigo desde aquele dia até agora. Não dei depoimento público da mudança que ocorreu em mim, mas passei a noite em regozijo pelo acontecido, imaginando o que aconteceria comigo quando chegasse o dia seguinte.

Quando a manhã raiou, ainda estava com a luz mais brilhante do que a do sol e mais doce do que a canção dos pássaros. Então, pela primeira vez, compreendi o texto que escutei minha mãe repetir muitas vezes: "Vocês sairão em júbilo e serão conduzidos em paz; os montes e colinas irromperão em canto diante de vocês, e todas as árvores do campo baterão palmas". Quando cheguei a casa não disse nada sobre a experiência que tivera, escondendo a retidão de Deus em meu coração.

Mas isso não podia ficar escondido. Enquanto eu caminhava pelo assoalho apoiado nas muletas, um menino órfão que minha mãe criava percebeu o que estava acontecendo e chamou a atenção para o fato de eu estar assobiando e chorando ao mesmo tempo. Sei que minha mãe o ouviu. Então, para evitar ser observado, fui imediatamente para o quarto, deitei-me na cama e cobri o rosto com as mãos, mas eu a ouvi chegando em minha direção. Ela retirou minhas mãos do rosto e observou-me longamente, sem dizer uma palavra. Em seguida, uma luz cobriu-lhe a face, o que me pareceu semelhante à luz na face de Estêvão. Ali, com os lábios trêmulos, ela disse: — Meu filho, você encontrou o Senhor! A felicidade dela era indescritível. Acho que nem dormiu naquela noite. Parecia que temia dormir, sonhar e, ao acordar, descobrir que esse fato não passava de uma visão noturna.

Passei a noite ao lado da cama dela lendo o *Peregrino*, de Bunyan. Li a noite toda e, quando chegamos com os peregrinos à terra da Desposada, de onde o castelo da Dúvida já não podia mais ser visto e a vista da cidade Celestial estava envolvida pelo som da música celestial, minha alma encheu-se de arrebatamento e êxtase tamanhos que jamais experimentara antes. Naquele momento sabia tão bem quanto sei agora que eu ia pregar a Palavra. Essa atividade seria o trabalho de minha vida. Eu não teria nenhuma outra ocupação.

Fico feliz de saber que a mãe de Benjamin Harvey Carroll não procurou uma carreira pessoal. Agradeço a Deus o fato de ela não ter-se empenhado em tarefas menores, mas ter compreendido que podia mudar o mundo por intermédio da vida de B. H. Carroll.

Posso declarar, sem medo de prova em contrário, que hoje em dia existem cinco mil igrejas batistas no Texas porque Benjamin Harvey Carroll, aquele rancheiro texano convertido, soprou na vida dos batistas texanos o fogo da verdade e a coragem da convicção. Todo aluno que já estudou no Southwestern Seminary olha para o passado e, rememorando a figura daquele homem de porte grande, diz: "Ele é o fundador de minha escola". Por detrás dele, verá uma mulher franzina orando: "Ó Deus, salve meu filho". Isso porque ela compreendeu que sua tarefa mais importante era ser esposa e mãe para orar pelo destino de seus filhos, a fim de que chegassem ao Reino de Deus. E por meio daquele filho ela abalou nações para a causa de Cristo.

É chegada a hora de os cristãos evangélicos conservadores, que crêem na Bíblia, superarem a covardia e conversarem com Deus, até que decidam ser corajosos suficientes para dizer a verdade a um mundo que os observa. Depois, devem-se preparar, pois Deus lhes dará um exército para segui-los. Que Deus nos abençoe a todos.

Esta obra foi composta em AGaramond e impressa por
Imprensa da Fé sobre papel *SP Brigth 70* g/m^2 para
Editora Vida em janeiro de 2009.